suhrkamp taschenbuch 2610

»An einem heißen sizilianischen Morgen im Sommer 1992 steht der Lastwagenfahrer Giuseppe Balducci auf der staubüberwehten Straße vor seinem Haus und schwört Rache.« So beginnt Valeska v. Roques' brillanter Bericht über die Wandlungen und Verwandlungen im Italien der 90er Jahre. Mit einer »Mischung aus kluger Analyse und farbiger Reportage, wobei vor allem die Hauptdarsteller der italienischen Polit-Szene kritisch und zugleich einfühlsam portraitiert werden« (Die Zeit), berichtet die Spiegel-Korrespondentin Valeska v. Roques aus dem neuen Italien: ein Blick hinter die Kulissen von Mafia und Korruption, Neofaschismus und Separatismus. Ein Krimi und zudem eine Empfehlung für alle, die Italien nur von der Ferienseite sehen.

Valeska v. Roques, geboren in Berlin, studierte Neue Geschichte und evangelische Theologie in Tübingen, Berlin und Hamburg. In den 60er Jahren war sie u. a. Redakteurin bei »Panorama«. Dokumentationen für ZDF und ARD. Ab 1974 SPIEGEL-Korrespondentin in New York, später in Washington und seit 1989 in Rom.

Valeska v. Roques
Die Stunde der Leoparden

Italien im Umbruch

Suhrkamp

Der Text wurde für diese Ausgabe von der Autorin überarbeitet und aktualisiert.
Umschlagentwurf: in medias res.
Umschlagfoto: Michael Schwerberger

suhrkamp taschenbuch 2610
Erste Auflage 1996

Lizenzausgabe mit freundlicher Genehmigung
der Europa Verlags GmbH, Wien, München
Suhrkamp Taschenbuch Verlag

Satz: IBV Satz- und Datentechnik GmbH, Berlin
Druck: Ebner, Ulm
Printed in Germany

1 2 3 4 5 6 – 01 00 99 98 97 96

»Wenn wir wollen, daß alles so bleibt, wie es ist, dann ist es nötig, daß sich alles verändert.«

Giuseppe Tomasi di Lampedusa, *Der Leopard*

Für meine Tochter Karoline
und für
Inge Feltrinelli

Inhalt

Vorwort

Dieses Buch ist unter etwas ungewöhnlichen Umständen entstanden. Die Veränderungen, die es beschreibt, geschahen noch während ich schrieb. Das mögen andere Autoren auch schon erlebt haben. Doch die italienischen Ereignisse der Jahre 1992 bis 1994 bewegten sich in einem derart aufregenden Tempo und nahmen solch überraschende Wendungen, daß ich immer wieder das Gefühl hatte, an einem wankenden Schreibtisch zu sitzen, während vor meinen Augen ein Erdbeben in Zeitlupe ablief: Erst verbreiterte sich nur ein unscheinbarer Riß in den Mauern der römischen Parteienherrschaft, der *partitocrazia*, die doch dauerhaft wie der Petersdom gewirkt hatte. Aus dem Riß wurde schnell ein klaffender Spalt. Dann bröckelte die Fassade an der Festung der Macht in Italien und zerfiel in immer größeren Schollen zu Staub. Mauern stürzten ein, unerwartete, manchmal gruselige Innenansichten freigebend. Wer hätte gedacht, daß der prominenteste Staatsmann Italiens, Giulio Andreotti, eines Tages offiziell beschuldigt werden könnte, mit den Mörderbanden der Mafia kollaboriert zu haben? Oder daß hohen Richtern gleich reihenweise vorgeworfen werden könnte, im Sold der Mafia geurteilt zu haben?

Schließlich waren nur noch Trümmer zu besichtigen, wo eben noch stolze Monumente politischer Unantastbarkeit die Dauerhaftigkeit italienischer Verhältnisse bezeugt hatten. Und immer noch bebte der Untergrund. Nicht nur ausländischen Beobachtern verging da zuweilen die prognostische Sicherheit. So gut wie niemand unter meinen klugen italienischen Kollegen hätte im Sommer 1993, als dieses Buch konzipiert wurde, zu prophezeien gewagt, daß der mächtigste Medienfürst des Landes innerhalb von wenigen Monaten mit einer völlig neuen politischen Bewegung die Mehrheit im Parlament erringen und Regierungschef werden würde – in einer Koalition mit den neofaschistischen Erben Mussolinis. Kaum einhundert Tage nach ihrer Amtseinführung geriet die neue Regierung des Wundermannes in schwere politische Nöte. Auch das hatte niemand vorhergesagt.

In dieser höchst unsicheren Wetterlage habe ich darauf verzichtet, eine Gesamtdarstellung der italienischen Ereignisse zu versuchen. Statt dessen beschreibe ich den Umbruch, den ich miterlebt habe, in Ausschnitten. Auf diese Weise kamen überraschende Details zum Vorschein. Zugleich waren Lücken und Überschneidungen unvermeidlich. Eine Chronologie der Ereignisse steht im Anhang des Buches.

Mein Urteil über die Arroganz der Mächtigen, die – wenn auch mit weitgehender Zustimmung der Beherrschten – jahrzehntelang das Sagen in Italien hatten, ist, so möchte ich betonen, nicht härter als das vieler Italiener. Allerdings auch nicht milder. Zugleich hoffe ich auf den folgenden Seiten klarzustellen, daß auch von positiven Gestalten, berühmten und weniger berühmten, die Rede sein wird. Einigen von ihnen habe ich in diesem Buch viel Raum gegeben.

Im übrigen kann sich keines der europäischen Länder mit einem makellosen wirtschaftlichen und politischen Leben brüsten. Korruption und Vetternwirtschaft gibt es überall. Bürger Deutschlands und Österreichs sollten das besonders gut wissen. Und welche überraschenden Wendungen Italien auf seinem Weg in Zukunft auch nehmen wird: Der Feldzug gegen die Korruption, den die Mailänder Staatsanwälte mit ihrer Aktion »Saubere Hände« angeführt haben, hat immerhin ein Regime gestürzt, das dem der ehemaligen Ostblockländer in vieler Hinsicht ähnlich war. Was in Italien seit 1992 passiert ist, war auch eine Befreiung.

Valeska v. Roques

Erkundung der Landschaft

An einem heißen sizilianischen Morgen im Sommer 1992 steht der Lastwagenfahrer Giuseppe Balducci auf der staubüberwehten Straße vor seinem elenden Haus und schwört Rache.

Er ist ein Riesenkerl, dieser Giuseppe Balducci aus dem mafiaverseuchten Städtchen Palma di Montechiaro in der Nähe von Agrigent. Wild blitzen seine Augen. Gefährliche Muskelpakete wölben sich unter seinem Hemd. Er schwenkt mir einen grob gezimmerten Käfig entgegen, der groß genug für junge Wildschweine wäre, und sagt »Den habe ich selber gebaut. Der ist für die Ratten.«

Wie auf Stichwort huscht ein bräunliches Nagetier über den Weg und verschwindet in einem Gully, der notdürftig mit losen Brettern abgedeckt ist. Giuseppe haßt die Ratten. Tritt er morgens vor die Tür, stieben sie in Rudeln von der Abfallhalde vor seinem Haus davon. Ratten überfallen Einkaufstüten und unbewachte Vorräte in seiner Küche. Sogar seine Kinder muß Balducci aufwendig vor den aggressiven Tieren schützen. Deshalb stellt er abends Schüsseln mit Wasser vor die Tür, um so die nächtlichen Attacken der Biester auf seine Kleinen zu verhindern. Trotzdem ist der Jüngste, ein Säugling von vier Monaten, kürzlich von Ratten fast zu Tode gebissen worden.

Doch nun sollen die Abscheulichen zum Instrument von Balduccis Rache werden. So sieht sein Plan aus:

Eines Nachts, wenn ihm der Gestank von fauligem Brackwasser und Fäkalien aus der offenen Kanalisation vor seinem Haus wieder einmal den Schlaf raubt, will er sich in seinen Garten begeben, ein ärmliches Fleckchen Grün am Rand des Müllbergs. Er wird seine selbstgezimmerte Falle aufstellen. Dann wird er abwarten, bis sich 21 Ratten, ja, genau 21, in ihr verfangen haben. Und dann wird er am nächsten Morgen mit seiner Beute langsam durch die Straßen ziehen. Jeder soll ihn sehen.

Er wird gemächlich die geschwungene Treppe vor der Chiesa Madre herabsteigen, die sich wie ein Reifrock um die Kirche bauscht; am kargen, halbzerfallenen Palast der Herzöge Tomasi di Lampedusa käme er vorbei, deren letzter Nachfahre, Giuseppe Tomasi di Lampedusa, 1955 den berühmten Roman *Der Leopard* geschrieben hat. Drei der acht Kapitel spielen hier in Palma di Montechiaro, das im Buch »Donnafugata« heißt.

Davon weiß Giuseppe Balducci natürlich gar nichts. Und wenn, so hätte er am Tag seiner Rache auch anderes im Sinn. Er wird triumphierend durch die neue Kasbah von halbfertigen, vielfach unverputzten Häusern wandern, die sich, überwiegend im Eigenbau und illegal, in den vergangenen zwanzig Jahren über die kahlen, gelben Hügel von Palma di Montechiaro gelegt hat.

Endlich wird er das Gebäude des Gemeinderats am andern Ende der Stadt erreichen und majestätisch den Sitzungssaal betreten. Er wird den Käfig krachend auf dem langen Tisch abstellen, um den sich die 20 Gemeinderatsmitglieder und der Bürgermeister versammelt haben. Und dann läßt er seine 21 Biester auf den Gemeinderat los: Das ist seine Rache für die offene Kanalisation vor seinem Haus, die stinkende Abfallhalde, die offenen Gullys, die seine Kinder verschlingen könnten, für das protzige Privathaus eines Gemeinderatsmitglieds, das mitten auf dem einzigen Sportplatz des Ortes gebaut wurde, für die Schmiergelder, die er zahlen muß, damit ihm die Lizenz für den Laster erneuert wird. Das ist seine Rache für die vielfältige und vermeidbare Unbill, die ihm seine eigene Stadt zufügt.

Balducci steht auf der staubigen Straße vor seinem Haus und breitet die Arme aus wie ein Tenor, der zum Grand Finale ansetzt, und verkündet: »Und so würde ich, Giuseppe Balducci aus Palma di Montechiaro, Ratten mit Ratten vertreiben.«

Neben ihm steht Rosario Gallo, ein junger Linksdemokrat, der aus dem gleichen Ort stammt und sich dem Fotografen Franco Zecchin und mir als Führer durch das Mafia-Nest Palma di Montechiaro, 25000 Einwohner, angeboten hat. Er lächelt ein bißchen, während Balducci seine Vision vor uns ausrollt. Und dann sagt er: »Aber Giuseppe, das könntest du doch viel einfacher haben. Hör doch endlich auf, die Christdemokraten zu wählen. Wir alle kennen ihre Freunde und die Freunde ihrer Freunde. Wenn wir endlich einmal einen andern Gemeinderat hätten, würdest du vielleicht auch anders behandelt werden.«

Derart prosaisch in die Wirklichkeit zurückgeholt, blickt Balducci etwas verstört. Dann murmelt er: »Was soll ich machen, ich muß für meinen Cousin stimmen. Wenn der mir nicht hilft, kann ich einpacken.«

Wenn ich an die Zeit vor dem großen politischen Sturm zurückdenke, der seit 1992 innerhalb von zwei Jahren Italiens Führungskaste aus den Ämtern gefegt hat, dann fällt mir immer Giuseppe Balduccis archaischer Zorn auf die korrupten Herrscher seiner Stadt ein, den er zweifellos mit vielen seiner Landsleute teilte. Aber nicht nur Balducci war darin emblematisch. Genau wie er nämlich verfügten viele Italiener über einen einflußreichen Freund oder Verwandten, den sie, wenn auch zähneknirschend, immer wieder wählten. Weil sie von seiner Macht profitierten, halfen sie mit, diese zu erhalten.

Der Leopard wiederum steht für eine italienische Art und Weise, sich den großen Wechselfällen der Geschichte zu stellen: nicht durch jähen Bruch mit der Vergangenheit, eine blutige Revolution gar, sondern mit einer Art von kollektiver Mimikry, die dem Alten ermöglicht, im Gewand des Neuen weiterzubestehen, durch osmotische Aufnahme des Neuen in das Gewebe des Alten, das dadurch gleichbleibt und sich zugleich grundlegend verändert. Das ist das berühmte Prinzip des *Leoparden*, das im Roman Tancredi Falconeri, der junge Neffe des Fürsten von Salina, des Helden des Buchs, formuliert hat.

Wir befinden uns im Jahr 1860. Italien, das seit dem Ende des Römischen Reiches im 5. Jahrhundert n. Chr. keinen eigenen Staat mehr hatte, ist auf dem Weg, sich einen eigenen Nationalstaat zu erkämpfen. Im Norden ist – überwiegend durch die Verhandlungskunst des Grafen Camillo Cavour – das Königreich Piemont entstanden, das viele der kleinen Herzog- und Königtümer Nord- und Mittelitaliens unter dem piemontesischen Geschlecht der Savoyer eint. Nun gilt es unter Umgehung des Kirchenstaates, der weite Teile Mittelitaliens beherrscht, den Süden des Landes zu gewinnen, in dem seit 1738 die Bourbonen regieren. Mit seinem pittoresken »Zug der Tausend« hat sich Giuseppe Garibaldi, Held vieler italienischer Kämpfe um die Unabhängigkeit, auf den Weg gemacht, um das bourbonische »Königreich beider Sizilien« zu erobern. Antibourbonische Aufständische in Sizilien warten bereits auf den Helden aus dem Norden. In schmucker Jagduniform erscheint der junge Tancredi an einem Morgen im Mai 1860 bei seinem Onkel, dem Fürsten von Salina, und überrascht ihn mit der Nachricht, daß er sich zu den Rebellen gegen das bourbonische Königreich schlagen und mit ihnen Garibaldi bei der Eroberung Siziliens unterstützen will.

Der Fürst ist entsetzt.

»Du bist verrückt, mein Sohn«, hält er dem jungen Mann entgegen, »sich mit diesen Leuten einlassen! Die gehören doch alle zur Mafia, die Gauner. Ein Falconeri muß bei uns sein, auf der Seite des Königs.«

Darauf Tancredi: »Wenn wir nicht auch mitmachen, denken sich die Kerle noch die Republik aus!« Und dann fällt der berühmte, in Italien bis an den Rand der Banalität immer wieder zitierte Satz: »Wenn wir wollen, daß alles so bleibt, wie es ist, dann ist es nötig, daß sich alles verändert.«[1]

Tancredis Lebenslauf bestätigt diese These.

Der junge, mittellose Aristokrat aus Sizilien wird, weit unter seinem Stand, die schöne Angelica heiraten, die Tochter des reichen Emporkömmlings Don Calògero Sedàra, der seine Karriere als *gabellotto* begonnen hatte; das waren Landpächter, welche die abwesenden sizilianischen Großgrundbesitzer vertraten und allmählich verdrängten. Materiell gesichert, gelingt Tancredi eine große diplomatische Karriere im fernen Königreich der Piemontesen: Damit alles so bleiben würde, wie es war, hat er auch für sich selbst alles verändert.

Sedàra wiederum steigt zum Senator im neuen nördlichen Königreich auf, eine glänzende Karriere für einen einstigen *gabellotto*. Aus der Schicht dieser Pächter, die sich mit rauher Gewalt gegenüber den Bauern und mit Erpressung gegenüber den Landbesitzern durchsetzten, bildeten sich im 19. Jahrhundert Vorformen der sizilianischen Mafia heraus.

Heute schmückt sich die Kooperative der Weinbauern in Palma di Montechiaro mit dem stolzen Namen *Gattopardo* (Leopard). Die Kooperative ist – wie alle wichtigen kommunalen Einrichtungen der kleinen Stadt in der Nähe von Agrigent – fest in der Hand von wohletablierten Mafia-Familien, die über die blutrünstigen Sippen der Corleonesi auch am internationalen Rauschgiftgeschäft beteiligt sind.

Zwischen der Mafia-Elite von Palma di Montechiaro und jungen Aufsteigern, die einer neuen Cosa-Nostra-Konkurrenz, den *stidde*, angehören, tobt seit ein paar Jahren eine blutige Fehde. 57 Tote gab es bereits in diesem Kleinstadtkrieg.

Aus Palma di Montechiaro stammen auch die Killer des jungen, engagierten Staatsanwalts Rosario Livatino, den ein Cosa-Nostra-Kommando am 21. September 1990 umbrachte. Die jungen Täter – Domenico Pace, Gaetano Puzzangaro und Paolo Amico – töteten auf Bestellung. Sie reisten aus der Bundesrepublik an, um ihren mörderischen Auftrag auszuführen. Inzwischen sind sie in erster Instanz zu »lebenslänglich« verurteilt worden.

Gegen Abend versammeln sich die Herren der alten Mafia von Palma di Montechiaro im »Freizeitverein der Katholischen Landwirte« im Zentrum der Stadt und winken fremden Besuchern freundlich und harmlos von ihrem Balkon aus zu. Wer mag schon Böses über sie denken? Und überall in Palma di Montechiaro die Spuren des *Leoparden*:

Im Sprechraum des Benediktinerinnen-Klosters Santo Spirito, Ende des 17. Jahrhunderts von der frommen Familie Tomasi di Lampedusa gegründet, reichen Nonnen, die unsichtbar bleiben, durch eine drehbare Säule Gästen noch heute köstliches Mandelkonfekt. Im Roman *Der Leopard* genießt der Fürst von Salina das erlesene Naschwerk jedes Jahr, am ersten Vormittag seines sommerlichen Aufenthaltes in Donnafugata.

Von einer Äbtissin des heutigen Klosters heißt es, sie habe eine Zeitlang einem flüchtigen Mafioso Unterschlupf gewährt.

Den Klostergarten von Santo Spirito walzten die Faschisten platt, um ein Rathaus und einen Paradeplatz davor zu bauen. Nur die riesige Palme, Wahrzeichen der Stadt seit dem 17. Jahrhundert, ließen sie stehen. Aus dem Rathaus wurde in der Nachkriegszeit ein Kino. Es brannte vor ein paar Jahren wegen verweigerter Schutzgeldzahlungen aus. Die Palme köpfte ein Sturm. Nur der tote Stamm blieb erhalten, Symbol einer fernen Vergangenheit, für die es keinen Platz in der Gegenwart gibt.

Alles verändern, damit alles so bleibt, wie es ist: Die Maxime des *Leoparden* wird in Italien so häufig zitiert, daß sie schon fast abgegriffen wirkt, und ich will mich hüten, den gesamten Lauf der neueren italienischen Geschichte über diesen Leisten zu schlagen. Gleichzeitig finde ich es doch überraschend, wie in den vielen dramatischen Ereignissen, die ich seit Beginn der neunziger Jahre in Italien miterlebt habe, immer wieder die Gestalt des *Leoparden* aufschimmert – sei es in der Farce der Neugeburt der Christdemokraten, die ihren Namen ablegten, um sich mit identischer Mannschaft unter einem andersartigen, sehr ähnlich klingenden Namen neu zu konstituieren; oder sei es in der schillernden Neuheit eines Silvio Berlusconi, der seine Macht und seinen Reichtum den finstersten Figuren des alten Regimes verdankt, welches mit der Aufdeckung der Schmiergeldskandale zu Ende ging. Oder eben doch nicht?

Ich war seit Anfang 1989 im Land. Die korrupten Gewohnheiten vieler italienischer Politiker waren ein vieldiskutiertes Thema in den Zeitungen, in Fernsehrunden oder bei Podiumsgesprächen, desgleichen die Notwendigkeit von grundlegenden institutionellen Reformen, die endlich in Angriff genommen werden sollten. Aber aus der byzantinisch-verklausulierten Sprache der Politiker, die alles und immer auch das Gegenteil von allem auszudrücken suchte, war vielfach nicht die wirkliche Absicht zu erkennen, nun einen Neubeginn zu setzen. Italien schien mir wie erstarrt in einer Zeit, die anderswo längst vergangen war.

In jenen Straßen, durch die in den siebziger Jahren grell maskierte Frauen in Hexenkleidern getost waren, um ihre Rechte einzufordern, sah ich nun morgens junge Frauen in hochhackigen Schuhen über tückisches Pflaster zur Arbeit stöckeln, aufgedonnert, als seien sie zu einer Cocktailparty unterwegs. Der Gesundheitsminister, Carlo Donat-Gattin, empfahl, die Föten von Abtreibungen mit christlichem Ritus auf Friedhöfen zu begraben. Ein seit Jahrzehnten von Frauen gefordertes Gesetz, das Vergewaltigung zu einem Verbrechen erklärt hätte, scheiterte an der Obstruktion alter Männer im Senat.

Die Nachrichten der öffentlichen Fernsehanstalt RAI erlebte ich überwiegend als öden Parteifunk – es sei denn, die feuerköpfige Lilli Gruber, eine Südtirolerin, die sich von keiner Parteirichtlinie zähmen ließ, moderierte im Zweiten Programm. Um sie herum aber tummelten sich eher angepaßte Journalisten, die kaum kritische Fragen stellten und die Wortschwälle der Politiker nur mit zustimmendem Nicken begleiteten.

Die römische Regierungspolitik wiederum kreiste in einer Weise um sich selbst, daß sie nach außen kaum noch zu vermitteln war. Ausländische Zeitungen – so etwa die Pariser *Libération* – zogen ihre Korrespondenten ab, weil trotz der riesigen Schlagzeilen über die Koalitionsstreitereien im Regierungslager oder über die erbitterten Schlachten zwischen verschiedenen Clans derselben Partei politische Neuigkeiten aus Italien kaum zu melden waren.

Ich fand es zwar faszinierend, den beständigen Wellengang herannahender, sich überstürzender und sich wieder auflösender Regierungskrisen aus der Nähe zu betrachten, jenes komplizierte, jedoch unveränderliche Ritual, das römische Politiker seit über vier Jahrzehnten wie unter Zwang in Abständen von durchschnittlich neun Monaten wiederholten. Doch die Beobachtung und die Beschreibung solcher ritueller Gepflogenheiten waren natürlich eher von anthropologischem als von journalistischem Interesse. Ich merkte das daran, daß meine Chefs im fernen Hamburg, wenn ich sie per Telefon für das Drama einer sich zusammenbrauenden Regierungskrise zu erwärmen suchte, stets ziemlich bald anfingen, vernehmlich ihre Zeitungsseiten umzuschlagen. Irgendwann fragten sie dann: »Gibt's denn gar nichts Neues aus Italien?«

Als ich in Italien eintraf, war die 48. Nachkriegsregierung unter dem Christdemokraten Ciriaco De Mita seit acht Monaten im Amt.

Aber schon war zu erkennen, daß sich das Kräfteparallelogramm der verschiedenen Gruppierungen in seiner Partei zu seinen Ungunsten verschoben hatte, und bald war auch wieder von der notwendigen *verifica* die Rede, von der Überprüfung des Koalitionsabkommens mit den vier mitregierenden Parteien – den Sozialisten, den Sozialdemokraten, den Liberalen und den Republikanern. Nach eingefahrenem Brauch folgten einer solchen *verifica* die ersten Schritte zur Eröffnung einer Regierungskrise – so wie viele Schachspiele immer wieder mit einem bestimmten Zug eines Bauern beginnen. Und als De Mita auf dem Kongreß der Democrazia Cristiana im Februar 1989 den Parteivorsitz verlor, war vorauszusehen, daß seine Regierung den Sommer nicht überdauern würde.

Leicht zu prophezeien war freilich ebenso, daß auch die nächste Regierung der vorangegangenen in der Bausubstanz gleichen würde – wie der Klötzchenturm, den Kinder aufbauen, einreißen und umgehend wieder zu einem sehr ähnlich schwankenden Bauwerk zusammensetzen, wobei einige der bunten Steine eben an anderer Stelle wieder auftauchen.

Der »Große Alte« der italienischen Politik, Giulio Andreotti, der seit 1945 seinem Land bereits 33mal als Minister gedient und bereits fünfmal im Palazzo Chigi den Vorsitz des Ministerrates geführt hatte, übernahm zum sechsten Mal die Regierung: ein Mann, der wie kein anderer die unerschütterliche Dauerhaftigkeit christdemokratischer Macht im Nachkriegsitalien darstellte, dessen fast ständige Präsenz an der Spitze der Regierung daran erinnerte, daß es in Italiens Erster Republik seit 1945 noch keinen wirklichen Machtwechsel gegeben hatte. Und so auch dieses Mal nicht.

Das lag freilich nicht nur an den machiavellistischen Begabungen eines Andreotti und seiner Mitregenten, sondern auch an einer grundsätzlichen, ziemlich komplizierten historischen Besonderheit des modernen Italien. Dessen neuere Geschichte vollzog sich stets ohne radikale Brüche. So gab es weder jemals eine Revolution noch einen wirklichen Machtwechsel in der parlamentarischen Geschichte des Landes seit seiner Begründung als moderne Nation im Jahr 1861.

Das Verfahren nennt sich »Transformismus« und ist in der Struktur dem Prinzip des *Leoparden* durchaus ähnlich. So wie nämlich im *gattopardismo* die Kräfte des Alten die des Neuen symbiotisch durchdringen und auf diese Weise erhalten bleiben können, verschlingt im »Transformismus« die Regierungsmehrheit die Opposition, indem sie ihr Raum gibt und ihr dadurch das Genick bricht. So war es zum Beispiel, als 1876 zum ersten Mal die sogenannte Historische Linke unter dem Ministerpräsidenten Agostino Depretis an die Macht kam und viele Abgeordnete der Rechten mit handfesten Belohnungen davon überzeugen konnte, ihre Kräfte nicht in der Opposition zu verschwenden, sondern ins Regierungslager zu wechseln.

Auf diese Weise ist im Grunde seit 130 Jahren in Italien der notwendige und belebende Konflikt zwischen Regierung und Opposition weggefallen, wie auch der Austausch beider Lager in der Ausübung der Regierungsmacht nicht stattgefunden hat. Eine »blockierte« Demokratie war die Folge.

Das fiel zunächst gar nicht so sehr auf. Vor aller Augen vollzog sich nämlich im Italien der Nachkriegszeit ein rasanter Wechsel, eine dramatische Veränderung der Lebensverhältnisse für die meisten Italiener. Aus einem armen Agrarland, das in seinen südlichen Teilen afrikanische Züge trug, entwickelte sich in den Jahrzehnten nach 1945 eine moderne, mächtige Industrienation, die in den achtziger Jahren bis an den fünften Platz der industriellen Weltrangliste kletterte.

Dem wirtschaftlichen Erfolg entsprach in den fünfziger und sechziger Jahren eine kulturelle Blüte in Italien, von der Europa noch heute zehrt. Künstler wie Alberto Burri, Ettore Colla, Tano Festa, Renato Guttuso, Jannis Kounellis, Marino Marini, Piero Manzoni oder Mario Schifano waren europäische Avantgarde. Der moderne Film ist undenkbar ohne den Beitrag der Italiener – der Visconti, Rossellini, Pasolini, De Sica, Fellini, Bertolucci und vieler anderer. Schriftsteller und Dramatiker wie Pirandello, Gadda, Svevo, Moravia, Ginzburg, Sciascia, Calvino wurden überall in Europa begeistert gelesen und aufgeführt. Auch den Alltag des modernen Europa belebte die überbordende italienische Kreativität: mit dem Cinquecento, der Vespa, dem Goggomobil, den gegossenen Plastikstühlen von Joe Colombo oder mit der unvergänglichen Schreibmaschine Lettera 22 von Olivetti, auf der die europäischen Literaten ihre Werke verfaßten und mit der die berühmtesten Reporter Europas durch die Welt reisten.

Selbst aus dem Vatikan wehte in den sechziger Jahren der Wind der Erneuerung. Gegen den Widerstand der römischen Kurie stellte das Zweite Vatikanische Konzil (1962-69) die Weichen für aufsehenerregende (inzwischen längst gestoppte) Veränderungen – sei es die Öffnung des Katholizismus zu anderen Konfessionen und Religionen, sei es das Prinzip der Kollegialität der Bischöfe, das die überragende Allmacht des Papstes einschränken sollte. Trotz der überwiegend reaktionären Politiker, die ihre Dauerherrschaft bereits etabliert hatten, war Italien in den sechziger, zum Teil auch in den siebziger Jahren eindeutig das aufregendste Land Europas.

Aber auch die politische Szene Italiens betrachteten europäische Linke in diesen Jahrzehnten mit Spannung und Sympathie. War nicht die PCI, die stärkste kommunistische Partei Europas, dabei, im »roten Gürtel« Italiens, in zahlreichen Rathäusern in Großstädten und Kommunen, vorzuführen, wie ein moderner, demokratischer Sozialismus aussehen könnte? Und boten nicht die Schriften Gramscis Wegweisung für alle, die auf der Suche nach einem von Moskau unabhängigen Weg ins Paradies der sozialen Gerechtigkeit waren?

In der allgemeinen Begeisterung über die Blüte des Linksseins in Italien wurde von den Freunden des Landes freilich Entscheidendes übersehen. Während sie auf den Straßen noch ihre Fahnen schwenkte, hatte sich die PCI längst dem herrschenden System eingegliedert. Ihre Rolle als Opposition war vornehmlich Show. Im Parlament stimmte die PCI neun von zehn wichtigen Gesetzen der Christdemokraten zu und wurde mit staatlicher Hilfe für die Roten Regionen entlohnt.

Auf diese Weise beteiligte sich die PCI an einer heimlichen Allparteienregierung und wurde entsprechend mit zahlreichen Posten in der staatlichen Wirtschaft, in den Rundfunk- und Fernsehanstalten und im Gesundheitswesen entlohnt. Besonders nach ihrem Erfolg bei den Kommunalwahlen im Jahr 1975 und den Parlamentswahlen 1976, der ihr mit dem Sieg in zahlreichen Regionen und Kommunen die Herrschaft über fast die Hälfte der italienischen Bevölkerung verschaffte, »fielen die letzten offiziellen Barrieren zwischen der PCI und der politischen Klasse des Regierungslagers. Und so wurde aus dem Vorgang des heimlichen *appeasement* eine aktive Zusammenarbeit«[2], meint der Politologe Angelo Panebianco.

Die außenpolitische Lage Italiens zementierte zudem die innenpolitische Lähmung des Landes. Denn im Zeitalter des Kalten Krieges galt Italien als doppelt bedrohtes Land: An seiner östlichen Flanke – so die westliche Glaubenslehre – lauerte das Sowjetimperium samt seinen Vasallen, jederzeit bereit zum Überfall auf das friedliche kleine Land. Im Innern aber wühlten die Kommunisten, die sich einfach nicht dazu durchringen konnten, sich zu Sozialdemokraten westlicher Prägung zu läutern.

Das war freilich nicht nur eine für den Kalten Krieg typische Propaganda. Schließlich hatte die PCI oft genug erklärt, sie werde, einmal an der Regierung, als erstes den Austritt Italiens aus der Nato proklamieren. In einer bipolaren Welt zweier verfeindeter Blöcke, die sich gegenseitig mit nuklearer Mehrfachvernichtung bedrohten, war eine solche Ambivalenz nicht akzeptabel. Die USA hätten womöglich eine Machtübernahme der PCI in Italien mit Gewalt verhindert, so wie sie 1973 in Chile unter Strömen von Blut den Sturz des demokratisch gewählten Präsidenten Salvador Allende herbeigeführt hatten.

»Wir haben jahrzehntelang mit einer unsichtbaren Mauer im eigenen Land gelebt«, sagte der Historiker Ernesto Galli Della Loggia 1993. »Die Kommunisten waren eine reale Gefahr für das westliche Bündnis. Bis zuletzt wurden sie von Moskau finanziert; noch 1979 weigerten sie sich, den Einmarsch der Sowjets in Afghanistan zu kritisieren. Nein, die Kommunistische Partei war kein Popanz, sie war eine ernstzunehmende Gefahr für die Demokratie in Italien.«[3]

Und als solche bot sie auch innenpolitischen Nutzen. Bis zum Ende des Krieges und darüber hinaus diente der Antikommunismus den Christdemokraten und ihren Verbündeten als brauchbares Hausgespenst, das ihre Dauerherrschaft trefflich legitimierte.

Befreit von der Sorge, daß die Wähler sie für ihre Taten oder

Untaten zur Verantwortung ziehen und in die Opposition verbannen könnten, war es den herrschenden Mächten möglich – unter stillschweigender Duldung durch die Kommunisten –, ein Parteienregiment über die Gesellschaft zu errichten, das einer Besetzung glich. Von einem »Regime« sprachen denn auch viele italienische Kritiker jenes Zustands, der Parlament und Regierung praktisch ihrer Funktion beraubte und durch Konsenspraktiken der Parteizentralen ersetzte.

Diese Herrschaft der *partitocrazia* hat dem Land schwer geschadet. Die Politiker fühlten sich zunehmend unantastbar. Illegale Parteispenden in Millionenhöhe sicherten ihnen das Leben von Nabobs. In ihren arroganten Allüren, ihrem extravaganten Lebensstil, ihrer Bedenkenlosigkeit in der Verschwendung öffentlicher Ressourcen zu eigenen Zwecken glichen viele Politiker aus der Spätzeit von Italiens Erster Republik immer mehr der verwöhnten Nomenklatur eines Ostblockregimes: der Führungsschicht jenes Systems also, das in Italien um jeden Preis verhindert werden sollte. Kaum eines ihrer Mitglieder besaß weniger als zwei Ferienvillen, die man mit staatlichen Hubschraubern oder mit Privatflugzeugen erreichte, angemietet häufig genug auf Kosten der Partei. Gesundheitsminister De Lorenzo lud Hunderte enger Freunde zum Austernessen nach Capri ein, die alle mit Hubschraubern eingeflogen wurden. Innenminister Gava sandte seinen persönlichen Assistenten am Heiligabend mit einer Blaulicht-Kolonne zum Hauptbahnhof: Es galt, einen frischen Fisch aus der Bucht von Napoli für das Festessen des Ministers entgegenzunehmen.

Sozialistische Politiker hielten es für unter ihrer Würde, mit Linienmaschinen zu fliegen, und sei es auch nur die kleine Strecke von Rom nach Straßburg. Hochzeiten von Politikerkindern wurden in einem Stil gefeiert, der dem Hause Windsor entsprach. Auf Staatskosten, angeblich aus Sicherheitsgründen, bauten sich Politiker in Rom oder Neapel doppelgeschossige Penthäuser aus, in denen selbst die Gobelins an den Wänden, die Damasttapeten mit Samtapplikationen und die gebauschten Samtvorhänge mit reichem Kordelschmuck aus öffentlichen Mitteln finanziert wurden.

Capri, September 1990. In einer der schönsten Buchten, dicht am Wasser, mit direktem Blick aufs Meer, wartet ein elegant gedeckter Tisch auf einen Gast, der nicht erscheint. Der bereitstehende Champagnerkübel bleibt unbenutzt, die sechs steifen Dreispitze der Servietten aus gestärktem Damast werden nicht entrollt. Am nächsten Tag – das Restaurant war äußerst beliebt – sah ich den Tisch wieder, in gleicher Festlichkeit vorbereitet. Und wieder blieben die erwarteten Gäste aus, während andere abgewiesen wurden.

Einer meiner italienischen Kollegen, der wie ich an der traditionellen Herbsttagung des »Verbandes Junger Industrieller« teilnahm, fragte den Ober schließlich: »Für wen haltet Ihr denn diesen Tisch bereit?« – »Für den Herrn Minister natürlich«, erwiderte dieser gemessen. Wohl wissend, wer gemeint war, erklärte mein Kollege dem Ober: »Aber Pomicino ist doch schon gestern abgereist.« Der Mann blieb unbeeindruckt: »Aber der Minister könnte doch plötzlich zurückkommen. Und wie ständen wir dann da.« Der Christdemokrat Paolo Cirino Pomicino aus Neapel, Haushaltsminister im sechsten und siebten Kabinett Andreotti, steht inzwischen unter schwerem Korruptionsverdacht; auch Verbindungen zur Camorra, der neapolitanischen Mafia, werden ihm zur Last gelegt. Sein Penthouse mit Blick über die Bucht von Neapel, das er von einem Camorra-Boß gekauft hat, wurde zeitweilig von der Staatsanwaltschaft beschlagnahmt. Er soll es mit Schmiergeld bezahlt haben. Als noch niemand gewagt hätte, nach der Herkunft seines unermeßlichen Reichtums zu fragen, hieß Pomicino schlicht »der König von Neapel«.

Die Bürger des Landes wiederum gerieten zunehmend in die Rolle von Untertanen, die sich jede selbstverständliche Amtshandlung des Staates wie auch aller öffentlichen Institutionen erkaufen mußten. Jede Bescheinigung, jedes Dokument, sei es ein Paß, der Führerschein, eine Geburts- oder Sterbeurkunde, handelten die Behörden als Gabe, als Gefälligkeit, für die Gegenleistungen zu entrichten waren, sei es in bar, sei es durch politische Unterstützung des örtlichen Parteipotentaten, sei es mit Naturalien oder gar Sex. Solche Abhängigkeiten bestanden seit jeher im Verhältnis des italienischen Bürgers zum Staat. Doch im Wandel der politischen Sitten in der zweiten Hälfte der achtziger Jahre geriet das private Leben der Italiener mehr denn je zuvor unter illegalen Abgabendruck.

Franco Cazzola, der wichtigste italienische Korruptionsforscher, hat statistisch nachgewiesen, daß der Zwang, »in den alltäglichsten Bereichen unseres normalen Lebens als einfache Bürger Schmiergeld zahlen zu müssen«, sich zwischen 1984 und 1991 »wesentlich ausgeweitet hat«.[4]

Überall hatten die Partitokraten Zollschranken errichtet, an denen sie Wegegeld forderten, viele Italiener mußten oft genug ihre privaten Lebenspläne den politischen Gegebenheiten anpassen.

Bedrückt erzählte mir eine italienische Freundin, daß ihre Bewerbung um eine Doktorandenstelle seit Monaten in der Fakultät blockiert werde und sie daher ihr Vorhaben, über Else Lasker-Schüler zu promovieren, aufgeben müsse. Im Kreis der zehn potentiellen Doktoranden sei sie die einzige, die keinen politischen Mentor hinter sich habe. Und den Hinweis des Professors, alle ihre bürokratischen Schwierigkeiten würden sich von selbst auflösen, wenn sie sich entschließen könne, ein bißchen nett zu ihm zu sein, hätte sie in klaren Worten abgelehnt. »Wer versucht, in diesem Land nur mit seiner eigenen Leistung durchzukommen, ist verraten und verkauft«, sagte Lucia bitter.

Wo immer ein Posten zu vergeben war – sei es die Position eines Direktors in einem staatlichen Krankenhaus oder auch die Stelle eines Hausmeisters an einer Schule –, hatten die Günstlinge der Parteien den Vorrang, und so waren die Stellen, die in der staatlichen Bürokratie oder im riesigen Bereich der öffentlichen Wirtschaft zu vergeben waren, ein wesentliches Element im Handel um politischen Einfluß.

Die Parteien waren zum allgegenwärtigen *padrone* geworden, der alle Bereiche des öffentlichen Lebens besetzt hielt und zum Zweck der Klientelpflege für sich mißbrauchte, was er auch zur Erhaltung seiner Macht benötigte.

In einem Essay, der Italiens Krise der frühen neunziger Jahre behandelt, schreibt der italienische Historiker und Diplomat Sergio Romano in diesem Zusammenhang:

»Die Parteien haben das Land regiert, als sei es ihr Privatbesitz, über den sich nach Belieben verfügen läßt. Sie haben die Ministerien in Feudalherrschaften verwandelt und die Bürger in eine abhängige Klientel. Sie haben die eigene Macht privatisiert und die Dienstleistungen des Staates kommerzialisiert. Das ist nicht Korruption im normalen Sinn des Wortes. Das ist Simonie. Wie die verdorbenen Männer der Kirche im späten Mittelalter Ablässe und kirchliche Segnungen verkauften, haben die verdorbenen Politiker der Ersten Republik alles in Geld verwandelt, was sie mit ihren Händen zu fassen kriegen konnten, und sie haben ihre Steuereintreiber belohnt, indem sie ein Heer von Vasallen über die Banken, die öffentlichen Unternehmen oder über jedwede Verwaltung verteilten.

Der Schaden, den das Land dabei erlitten hat, läßt sich nicht ermessen, indem man die erhaltenen Schmiergelder addiert, sondern liegt vor allem in der Deformation, welche dieses System der Wirtschaft und dem Staat Italien zugefügt hat.«[5]

Das Verfahren, sich für Dienstleistungen des Staates vom Bürger bezahlen zu lassen, hat in Italien freilich uralte Wurzeln.

Jahrhundertelang war ja der Staat diesem Land nichts anderes gewesen als der Unterdrückungsapparat wechselnder Fremdherrschaften. So hatten die Italiener gelernt, Sicherheit in persönlichen Strukturen zu suchen, vor allem in der Familie. Die Beziehungen zwischen Familie und Gesellschaft regelten sich nach dem Prinzip des Klientelismus, der dem *padrone* die Aufgabe zuweist, für die von ihm Abhängigen, seine »Klientel«, zu sorgen, während diese ihn ihrerseits unterstützt – ähnlich wie ein mittelalterlicher Vasall seinem Lehnsherrn zur Seite stand, im Austausch für Schutz und Förderung seiner eigenen Lebenslaufbahn.

Wie dieses System im Mezzogiorno des 19. Jahrhunderts funktionierte, beschreibt der italienische Soziologe Carlo Tullio-Altan in seinem berühmten Essay *La Nostra Italia* (»Unser Italien«) folgendermaßen:

»Jeder örtliche Würdenträger war in seinem Machtbereich das Oberhaupt eines Netzes von Personen aus unterschiedlichen sozialen Verhältnissen, die für ihr materielles Überleben ebenso wie für ihr soziales Prestige von ihm abhingen und ihm deshalb ihre Unterstützung bei jeder Art von Wahlen schuldeten.«[6]

Wie das heute aussieht, erlebte ich 1990 in Neapel mit dem Fotografen Zoltan Nagy, einem gründlich italienisierten Ungarn. Zoltan kennt die Stadt gut und erklärte mir die merkwürdige Betriebsamkeit vor dem Parteigebäude der Christdemokraten im Hafenbezirk Santa Lucia.

Es war ein Junimorgen gegen acht Uhr früh. Vor dem Gebäude hatten sich bereits Trauben von Menschen angesammelt, die auf Einlaß warteten. Aus blauen Dienstautos sprangen geschäftige junge Männer, die, während sie dem Eingang des Hauses entgegeneilten, mit wichtigen Mienen in ihre Funktelefone sprachen. Eine Frau, der vier kleine Kinder am Rock hingen, versuchte die Umstehenden für einen offenbar amtlichen Brief zu interessieren.

Ehrfurchtsvoll teilte sich die Menge, als einer Limousine ein behäbiger Mann entstieg und ins Gebäude schritt, ohne die Wartenden eines Blickes zu würdigen. Zoltan sagte, dies sei der örtliche DC-Parteisekretär. Der eigentliche Herrscher über den Parteibezirk aber sei der *onorevole* Alfredo Vito, genannt »Mr. 100 000 Stimmen« – so groß sei das Wählerpotential, das er zu bewegen vermochte, für sich selbst oder auch für andere. (Auch er gehört inzwischen zu den prominenten Christdemokraten, gegen die wegen Korruption und Verbindungen zur Camorra ermittelt wird.)

Die neapolitanische Szene erinnerte mich lebhaft an die Morgenaudienzen orientalischer Potentaten, die ich zuletzt in Indien gesehen hatte. Da wie dort waren diejenigen, die sich zu früher Stunde vor dem Sitz der Macht versammelt hatten und wenig später das Treppenhaus und die Korridore füllten, Bittsteller, die den Parteinotabeln und ihren Statthaltern ein Anliegen vorzutragen hatten – sei es der Wunsch nach einem Job für den Sohn, die Abwendung eines drohenden Hinauswurfs aus der Wohnung, der rechte Hinweis an den Professor, der die Tochter prüfen würde, oder Hilfe beim Bemühen, einen schnellen Operationstermin für die schwerkranke Ehefrau in einem öffentlichen Krankenhaus zu erwirken.

Allen würden die DC-Gewaltigen in irgendeiner Weise mit einer *raccomandazione* helfen, jener schier wunderwirksamen »Empfehlung«, die im Italien der ausgehenden achtziger Jahre alles bewirken und alles blockieren konnte – um im Gegenzug die Wählerstimmen der Familie, eines ganzen Wohnhauses oder – je nach Größe des erfüllten Begehrens – eines ganzen Unternehmens entgegennehmen zu können.

»Hier siehst du die große italienische Zustimmungsmaschinerie vor Ort«, erläuterte Zoltan. »Die wichtigen Geschäfte werden woanders gemacht, zwischen der Partei und den großen Bauunternehmern, die Neapel verwüsten, oder mit den Bossen der Unterwelt – das weiß jeder, der sich nur ein bißchen auskennt. Doch die Masse der Stimmen wird hier und auf diese Weise zusammengerafft.«

In der Tat brauchten die Christdemokraten und ihre Verbündeten keine Polizeigewalt, um ihre Dauerherrschaft zu erhalten. Sie sind über vier Jahrzehnte lang getreulich gewählt worden. Die Regierenden erhielten sich die Gunst der Wähler mit einem nie enden wollenden Strom von Geschenken – die finanzpolitisch unverantwortlich waren und den Staatshaushalt am Ende ruinierten. Das Staatsdefizit hatte Anfang der neunziger Jahre die Zwei-Billiarden-Lire-Grenze erreicht und betrug etwa 120 Prozent des Bruttoinlandsproduktes, das Doppelte der in den Maastricht-Verträgen erlaubten maximalen Verschuldung eines Landes. Mit den zügellosen Ausgaben hatten die Regierenden nicht in die Zukunft investiert, etwa mit Ausgaben für Wissenschaft und Forschung. Sie hatten sich vielmehr Konsens bei ihrem Volk gekauft.

Die Italiener wurden mit einem großzügigen Pensionssystem beglückt, das Männern erlaubte, mit 60 Jahren, Frauen mit 55 in Pension zu gehen. Im öffentlichen Dienst gab es die »Baby-Pensionierten«, Staatsangestellte, die sich nach 20 Jahren Arbeit im jugendlichen Alter von 40 Jahren in den Ruhestand begeben durften.

Invalidenrenten galten als politische Manövriermasse – zu vergeben als Lohn oder Anreiz für treue Gefolgschaft. So kam es, daß Kinder aus einem süditalienischen Dorf von einem Busfahrer zur Schule gebracht und wieder abgeholt wurden, den sein Invalidenpaß als Blinden auswies. Das Steuersystem lud zu Mißbrauch ein: Noch 1993 zahlten viele Geschäftsinhaber, Restaurantbesitzer oder Goldschmiede weniger Steuern als ihre Arbeiter und Angestellten. Wer erwischt wurde, konnte auf den nächsten *condono* rechnen, regelmäßige Amnestien, welche Steuersünder mehr als glimpflich davonkommen ließen.

Das gleiche galt für die Kaskaden illegal erbauter Sommerhäuser, die Italiens schöne Küsten verunstalten. Schon der Bau auf nicht freigegebenem Grund wurde von den Behörden gnädig übersehen, vorausgesetzt natürlich, daß die ungeschriebenen Gebühren, in bar oder in politischem Zins, den richtigen Mann erreicht hatten. Aber auch hier würde irgendwann ein *condono* einen Gesetzesbruch sanktionieren, der die Landschaft dann auf immer verwundete.

Illegalität war zur Regel geworden. Vielen Italienern ging es gut dabei. Sie fragten nicht weiter. Das Geld für seine Wohltaten pumpte sich der italienische Staat bei seinen Bürgern – deren Sparkonten angenehm anschwollen von den hohen Zinsen der staatlichen Wertpapiere. Dies sei, wie der italienische Industrielle Carlo De Benedetti einmal bemerkte, der größte Transfer öffentlicher Mittel in privaten Besitz gewesen, den sich je ein moderner Staat geleistet habe – kaum zum Segen der Allgemeinheit, die sich mit skandalösen Mängeln in allen Bereichen des öffentlichen Lebens abfinden mußte.

Die Staatsverschuldung aber geriet zu einem drohenden Vulkan, der mit kleinen Eruptionen eine kommende, furchtbare Katastrophe ankündigte: etwa wenn die amerikanische Bewertungsgesellschaft Moody's die Bonität des italienischen Staates in immer neuen Schritten herabsetzte. Aber Italien kümmerte sich nicht darum. Zwar verschlang der Zinsendienst zu Beginn der neunziger Jahre mehr als zehn Prozent des Bruttoinlandsprodukts, 20 Prozent des Haushalts und 40 Prozent der Steuereinnahmen, aber kaum jemand wagte den Vorschlag zu machen, Bürger, die deftige Gewinne mit der hohen Verzinsung der Staatsanleihen machten, auch deftig zur Steuerkasse zu bitten.

Wie ein Stein lastete die Staatsverschuldung auf Italien. Der Staat beanspruchte 60-70 Prozent des Kapitalmarktes – wenn die Wirtschaft Geld für Investitionen brauchte, mußte sie horrende Zinsen zahlen. Wollte der Staat zu Geld kommen, mußte wiederum die Steuerschraube angezogen werden – da, wo sie griff. Abhängig Beschäftigte in Italien zahlen einen Steuersatz von bis zu 46 Prozent, Unternehmensgewinne werden mit 53 Prozent besteuert. Keine Wirtschaft hält solche Strangulierung auf die Dauer aus.

Das Italien, das ich ab 1989 erkundete, trug ein merkwürdiges Doppelgesicht. Da erlebte ich ein reiches Land von raffiniertem Luxus, fröhlich tafelnde Großfamilien, die am Sonntag die Restaurants füllten, blaue Meeresbuchten im August, dicht an dicht bestickt mit weißen Segeln. Unschwer war freilich auch auszumachen, daß sich hinter dieser Fassade sorglosen Wohllebens noch etwas ganz anderes verbarg – ein schwer ins Schleudern geratenes politisches System nämlich, das sich sein Fortbestehen erkaufte, indem es die Bürger gleichzeitig erpreßte und bestach. Ich erlebte ein Land, das große Teile seines Territoriums der archaischen Gewaltherrschaft des organisierten Verbrechens preisgegeben hatte – im Pakt mit und unter dem Schutz von Politikern, Richtern und Polizeibehörden. In einer der führenden Industrienationen der Gegenwart bestaunte ich, was Post und Bahn betraf, eine Infrastruktur, die mich an die Dritte Welt erinnerte, während an der Herrschaft von Parteifunktionären in den riesigen staatlichen Konzernen Italiens – die dreißig Prozent der Wirtschaft umfaßten – deutlich ostblockähnliche Züge auszumachen waren.

Rund um die unansehnlichen Wohncontainer, die kurz nach der Katastrophe aufgestellt worden waren, war ein Dickicht aus Wellblechbaracken, Holzhütten und ähnlichen Improvisationen der Armut gewachsen. Viele Italiener profitieren von den Mängeln ihres politischen Systems, und schon deshalb wurde kaum Widerspruch gegen die Exzesse der Partitokraten laut. Doch es gab auch wirkliche Opfer der Korruption – deren Existenz die Öffentlichkeit gern vergaß.

Im Herbst 1990 sah ich mich in Chiusano di San Domenico um, einem Bergdörfchen hundert Kilometer östlich von Neapel. Das Dorf war beim Erdbeben von 1980 zerstört worden, das im Mezzogiorno ein Gebiet von der Größe Hessens verwüstet und 2275 Menschen getötet hatte. Zehn Jahre später wohnte noch mehr als ein Drittel der Bewohner in Notunterkünften.

Ein Siebzehnjähriger brachte mich zu seiner Familie, die seit 1980 auf dreißig Quadratmeter zusammengepfercht lebte. Durch die undichten Fenster des Containers kroch kalte Bergluft. Bis an die Nasenspitze zugedeckt lag die Großmutter auf einem breiten Bett, das sie nachts mit zwei Enkelinnen teilen mußte. Die Mutter, der eine schwere Arthritis beide Hände verkrüppelt hatte, starrte regungslos auf den Fernseher. Die zwölfjährige Tochter kochte. »Hier werden wir nie mehr rauskommen«, sagte Giuseppe, der Siebzehnjährige, düster.

Er könnte recht haben. Für die Beseitigung der Erdbebenschäden hatte die Regierung in Rom in den darauffolgenden zehn Jahren die astronomische Summe von 50 Billionen Lire ausgegeben.

Statt jedoch die vom Erdbeben zerstörten Orte wiederaufzubauen und neu zu beleben, hatten römische Politiker südlicher Herkunft die staatlichen Gelder umgelenkt, um ihre eigene Klientel vor Ort zu füttern und zu stärken. Und dabei wirkte offener als jemals zuvor die Camorra mit, das Äquivalent zur sizilianischen Mafia in Kampanien. Das Erdbeben, das Hunderttausende ins Elend gestürzt hatte, erwies sich als gigantische Parteispende des Himmels für korrupte Politiker und ihre Kumpane von den Clans der Camorra. Viele der von der Katastrophe schwer Betroffenen dagegen gingen leer aus.

Über 30000 solcher Erdbebenopfer in Hütten und Containern führte noch Anfang 1991 der Bericht einer parlamentarischen Untersuchungskommission auf.

In Aliano, jenem verlassenen Dörfchen, in das der Turiner

Schriftsteller und Maler Carlo Levi von Mussolinis Faschisten verbannt worden war – er hat es in seinem berühmten Roman *Christus kam nur bis Eboli* beschrieben –, versammelte sich bei meiner Ankunft schnell ein Dutzend Barackenbewohner. Sie erklärten mir, daß sie vorhätten, demnächst in die Ruinen ihrer Häuser zurückzukehren: Da wären sie besser untergebracht als in den elenden Metallkästen, wo man im Sommer vor Hitze fast erstickte und im Winter beinahe erfror.

An den einstmals reichen Fluß der staatlichen Gelder erinnern auch gewaltige, oft unfertig gebliebene Monsterbauten aus Beton, die sich über die Regionen Kampanien und Basilikata verteilen wie die Kadaver von Dinosauriern. Mitten in der Landschaft erheben sich die gewaltigen Pfeiler von mittlerweile grasbewachsenen Superstraßen, die nirgendwohin führen. Ganze Landstriche wurden niedergewalzt, um Stauseen anzulegen, in denen sich niemals Wasser sammeln wird.

Die Erdbebengelder festigten und erneuerten aber auch den über Jahrzehnte bestehenden Pakt zwischen Politikern und der Camorra. Den ihnen genehmen und nützlichen Politikern hatten einzelne Clans seit jeher Wahlhilfe geleistet. Eine ganz neue Qualität der Beziehung zwischen der Camorra und der Democrazia Cristiana war jedoch nach der Entführung des christdemokratischen Politikers Ciro Cirillo im Jahr 1981 durch die Roten Brigaden entstanden. Im Auftrag der DC verhandelte die Camorra mit den roten Terroristen und kaufte den Politiker frei. Als Entschädigung stiegen die Gangster zu regelrechten Geschäftspartnern der DC bei der Plünderung der Erdbebenfonds auf. Der Camorra wurde offiziell die Kontrolle über die Zementherstellung, die Tiefbauarbeiten und zahlreiche Subunternehmen zugesichert. Das Erdbebengeschäft ermöglichte den Clans aus Neapel und Umgebung einen Qualitätssprung auf dem Weg der Infiltration der regulären Wirtschaft – und es vergrößerte nur die Zahl der von ihnen abhängigen Politiker: Ziemlich unverblümt hat eine parlamentarische Untersuchungskommission unter dem Vorsitz des späteren Staatspräsidenten Oscar Luigi Scalfaro Anfang 1991 diese Zusammenhänge aufgezeigt. Aber in den noch immer als ewig geltenden Machtverhältnissen wurden solche Nachrichten damals einfach weggesteckt, abgelegt unter der Rubrik: »Und was gibt's sonst Neues?«

Nicht viel eben. In Rom hatte sich im April 1991 das siebte Kabinett Andreotti etabliert, die 50. Nachkriegsregierung Italiens samt einer wenig veränderten Regierungsmannschaft. Daß die Republikaner sich in die Opposition begeben hatten, aus der Fünfer- also eine Viererkoalition geworden war, fiel wenig ins Gewicht. Gleichwohl lag allmählich auch in Italien Veränderung in der Luft.

Drei Tage nach dem Fall der Berliner Mauer am 9. November 1989 hatte Achille Occhetto, Vorsitzender der PCI, bekanntgegeben, seiner Partei nunmehr zu einer wirklichen Wende zu verhelfen – selbst auf den althergebrachten Namen, Partito Comunista Italiano, sollte verzichtet werden. Auf dem Parteitag von Rimini im Februar 1991 beendete die Kommunistische Partei Italiens ihr fast siebzigjähriges Bestehen, um – unter Qualen und massiver Auflehnung der Basis – als Partito Democratico della Sinistra (PDS), Demokratische Partei der Linken, neu geboren zu werden. Ein Zehntel der Mitglieder, die ganz Unentwegten, lehnten den neuen Kurs ab und gründeten ihren eigenen Verein – die Rifondazione Comunista, Kommunistische Wiedergründung.

Und das war auch schon alles, was in Italien vom Kommunismus übriggeblieben war. Und weil auch in den Ostblockstaaten und in der sich auflösenden Sowjetunion nur noch die kläglichen Trümmer der einstigen globalen Bedrohung zu besichtigen waren, kam den Christdemokraten und ihren Verbündeten unversehens das Alibi für ihre Dauerherrschaft abhanden.

Langsam löste sich Italien aus einer Erstarrung, die der Kommunismus, die Bedrohung aus dem Osten, dem Land auferlegt hatte. Wohl weil sie erkannten, daß Veränderungen anstanden, die ihr Machtkartell gefährden konnten, schlossen sich drei der wichtigsten Stützen des Regimes, Ministerpräsident Giulio Andreotti, Bettino Craxi, Vorsitzender und Herrscher über die Sozialistische Partei, sowie der Vorsitzende der Christdemokraten, Arnaldo Forlani, zu einem Schutz- und Trutzbündnis der Restauration zusammen, das nach den Initialen ihrer Nachnamen »CAF« genannt wurde. Doch die blinde Gefolgschaft, die der Antikommunismus italienischen Wählern aufgezwungen hatte, schien nicht mehr gewährleistet.

Anfang Juni 1991 beleidigte das Wahlvolk die Herrschenden zum ersten Mal mit einem Akt zivilen Ungehorsams: Es galt, über einen Volksentscheid abzustimmen, den der – damals noch christdemokratische – Reformpolitiker Mario Segni initiiert hatte. Ursprünglich hätte das Referendum das in Italien geltende Verhältniswahlrecht abschaffen sollen. Nach allerlei technischen Einwänden des Obersten Verfassungsgerichts war jedoch nur ein einziges Projekt zur Abstimmung übriggeblieben: die Abschaffung der numerierten Vorzugsstimmen auf den Wahlzetteln.

Das klang nach nicht viel, traf jedoch den Kern jener Mechanismen von Korruption in der Wahlzelle, die Stimmenkauf und Wählermanipulation ermöglicht hatten. Die Kandidaten einer Partei waren nicht unter Namen, sondern mit Nummern auf dem Wahlzettel aufgeführt. Wählern konnte also von den Bonzen, denen sie verpflichtet waren, nahegelegt werden, eine bestimmte Zahlenkombination auf dem Wahlschein anzukreuzen. Da die Wahlbezirke klein waren, konnte leicht nachgeprüft werden, ob die anempfohlenen Kombinationen auch wie gewünscht und am richtigen Ort auftauchten.

Segnis Reformvorschlag war kein Allheilmittel. Gleichwohl war die Botschaft wichtig, welche durch die Modifizierung des Wahlverfahrens den Herrschenden vermittelt wurde: Ihr seid durchschaut. Wir machen nicht mehr mit.

Arrogant und siegesgewiß hatte der Sozialistenchef Bettino Craxi den Wählern empfohlen, sie sollten einen schönen Junisonntag lieber dazu nutzen, ans Meer zu fahren, statt sich in einer Wahlkabine den Kopf über den komplizierten Text des Referendums zu zerbrechen. Aber das Volk verschmähte seinen Rat. 62,5 Prozent der Wähler nahmen an der Abstimmung teil, und von diesen erklärten sich 95,6 Prozent mit dem Vorschlag Segnis einverstanden. Und der jubelte: »Das war ein Tritt in den Hintern der *partitocrazia.*«

Jetzt endlich wurde jene Bewegung erkennbar, die sich bald zu jener »großen Lawine« steigern sollte, unter der nach einer Metapher des italienischen Historikers Luciano Cafagna Italiens Erste Republik schließlich untergehen würde.

»Der Fall der Berliner Mauer hob einen perversen Zauber auf, den der Antikommunismus über das Land gelegt hatte«, analysiert Cafagna. »Den bösen Bann hatte«, so Cafagna, »der ›Faktor K‹ – der Kommunismus – über das Land gelegt und bewirkt, daß die Italiener eine Politik hinnahmen, die sie nicht akzeptierten, Mißstände jeder Art und sogar Korruption ertrugen, weil die einzige Alternative gefährlicher erschien und es leider wohl auch war.« Nach dem Zusammenbruch des Kommunismus sei in Italien »die schreckliche Verkommenheit der italienischen politischen Klasse zum Vorschein gekommen, die verwöhnt bis an den Rand der Gaunerei in den Annehmlichkeiten und in den Ausreden schwelgte, die ihr der ›Faktor K‹ verschaffte«. Jetzt mußte all dies nicht mehr ertragen werden. Neue Entscheidungsfreiheit kam auf, neue Möglichkeiten zum Protest. Cafagna resümiert: »Es war, als sei plötzlich der Korken aus einer Flasche Champagner herausgeflogen.«[7]

Deren Inhalt hatte freilich – wie es sich für Champagner gehört – etliche Jahre vor sich hin gegärt. Seit dem historischen Datum des 9. November 1989 wurden rückblickend mehrere Strömungen sichtbar, die das Herrschaftssystem Italiens, das mir auf den ersten Blick unwandelbar, erstarrt und versteinert vorgekommen war, schon seit geraumer Zeit unterspült hatten.

Im Norden des Landes waren in den achtziger Jahren regionale Protestbewegungen herangewachsen, die sich unter Führung des Lombarden Umberto Bossi 1989 zur Lega Nord zusammengeschlossen hatten. Mir waren sie zunächst als rabiate und rassistische Heimatbünde aufgefallen, deren Mitglieder nächtens bösartige Slogans gegen die Bewohner Süditaliens, die verhaßten *terroni* (Erdfresser), auf norditalienische Mauern gemalt hatten, wie etwa »Vorwärts, Ätna, verbrenne sie alle« oder »*Terroni*, ab nach Hause«. Völlig ungeniert offenbarte mir ein Sicherheitsbeamter, der vor einer Sparkasse in Bergamo, einem Bollwerk der Lega, patrouillierte, seinen Haß auf die Süditaliener: »Abknallen könnte ich sie alle!«

Das mögen zwar Gefühle sein, die bedenklich viele Italiener mit ihm teilen, doch die eigentliche Schubkraft der separatistischen Bewegung im Norden lag im Protest gegen das korrupte Parteienregime in Rom. Besonders die Lombarden, die Bewohner der reichsten Region, fühlten sich vom Süden ausgebeutet, kolonialisiert und ausgenommen »wie die Gans, die goldene Eier legt, die ihr Rom aus dem Nest stiehlt«.

Ende der achtziger und zu Beginn der neunziger Jahre ging auch der Wirtschaftsboom zu Ende, der Italien die »Goldenen Jahre« beschert hatte. Mit drastischen Steuererhöhungen versuchten die schnell wechselnden Regierungen die jährlich in Quantensprüngen wachsenden Löcher im Haushalt zu stopfen und dem Wachstum der Staatsschulden Herr zu werden. Jetzt wuchsen wirtschaftliche Ängste der kleineren und mittleren Unternehmer, die das Rückgrat der Ligen-Bewegung bildeten. Und weil nun niemand mehr das Gespenst einer kommunistischen Machtergreifung in Italien an die Wand malen konnte, wurde als Zeichen von Protest die Lega Nord gewählt.

Bei den Kommunalwahlen im Mai 1990 wurde sie mit rund 20 Prozent der Stimmen zur zweitstärksten politischen Macht in Italiens bevölkerungsreichster Region, der Lombardei – ein tüchtiger Schuß vor den Bug für die Christdemokraten, die sich nur noch knapp auf Platz eins behaupten konnten. Doch zum ersten Mal gab es da jemanden, der ihnen die Herrschaft streitig machte. Die verwöhnten Paladine der christdemokratischen Macht konnten damals allerdings noch nicht ahnen, wie sehr sie von den rabaukenhaften Truppen der Nordpatrioten bedroht waren.

Das merkten sie spätestens nach dem 5. April 1992. Die Christdemokraten erlangten zum ersten Mal seit ihrem Bestehen weniger als dreißig Prozent der Wählerstimmen. Das war der Anfang vom Ende. Die Lega Nord dagegen, die Lokalprotestbewegung, die niemand so recht ernst genommen hatte, kam auf 8,7 Prozent und war nun mit 55 Abgeordneten und 25 Senatoren im römischen Parlament vertreten.

Auch im Süden Italiens brodelte ein Aufstand, der dazu beitragen sollte, das römische Regime der Korrupten zu stürzen. Seit den frühen achtziger Jahren war in Sizilien eine kleine, aber entschiedene Anti-Mafia-Bewegung herangewachsen, die 1987 den »Frühling von Palermo« hervorgebracht hatte: Zum ersten Mal seit der Gründung des modernen Italien wurde die Stadt von einem klaren Gegner der Mafia regiert, dem jungen Juraprofessor Leoluca Orlando, Jahrgang 1947. Er stammte aus einer alten palermischen Akademikerfamilie, verstand sich selbst als 68er und hatte den Kampf gegen die Mafia zum wichtigsten Programmpunkt seiner Regierung erklärt – was zur Folge hatte, daß er sich keinen Schritt ohne seinen Troß von schwerbewaffneten Leibwächtern bewegen konnte.

Aber schon lange vor seiner Amtsübernahme im Jahr 1985 hatte in Palermo von seiten der Justiz der Kampf gegen die Mafia begonnen, den eine Gruppe von entschlossenen Richtern und Staatsanwälten führte. Zum legendären »Pool« der Ermittler zählten Giovanni Falcone und Paolo Borsellino, Italiens berühmteste Kämpfer gegen die Mafia. Beide wurden 1992 von Cosa Nostra ermordet.

Die seit ihrer Jugend befreundeten Fahnder hatten die Anklageschrift für den ersten großen Prozeß gegen die Bosse von Cosa Nostra geschrieben, der 1986/87 in Palermo stattfand und mit zahlreichen Verurteilungen (19mal »lebenslänglich«) endete. Doch in den nächsten Instanzen wurden diese Urteile wieder aufgehoben – auch in der Justiz hatte die Mafia ihre Komplizen. Erst Jahre später, im Frühjahr 1993, konnten die Spuren aufgedeckt werden, die von der Mafia zu Männern an der Spitze des italienischen Staates führten – der wohl entscheidende Schlag gegen das christdemokratische Machtkartell kurz vor dessen Zusammenbruch. In diesem Sinn, so meine ich, hat der große Umbruch in Italien lange Zeit vor der berühmten Mailänder Aktion *Mani pulite* (»Saubere Hände«) gegen die Korruption in Palermo begonnen.

Aber auch *Mani pulite* begann nicht aus dem Nirgendwo. Bereits 1985 hatte der junge Soziologe Nando dalla Chiesa, Sohn des von der Mafia ermordeten Polizeipräfekten von Palermo, Carlo Alberto dalla Chiesa, eine Bürgerinitiative ins Leben gerufen. Sie hieß »Società Civile« und versuchte eine Art von zivilem Widerstand gegen die Verfilzung von Politik und Wirtschaft in der lombardischen Hauptstadt zu begründen. In der von der Gruppe herausgegebenen gleichnamigen Zeitschrift veröffentlichte 1987 ein damals weithin unbekannter Mailänder Untersuchungsrichter namens Antonio Di Pietro einen klarsichtigen Aufsatz. Darin hieß es: »In Mailand ist die Schmiergeldzahlung gleichsam automatisch geworden. Es gibt keinen Unterschied mehr zwischen aktiver und passiver Bestechung; es handelt sich um eine Situation, in welcher derjenige, der zahlen muß, gar nicht mehr erwartet, daß die Forderung ausgesprochen wird. Er weiß, was er zu tun hat.«[8]

So ging es jedenfalls Luca Magni, damals 32, dem Chef eines Reinigungsunternehmens mit sieben Angestellten, der seit mehreren Jahren für das größte staatliche Altersheim Mailands, Pio Albergo Trivulzio, arbeitete. Es mußte ihm nicht mehr gesagt werden, daß er von jedem Auftrag, den er dort bekam, zehn Prozent der Vertragssumme an den Chef der Seniorenstiftung, Mario Chiesa, abführen mußte. In bar. Unter der Hand. Ohne aufzumucken. Zwei Jahre lang hatte der junge Unternehmer mitgespielt. Aber jetzt, nach dem Ende des Wirtschaftsbooms, mußte er um seine Firma fürchten. Ein Auftrag über 140 Millionen Lire, damals etwa 150000 DM, stand auf dem Spiel. Bevor er seine Fensterputzer schicken konnte, würde er dem Herrn Direktor Chiesa, einem mächtigen Mann unter Mailands Sozialisten, 14 Millionen Lire überreichen müssen. Er hatte sie nicht und ging zur Polizei.

Früher hätten die Carabinieri den jungen Mann, der sich erdreisten wollte, einem Mailänder Prominenten an den Karren zu fahren, mit einem müden Lächeln nach Hause geschickt. Aber die Änderung der politischen Großwetterlage in Italien, die mit den Erfolgen der Lega Nord und dem Fall der Berliner Mauer begonnen hatte, wirkte bereits bis in Mailänder Polizeireviere. Seit 1991 liefen systematische Ermittlungen über die verfilzten Beziehungen zwischen den herrschenden Parteien und den Unternehmern in Mailand. Telefone wurden abgehört. Ohne es zu wissen, plauderten Baulöwen und Parteipotentaten in elektronische Mikrofone, die auf richterlichen Beschluß in ihren Büros versteckt worden waren. Luca Magnis Anzeige kam wie gerufen.

Den Altersheimdirektor Mario Chiesa hatten die Mailänder Ermittler schon seit längerer Zeit im Visier. Es hatte sogar schon Anzeigen gegen den mächtigen Drahtzieher der Sozialistischen Partei gegeben, aber die waren, wie nicht anders zu erwarten, irgendwo versandet. Von der geschiedenen Frau Chiesas, die von ihrem Exgatten mit einem kargen Unterhalt abgespeist worden war, wußten die Ermittler auch schon über dessen reich gefüllte Schweizer Konten Bescheid. Luca Magni half ihnen nun, eine Falle zu bauen.

Bei seinem nächsten Besuch beim Herrn Direktor sollte er nur die Hälfte der Provision – der *tangente* – abliefern. Ein an seinem Revers verstecktes Mini-Mikrofon sollte die Reaktion des Sozialpotentaten auf die Kürzung seiner gewohnten Bezüge aufzeichnen. Und die war entsprechend unwillig.

Mario Chiesa: »Aber das sind ja nur sieben Millionen!«

Luca Magni: »Es tut mir leid, ich kann einfach nicht so viel auf einmal aus der Kasse nehmen.«

Chiesa: »Für dieses Mal will ich es durchgehen lassen, aber beeilen Sie sich mit dem Rest!«

Magni ging. Wenig später betrat der Carabinieri-Oberst Roberto Zuliani mit einem seiner Männer das Büro Chiesas. Der war gerade dabei, die Beute in einer Schreibtischschublade zu verstauen. »Das ist mein Geld«, protestierte er, als ihn die Polizisten aufforderten, ihnen den Umschlag zu übergeben. »Irrtum, das ist unser Geld«, erwiderte Zuliani. Und dann zeigte er dem fassungslosen Chiesa, wie die Polizei das Schmiergeld präpariert hatte. Jeder zehnte der insgesamt siebzig 100 000-Lire-Scheine trug die Unterschrift Zulianis und die des Ermittlungsrichters von der Mailänder Staatsanwaltschaft, Antonio Di Pietro.

Im verschlüsselten Funkverkehr zwischen der Staatsanwaltschaft und den Carabinieri trug Di Pietro den Decknamen »Mike«, Zuliani war »Papa«. Aus den Buchstaben M und P erdachten sich die Polizisten, die fortan ausschwärmten, um in Mailand Korrupte zu verhaften, einen stolzen Namen für ihre Mission: *Mani pulite* – »Saubere Hände«.

Mario Chiesa – Eine beispielhafte Karriere

Mario Chiesa, Jahrgang 1948, verfügte über einen gewissen Charme. Wenn er sich inmitten seiner Alten vor riesigen Geburtstagstorten fotografieren ließ, wirkte er wie der artige Neffe, der seinen betagten Verwandten gutherzig eine Freude bereitet und selbst Spaß dran hat.

Seine Untergebenen und andere in seinem Umkreis kannten ihn aber auch als kalten, arroganten Mann, der keinen Verstoß gegen sein Wort ungeahndet ließ. Einem Tankwart aus dem Mailänder Parteibezirk, in dem Chiesa seine politische Laufbahn begonnen hatte, blieb von einem Tag auf den anderen die Stammkundschaft weg, nachdem der alte Sozialist dem ehrgeizigen Newcomer Chiesa ein paarmal zu oft auf Parteiversammlungen Kontra gegeben hatte.

Neben seiner Ehefrau hielt sich der flotte Vierziger, dem der ständige Schatten eines Dreitagebarts über dem rundlichen Gesicht einen Hauch von Verruchtheit verlieh, mehr Freundinnen, als er verkraften konnte. »Ich habe acht Geliebte und keine Zeit, auch nur mit einer einzigen ins Bett zu gehen«, beklagte er sich bei einem Freund.

In der verwickelten Schauermär von *Tangentopoli*, der institutionalisierten Korruption in Italien, ist Mario Chiesa kaum der schlimmste Schurke: Eher wirkt er sogar wie ein kleiner Fisch neben seinem Parteichef Bettino Craxi, dem über 200 Millionen Mark an Schmiergeldeinnahmen vorgeworfen werden. Aber Chiesas Aufstieg und Fall sind beispielhaft für die Methoden jener ganz normalen Männer des politischen Mittelbaus, die zu Hunderten, ja zu Tausenden daran mitgewirkt haben, daß Italien im Laufe der siebziger und achtziger Jahre mit »einem so engmaschigen Netz von Korruption überzogen war, daß es nichts Vergleichbares in anderen Ländern Europas gab«[1] – so das Urteil des Historikers Aurelio Lepre.

Die Geschichte des Mario Chiesa spielt im sozialistisch regierten Mailand der siebziger und achtziger Jahre. Unter ihrem überragenden Führer, Bettino Craxi, der »Duce«, nach Mussolini, oder auch schlicht »Kaiser Bokassa« genannt wurde, war die Sozialistische Partei (PSI) die dominierende politische Kraft in der Stadt geworden, die in wechselnden Koalitionen mit anderen Parteien, sowohl der Kommunistischen Partei (PCI) als auch der Christlich Demokratischen Partei (DC), die wichtigsten Posten in der Stadt, vom Bürgermeister abwärts, für sich in Anspruch nahm.

Craxis Wort war Gesetz und Heilige Schrift zugleich, es bestimmte das Sozialklima der Stadt. »Mario Chiesa war«, so schreibt die Mailänder Journalistin Marcella Andreoli in ihrem aufschlußreichen Interview-Band über Mario Chiesa, »ein Produkt des Craxismus, der sich auf folgende Formel bringen ließ: Sich einen Platz erobern, so viel Befehlsgewalt wie möglich in Händen halten, sich bereichern.«[2]

In einer gewagten Aktion hatte Bettino Craxi 1976 im römischen Hotel Midas den Parteivorsitz der PSI übernommen und fortan die ewig zerstrittenen, von Flügelkämpfen und dogmatischem Streit geschwächten italienischen Sozialisten zu einer pragmatischen, prowestlichen, antikommunistischen Partei umgeformt, die zum verläßlichen Dauerpartner in den Koalitionsregierungen der Christdemokraten wurde. Der Sozialismus ging auf dem Weg verloren. Befreit von Ideologie und Idealen, war die Lehre Craxis weniger ein gesellschaftliches Programm als ein Instrument sozialer Mobilität geworden, ein Aufsteigerkult, der statt des Gemeinwohls das Wohlergehen einzelner förderte – unter der Voraussetzung, daß diese sich den Regeln des quasifeudalistischen Vasallensystems fügten, das zum Ordnungsprinzip der Sozialistischen Partei, aber auch anderer politischer Kräfte Italiens geworden war.

Craxi residierte im Herzen von Mailand, Piazza Duomo 19, in einer Flucht von Büros, die sich über 358 Quadratmeter erstreckte – angemietet von der Stadt für den milden Gegenwert von etwa 1500 DM im Monat. Um sich hatte Craxi einen Clan von Getreuen versammelt, der ihm schon seit den sechziger Jahren folgte – Antonio Natali gehörte dazu, der später Präsident der Metro und Angeklagter in einem frühen Schmiergeldprozeß sein sollte; Paolo Pillitteri, der die Schwester von Craxi heiraten und Bürgermeister von Mailand werden durfte – Nachfolger von Carlo Tognoli, der ursprünglich auch zum Clan gehört hatte. Kaum war er halbwegs erwachsen, zählte auch der Craxi-Sohn Vittorio, genannt »Bobo«, zum inneren Zirkel und wurde gegen den Willen der PSI-Basis vom Vater ins Amt des Parteivorsitzenden von Mailand gehievt.

Als er Ministerpräsident geworden war, bereiste Craxi die weite Welt, ungeniert, wie ein afrikanischer Stammesfürst, stets mit seiner Sippe. Auf seiner Reise nach Peking 1986 zum Beispiel begleitete ihn ein persönlicher Hofstaat von 52 Personen, darunter Bobo nebst Verlobter, selbstverständlich die Tochter Stefania, aber auch die Freundin des Craxi-Kronprinzen, Claudio Martelli, sowie ein persönlicher Fotograf. »Ich bin hier in China mit Craxi und seinen Lieben«, spottete der damalige Außenminister Giulio Andreotti anläßlich dieser Reise.

Die »Heilige Familie« war der Name für den Craxi-Clan in der lombardischen Hauptstadt. Ohne sie »bewegte sich kein Blatt in der Stadt«, wußte ein sozialistischer Funktionär aus Mailand. »Piazza Duomo« war zum Kürzel von Craxis Macht geworden, die über anderthalb Jahrzehnte die Geschicke Mailands bestimmte: »Das muß Piazza Duomo entscheiden«, hieß es stets, wenn es galt, politische Allianzen zu besiegeln oder die Schlüsselpositionen in der Stadt zu besetzen, seien es die Präsidentenämter der großen städtischen Unternehmen oder die Posten der Chefredakteure und Ressortleiter in den PSI-freundlichen Zeitungen, allen voran die beim *Giorno*.

Den Herrscher von Mailand, Bettino Craxi, umgab eine glitzernde Kollektion von Parvenues, Schmeichlern und Günstlingen, ein Schickimicki-Hofstaat, dessen Mitglieder nichts Schöneres wußten, als das Lob Bettinos zu singen und sich im Abglanz seines Ruhms zu sonnen. Der ständig braungebrannte »Architekt« Silvano Larini, Craxis persönlicher Geldbeschaffer, der vier Monate im Jahr mit seiner Yacht durch die Südsee kreuzte, trug die Bestechungsgelder für den Sozialistenchef persönlich in den Ruheraum neben dessen Büro an der Piazza Duomo. In bester Tradition des sozialistischen Realismus erstellte die Malerin Fuffi Levi-Bianchi überlebensgroße Porträts von Craxi und seiner Familie. Der Modeschöpfer Trussardi kleidete die Damen des inneren Zirkels. Society-Ladies wie Chicca Olivetti oder die vielbeschäftigte Innenarchitektin Carla Venosta wetteiferten in der Organisation raffinierter Abendeinladungen zu Ehren von Bettino Craxi und seiner Frau Anna. Spötter nannten die Umgebung Craxis den »Hofstaat von Zwergen und Tänzern«.

Niemand unter den ausländischen Journalisten in Italien braucht lange nachzudenken, um sich pompöse Politiker aus den eigenen Ländern ins Gedächtnis zu rufen. Deutschen dürfte der langjährige bayerische Ministerpräsident Franz Josef Strauß einfallen, der mit seinen Spezies so manches krumme Ding drehte, und trotzdem am Ende immer straffrei blieb. Gleichwohl hatte der Personenkult um Bettino Craxi in den achtziger Jahren in Italien Dimensionen angenommen, die rumänischen Verhältnissen glichen.

Für den Parteitag der Sozialisten im Mailänder Kongreßzentrum Ansaldo im Mai 1989 hatte zum Beispiel der Hofarchitekt Craxis, Filippo Panseca, eine Art von Aztekentempel auf der Bühne errichtet. Hinter dem Rednerpult führten fünf Riesenstufen, in der Mitte unterbrochen von einer schmalen Treppe, zu einer schimmernden Pyramide – auf deren Vorderseite die Köpfe der Sprecher erschienen. Ich erlebte damals zum ersten Mal einen Parteitag der italienischen Sozialisten und fand das Spektakel ziemlich abstoßend. Kein Wort der Kritik am Parteivorsitzenden kam aus der Gemeinde seiner Gläubigen, mit geradezu stalinistischer Mehrheit wurde Craxi an jenem Maisamstag im Amt bestätigt. Und als ich wenig später bei Inge Feltrinelli, der Chefin des gleichnamigen großen Verlages, zu Mittag aß, fragte ich sie und die anderen anwesenden Mailänder: »Wie haltet Ihr diesen Typen und seinen Clan nur aus?« Inge Feltrinelli lachte: »Wir halten uns fern.«

Niemand von den Mailändern, die auf sich hielten, ging zum Beispiel zum »Abend von St. Ambrosius«, dem 6. Dezember, an dem die neue Saison der Scala glanzvoll eröffnet wird – denn die Premieren der weltberühmten Oper waren zu Hoffesten geworden, auf denen sich Mailands Sozialisten selbst zelebrierten. Die Politiker, die Minister der PSI, die von ihr ernannten Direktoren und Manager der großen Staatsunternehmen, die Größen des der PSI verbundenen Showbusineß, zirkelten ehrfurchtsvoll um ihre Sonne: um Bettino und seine Familie.

Mario Chiesa, Direktor des Altersheims Pio Albergo Trivulzio, weiß sich dem Höhepunkt seiner Karriere nahe, als er von sich sagen kann: »Auch ich werde jetzt zum Abend von St. Ambrosius eingeladen: Parkett für mich und meine Freunde.«[3]

Aber bis er da angekommen war, hatte er gut fünfzehn Jahre lang klettern und treten, systematisch Beziehungen aufbauen, viel Geld einnehmen, viel Geld ausgeben, einstecken und austeilen müssen.

Mario Chiesa war der Sohn eines Vermessungstechnikers; er

hatte Elektrotechnik studiert, und weil er Freunden als smart und ehrgeizig bekannt war, vermittelten diese dem damals 26jährigen einen nicht unwichtigen Posten im Krankenhaus Sacco in Quarto Oggiaro, einer trostlosen Vorortwüste in der nordwestlichen Peripherie von Mailand. Ohne besondere administrative Vorkenntnisse wurde Chiesa zunächst Abteilungsleiter, dann Direktor der technischen Verwaltung des Krankenhauses und war somit für die Anschaffung von Geräten im Wert von Millionen zuständig. 1974 steckte er sein erstes dickes Schmiergeld ein. Binnen kurzer Zeit war der junge Elektroingenieur im Krankenhaus Sacco ein Mann von Einfluß.

In Quarto Oggiaro mit seinen 100000 Einwohnern war das Sacco mit rund 1000 Angestellten einer der wichtigsten Arbeitgeber. Das Krankenhaus galt als sozialistischer Feudalbesitz, als reiche Pfründe für die örtlichen Bosse der PSI, welche mit den Arbeitsplätzen, den Stellungen in der Hierarchie, mit den Versorgungseinrichtungen und den Anschaffungen für das Krankenhaus schwunghaften politischen Handel treiben konnten.

Da war Chiesa gut plaziert. Mit seinen Worten: »Eine Krankenschwester will ihren Sohn im Sacco unterbringen? Gut, machen wir uns ans Werk. Ein Genosse braucht eine neue Wohnung, weil ihm gekündigt worden ist? Kein Problem, wir finden eine Sozialwohnung für ihn. Ein Arzt im Krankenhaus möchte in eine andere Abteilung versetzt werden. Alles klar, machen wir Druck auf die Verwaltung, damit er bevorzugt wird.«[4]

Solche Freundlichkeiten gab es natürlich nicht umsonst. Aus den immateriellen »Schuldscheinen« der von ihm geförderten Krankenhausangestellten sammelte Chiesa das Kapital für seine politische Karriere – die auf diese Weise ihren Anfang nahm, daß er systematisch seine Stellung in der kärglichen Sektion »Allende« ausbaute. Seine dankbaren »Kunden« aus dem Krankenhaus – wenn sie nicht schon Mitglieder waren – traten nun in den Parteibezirk »Allende« ein und warben fleißig Freunde und Verwandte an. Innerhalb von Monaten stieg Mario Chiesa zum Vorsitzenden der Sektion auf, sein politischer Einfluß erstreckte sich bald auf die gesamten nordwestlichen Vororte. Chiesa war ein Prokonsul der nördlichen Peripherie geworden und, wie er von sich selbst behauptete, regierte mit starker Hand, autoritär. Linke Genossen, die sich ihm entgegenstellten, mußten schwer dafür büßen, wie auch der arme Tankwart, bei dem die Genossen Chiesas nicht mehr tanken durften. Unbotmäßige Parteimitglieder, die im Sacco arbeiteten, bedrohte Chiesa mit Versetzung oder gar mit Entlassung. »Allendes« treue Linken wurden auf diese Weise marginalisiert. Dafür strömten in Scharen die Anhänger jenes modernen Sozialismus in die Sektion, den Bettino Craxi predigte. Treue Gefolgschaft sollte mit Aufstieg belohnt werden.

Nach dem Prinzip »Do ut des« wird überall auf der Welt Politik gemacht. Außerdem hatte, wie schon erwähnt, das klientelistische Prinzip in Italien eine lange, tief in der Geschichte verwurzelte Tradition. Doch in den achtziger Jahren, als Dekaden ohne demokratischen Regierungswechsel verstrichen waren, verstärkte und vervielfachte sich vor allem bei den Sozialisten eine Tendenz, die an die simonistische Frühzeit des römischen Kirchenstaates erinnert: die Käuflichkeit von Ämtern und politischem Einfluß. Mario Chiesa spricht gar von einer »genetischen Mutation der Politik«.

Die Genossen von einst zahlten nämlich selbstverständlich ihren Mitgliedsbeitrag selbst, an die 40000 Lire im Jahr. Sie klebten Plakate, und ihre Frauen kochten für die sommerlichen Feste der Parteizeitung *Avanti*. Doch in Italiens üppigen achtziger Jahren starben solche Idealisten langsam aus. Und in den Parteien, nicht nur bei den Sozialisten, kamen Männer an die Macht, die sich Anhang verschafften, indem sie ihren Gefolgsleuten die Beiträge bezahlten – einer der wichtigen Ausgangspunkte in der Entwicklung Italiens zur Bestechungsdemokratie. »Die Parteibücher wurden auf diese Weise für die Chefs der einzelnen *correnti*, der Gruppierungen oder Clans in den Parteien, wahrhaftige Aktien in ihrem Handel mit der Macht«, schreibt Adriano Zampini, ein Kenner der Korruption, weil er diese in Turin selbst in großem Stil betrieben hat. »Die Parteibücher wurden in Panzerschränke eingeschlossen und nur für die Minuten der Abstimmungen auf den Parteiversammlungen ausgeteilt; dann mußten die Genossen sie wieder abgeben.«[5] Auch riesige Festessen gaben die Chefs der politischen Clans – der »correnti« (Flügel) aller Parteien – dann und wann für ihre Anhänger, deren Freunde und Verwandte, Runden von 2000 Gästen kamen da schnell zusammen. Oder ihre Truppen wurden in idyllische Kurorte verfrachtet, wo sie sich unter dem Vorwand der politischen Bildung mitsamt ihren Lieben trefflich und kostenlos amüsieren konnten. Die Gegenleistung freilich war Pflicht. Und so wurden die ausgehaltenen

Genossen zu folgsamem Stimmvieh, das auf Parteikongressen genau so zu entscheiden hatte, wie es seine Gönner wünschten. Aber solch politisches Mäzenatentum kostete. Niemand wollte es aus der eigenen Tasche bestreiten. Also wurden Sponsoren gesucht, und die fanden sich leicht: Unternehmer, denen daran lag, Politiker und Amtsinhaber an der Macht zu erhalten, weil sie ihnen ihre fetten öffentlichen Aufträge verdankten. Durch diesen Austausch von gegenseitigen Gefälligkeiten entstand das Fundament von *Tangentopoli*, der italienischen Schmiergeldrepublik.

Fast bedauernd spricht Chiesa im nachhinein von der Kommerzialisierung der Politik, die er miterlebt hatte: »Ein perverser Mechanismus war aufgekommen, der, ich gebe es zu, ein reiches Erbe an politischen Leidenschaften und Ideen zerstört hat.«[6] Aber immerhin hatte auch er inzwischen jemanden gefunden, der ihm Tausende von Mitgliedsbeiträgen finanzierte: den Beerdigungsunternehmer Mario Sciannameo, der sich am Krankenhaus Sacco gleichsam ein Monopol für die Leichenbegängnisse erkämpft hatte und diese Vormacht zu bewahren wünschte.

Daher kommt auch der junge Karrieremacher Chiesa glänzend zurecht in jener veränderten Welt, deren Existenz er später beklagt. Seine von Sciannameo finanzierten Truppen aus dem nordöstlichen Vorort Quarto Oggiaro leisten verläßliche Söldnerarbeit. Sie können zum Jubeln abkommandiert werden. Sie füllen Veranstaltungshallen. Auf den örtlichen Parteitagen heben sie ihre Hand für die Männer, die Chiesa ihnen anzeigt. Bürgermeister Carlo Tognoli beginnt ihn zu schätzen und zu fördern. Anfang der achtziger Jahre schiebt er seinem Schützling den ersten lukrativen Posten zu: Chiesa wird der zuständige Mann für die Instandhaltung der Straßen in der Provinz Mailand.

Diskret weist ihn seine Sekretärin darauf hin, daß er das Radio lauter stellen solle, wenn er mit Unternehmern verhandle. Chiesa tut noch mehr: Er läßt sein Büro schalldicht isolieren. Der Rubel rollt fast von selber. Das Verfahren ist gut eingespielt. Und Chiesa weiß das Geld zu nutzen: »Ich hatte nicht vor, Reichtümer anzusammeln, um den Rest meiner Tage in der Karibik zu verbringen. Ich brauchte das Geld, um Politik zu machen, immer mehr Macht zu erobern und in der Hierarchie der Partei nach oben zu steigen.«[7]

Also zeigt er sich großzügig, wenn andere Aufsteiger ihn um finanzielle Hilfe bitten, kauft immer mehr Delegierte ein, indem er ihnen die Beiträge bezahlt oder ihnen sonstwie hilft. Vor allem aber bedenkt er – so wollen es die Regeln des modernen Parafeudalismus – regelmäßig seinen Schutzherrn Carlo Tognoli und später auch dessen Nachfolger im Amt des Bürgermeisters, Paolo Pillitteri, mit größeren Summen. »Pillitteri brachte ich mehrmals 200 Millionen Lire, in eine Zeitung geschoben, die ich wie zufällig auf das Sofa in seinem Amtszimmer legte. ›Danke‹, sagte Pillitteri dann irgendwann, ohne auf die Gabe weiter einzugehen.«[8]

Chiesa war Mitte der achtziger Jahre in Mailand ein mächtiger Mann geworden. Als er in einem innerparteilichen Gerangel seinen Posten in der Provinzregierung verlor, stand er schon so hoch im Gebäude der Mailänder Macht, daß er mit einer anderen Pfründe entschädigt werden mußte: So wurde Mario Chiesa 1986 zum Direktor der Alten- und Waisenstiftung Pio Albergo Trivulzio, genannt Baggina, der größten Sozialeinrichtung Mailands mit 1080 Betten, 1167 Angestellten und einem jährlichen Budget von umgerechnet über 100 Milliarden Lire – ein wahres Traumobjekt für den Handel mit politischem Einfluß. Die gehorsamen Wähler lagen in ihren Betten bereit, ob sie Parteimitglieder werden wollten oder nicht, merkten sie gar nicht. Sie wurden nicht gefragt. Die Arbeitsplätze in der Anstalt waren bare politische Münze für den Direktor, genau wie die Lieferung der Nahrungsmittel, die Reinigungsarbeiten oder das Klavierspiel für die therapeutische Gymnastik – all diese Aufträge wurden als »Gefälligkeit« vergeben, für die eine Gegenleistung erwartet wurde. Wie andere moderne Klientelverwalter in Italien, etwa der ehemalige Gesundheitsminister Francesco De Lorenzo aus Neapel, vermerkte Mario Chiesa jeden Zug und Gegenzug im Netz seiner kalkulierten Freundlichkeiten auf einer Diskette seines privaten Computers.

Etwa 7000 Namen von Mailänder Bürgern, die irgendein Anliegen hatten, enthielt Chiesas elektronischer Gedächtnisapparat. Diejenigen, die mit einem Anliegen an ihn herangetreten waren, fanden sich unter der Rubrik *questuanti*: wörtlich Almosensammler, im übertragenen, klientelistischen Sinn aber Bittsteller. Welche »Gefälligkeit« – *favore* – sie erbeten hatten, von wem sie dem Altersheimdirektor empfohlen worden waren –, und schließlich, ob und wann ihr Anliegen erfüllt worden war: gleichsam als Beleg dafür, ob nunmehr der *questuante* in einen Wähler verwandelt worden war. Als *grandi elettori* wurden in Chiesas

Datei solche Wähler bezeichnet, die einflußreich genug waren, um außer ihrer eigenen auch die Stimme anderer Personen zu liefern: die ihrer Familien, ihrer Betriebe, ihrer Vereine. Deren Anliegen, versteht sich, waren bevorzugt zu behandeln. Dieses elektronische Abbild eines klientelistischen Netzwerks vermittelte später dem Mailänder Staatsanwalt und Computerfan Antonio Di Pietro, der den Code der Diskette zu knacken verstand, nützliches Wissen.

Zugleich diente freilich die Anstalt, mit deren Leitung Chiesa betraut war, als unermüdliche Geldmaschine. Allein durch ihr Dasein – sie mußte schließlich instand gehalten, renoviert und modernisiert werden – produzierte sie einen ständigen Fluß von öffentlichen Aufträgen –, und die Unternehmer, die diese bekommen wollten, kannten die Regeln. Seit Jahren hatte es sich eingebürgert, daß sie von ihren Einkünften »freiwillige« Abgaben an die Direktion zu entrichten hatten.

Doch unter dem Direktor Mario Chiesa wurde das System unentrinnbar, allumfassend und brutal. Er bestand auf pünktlicher Zahlung und trieb die Gelder schonungslos ein. Fiorenzo Bertini, ein Hersteller von Krankenhausbedarf, erzählte den Mailänder Ermittlern: »Oft wurde er beleidigend, nur weil ich mich bei der Übergabe um ein paar Tage verspätet hatte. Mehr als einmal hat er mich mit lauter Stimme beschimpft, so daß es seine Angestellten und Sekretärinnen hören konnten. Ich sei ein elender Penner oder ein mieser Geizhals, hatte er geschrien.«[9]

Augenzeugen jedoch wollte Chiesa offenbar nicht. »Er zog das Rollo herunter, damit niemand sehen konnte, was in seinem Büro geschah. Chiesa steckte das Geld sofort in eine Aktentasche, die zu seinen Füßen unter dem Schreibtisch stand. Er versah jedes Bündel mit einem Klebezettel, auf dem stand, wieviel es war. Er achtete darauf, daß die Geldscheine schön geordnet übergeben wurden. Wenn dies nicht der Fall war, regte er sich tierisch auf«[10], erzählt Fiorini. An die 2,5 Milliarden Lire »Provision« dürfte Chiesa im Jahr von den 14 Firmen kassiert haben, die regelmäßig Arbeiten für die Baggina ausführten. Schmutziges Geld im Überfluß brachten auch die großen Projekte ein, die Chiesa in Angriff nahm, um seine Altenkolonie zu modernisieren – eine hochmoderne Röntgenstation oder ein neues Gebäude mit 500 Betten.

Nach seiner Verhaftung entdeckten die Ermittler allein auf verschiedenen Konten in Mailand, die auf die Namen seiner Eltern und seiner Sekretärin Stella Manfredi ausgestellt waren, an die 12 Millionen Mark. Weitere Millionen waren als Aktien und auf Schweizer Konten angelegt, über die Chiesa ertragreiche Finanzgeschäfte abwickelte. Er besaß eine Villa am Meer und eine in den Bergen. Auf seiner Steuererklärung jedoch gab er als Jahreseinkünfte kümmerliche 52 Millionen Lire an.

Fast genauso wichtig wie das Geld, das er mittels seiner Stellung schaufeln konnte, war der Immobilienbesitz der Baggina – an die tausend zum Teil prächtige, riesengroße Wohnungen im Zentrum Mailands, ein exquisites politisches Kapital. Chiesa vermietete sie für ein Spottgeld an Journalisten, die er brauchte, an Klienten oder Freunde, die wiederum anderen zu eigenem Nutzen gefällig sein wollten. Vor allem aber nutzte Chiesa sein Wohnungsimperium für seine sorgfältig geplante Annäherung an das Zentrum der Macht in Mailand – an Bettino Craxi und dessen Familie.

Vinzenza Tomaselli, genannt »Enza«, Craxis mächtige, allwissende Sekretärin, von der Stadt bezahlt und in seinen Diensten seit 1962, half dem zielstrebigen Kletterer dabei. Zunächst durfte Chiesa eine standesgemaße Unterkunft für eine Freundin der Craxi-Gattin Anna zur Verfügung stellen. Dann waren die philippinischen Dienstboten der Craxi-Tochter Stefania unterzubringen. Und als schließlich Enza erwähnte, daß der große Chef selbst einem Freund behilflich sein wollte, der in Räumlichkeiten der Baggina ein Luxusrestaurant eröffnen wollte, war Chiesa mit Begeisterung zu Diensten: Die Tür zum Allerheiligsten im vierten Stock von Piazza Duomo 19 hatte sich einen Spalt für ihn geöffnet. Denn daß er Craxi selbst einen Gefallen tun durfte, hieß nichts anderes, als daß dieser ihn bemerkt hatte und ihm ein gewisses Maß an Vertrauen schenkte. Geradezu stolz erzählte er den Ermittlern: »Ab 1989 hatte ich eine derart einflußreiche und unabhängige Position in der Partei, daß ich mich anderen nicht mehr zur Verfügung zu stellen brauchte, sondern nur noch einzig und allein dem Vorsitzenden der Sozialistischen Partei, Bettino Craxi.«

So empfand es Chiesa als höchste Ehre, als ihn der große Vorsitzende im Jahr 1989 bat, seinem Sohn Vittorio, genannt Bobo, zu helfen: Nach dem Willen der Eltern sollte der 25jährige nunmehr in den Stadtrat von Mailand gewählt werden – bei einem

Täßchen Tee hatte Anna dem sozialistischen Potentaten anvertraut, Bobo sei nunmehr alt genug, seinen eigenen Weg zu gehen und sich ganz der Politik zu widmen. Chiesa akzeptierte die Aufgabe mit etwas gemischten Gefühlen – er hatte selbst kandidieren wollen, um sich auf die Startbahn für den begehrten Bürgermeisterposten zu begeben. Aber die Gunst der Craxis war ihm wichtiger. Noch konnte er hoffen, daß sich sein Verzicht eines Tages auszahlen würde, und er warf gehorsam seine mächtige Wahlkampfmaschine an. In seinem privaten Büro arbeiteten 20 Wahlhelfer rund um die Uhr, jetzt mußte der Computer alle gespeicherten Telefonnummern ausspucken. Jeder, der irgendwann einmal Gutes von Chiesa erfahren hatte, mußte hoch und heilig versprechen, Bobo zu wählen. Chiesa schickte die Plakatkleber aus, die jetzt auch nicht mehr umsonst arbeiteten: 300 Millionen Lire gab Chiesa schließlich für Bobo Craxis Wahlkampf aus – und der gewann mit über 9000 Stimmen: ein Sieg des Namens Craxi und der Arbeit von Mario Chiesa.

Drei Tage nach seiner Verhaftung am 17. Februar 1992 wurde Chiesa aus der Sozialistischen Partei ausgeschlossen. Elf Tage später sagte Craxi in einem Interview, Chiesa sei ein *mariuolo*, ein Gauner, während sein Sohn, der Stadtrat Vittorio Craxi, am 8. März erklärte: »Ich war natürlich entsetzt, aber die Situation ist peinlich für ihn, nicht für mich. Wir haben ihn aus der Partei ausgeschlossen, die PSI hat nichts mit der Sache zu tun, sie lehrt uns allenfalls, daß wir als erste die Augen offenhalten müssen für eventuelle Fälle von Schmiergeldwahn.«[11] Chiesa saß derweil im Mailänder Gefängnis von San Vittore und schwieg und wartete. Aber keiner seiner ehemaligen Genossen rührte einen Finger für ihn. Wie vom Blitzschlag zerstört war das feingesponnene Netz seiner Beziehungen, das er über fast zwei Jahrzehnte gewoben hatte. Nach fünf Wochen Einzelhaft bat Mario Chiesa um Vorführung bei Antonio Di Pietro und packte aus: fünf Tage lang, ohne Unterlaß.

Mani pulite – Der Feldzug gegen die Korruption

Vor den Toren des Mailänder Gefängnisses San Vittore bremst mit kreischenden Reifen ein Polizeiwagen. Im Fond sitzt ein würdig gekleideter Herr in Busineß-Anzug. Er versucht, mit einer Aktenmappe sein Gesicht vor der Horde der Fotografen und Fernsehleute zu verbergen, die ihn erwartet. Langsam öffnet sich das riesige Eisenportal von San Vittore und schließt sich wieder wie ein riesiger Schlund, nachdem das Auto mit dem künftigen Häftling in der Einfahrt verschwunden ist. Wieder und wieder, anfangs fast täglich, haben solche Fernsehbilder in den Jahren 1992/93 das Fortschreiten der großen Säuberungswelle *Mani pulite* dokumentiert, die, ausgehend von Mailand, im Lauf von etwa anderthalb Jahren ganz Italien überspülte. Sie wurden zum Symbol der Entdeckung jener verborgenen Stadt *Tangentopoli*, von der alle wußten, daß sie existierte, ohne zu ahnen, wie riesig und ausgedehnt sie war, bis die Justiz sie endlich ans Licht der Öffentlichkeit brachte.

Roberto Mongini, ein ehemaliger Vizevorsitzender der Christdemokraten in Mailand, erinnert sich an den 22. April 1992. Die Abendnachrichten des Fernsehens meldeten die Verhaftung von acht Mailänder Bauunternehmern, denen schwerste Korruption im Zusammenhang mit Schmiergeldzahlungen an Politiker vorgeworfen wurde – die erste spektakuläre Folge des flutartigen Geständnisses von Mario Chiesa. Mongini sah seinen Freund Luigi Carnevale an, einen prominenten Linksdemokraten der Stadt. Der zuckte zusammen, als er die Kolonne der ankommenden Polizeiautos vor San Vittore sah. Beide schwiegen. Aber Mongini (der bald selbst verhaftet werden sollte) ging durch den Kopf: »Ich hatte das Gefühl, daß Luigi dasselbe dachte wie ich: Diese Richter hält niemand mehr auf.«[1]

Und so war es auch. Bis zum Sommer 1992 hatten bereits Dutzende von Mailänder Prominenten die schier unglaubliche Erfahrung gemacht, mit gemeinen Kriminellen eine schäbige Zelle im Gefängnis von San Vittore teilen zu müssen – darunter Leute wie der Präsident der städtischen Metro und Ehrenvorsitzende der Mailänder Christdemokraten, Maurizio Prada; Enzo Papi, der

Chef von Cogefar-Impresit, dem Baukonzern von Fiat, oder Vincenzo Lodigiani, einer der Bautitanen Mailands. Wichtige Politiker der Stadt wie Carlo Tognoli, Chiesas einstiger Schutzherr, der Tourismusminister geworden war, oder Paolo Pillitteri, der ehemalige Bürgermeister Mailands und Schwager Bettino Craxis, hatten – sensationell nach Dekaden der Unantastbarkeit – einen *avviso di garanzia* erhalten, die amtliche Benachrichtung, daß die Staatsanwaltschaft gegen sie ermittelte. Das Puzzle der Mailänder Ermittlungsrichter vom Pool *Mani pulite*, an dem jene fast zwei Jahre lang gebastelt hatten, war praktisch komplett.

Ihre Einsichten konnten niemanden überraschen. Jeder, der sich nur einigermaßen auskannte, wußte, wie in Mailand und anderswo in Italien die Zusammenarbeit von Politik und Geschäftswelt zu gegenseitigem Vorteil funktionierte.

Schließlich war die Geschichte des modernen italienischen Einheitsstaates fast seit seiner Gründung im Jahr 1861 von großen politischen Korruptionsskandalen gekennzeichnet, in die vielfach Parlamentarier und die Spitzen der Regierung verwickelt waren. Da gab es zum Beispiel 1868/69 den Skandal um die Verpachtung des staatlichen Tabakmonopols an private Finanziers. Von den 180 Millionen Gold-Lire, welche die Bankiers für das Recht auf die Tabaksteuereinkünfte bezahlten, versickerten 50 Millionen auf unkontrollierbaren Wegen.

Im Skandal um die Banca Romana in den neunziger Jahren des vergangenen Jahrhunderts hatten die Bankiers des großen römischen Geldinstituts der Bauindustrie und prominenten Politikern, unter anderem den Ministerpräsidenten Francesco Crispi und Giovanni Giolitti, großzügigste Kredite gewährt, für die es keine Deckung gab. Um ihr spendables Verhalten zu finanzieren, brachte die Banca Romana unter anderem auch 40 Millionen Lire Falschgeld in Umlauf. Doch als es zum Prozeß kam, wurden die Angeklagten freigesprochen, um die Politiker, die in den Skandal verwickelt waren, zu verschonen. Wichtige Unterlagen waren zudem während der Ermittlungen verschwunden: ein Muster, das Zukunft haben sollte.

»Die Korruption und die illegale Finanzierung (der Politik) sind schließlich in unserem Land ein obsessives Thema wie der *Bolero* von Ravel, sei es laut und nah oder geflüstert und weit entfernt, jedoch immer gegenwärtig im Leben der nationalen Politik«[2], schrieb Sergio Romano im September 1993 in der *Rivista dei Libri*.

Ein großer Schmiergeldskandal war 1983 in Turin, in der Region Piemont, aufgedeckt worden – vom Bürgermeister Turins, der sich nicht geniert hatte, Stadträte seiner eigenen Fraktion verhaften zu lassen. Doch der Skandal versandete. Nur der Bürgermeister, Diego Novelli, ein Kommunist, verlor umgehend seinen Job – gestürzt von den frisch aus der Untersuchungshaft entlassenen sozialistischen Stadträten.

Die »schwarzen Kassen« der staatlichen Industrieholding IRI wurden Anfang der achtziger Jahre vom Mailänder Ermittlungsrichter Gherardo Colombo entdeckt, der zehn Jahre später zum zweiten Mann im Team von *Mani pulite* wurde. Doch die IRI-Untersuchung wurde ihm entzogen und verschwand bei der berüchtigten römischen Staatsanwaltschaft, die nicht umsonst »Nebelhafen« genannt wurde. Schwerwiegende rechtliche Folgen für die Verantwortlichen gab es nicht.

Auch der Fall Antonio Natali, der Präsident der Metro von Mailand und ein enger Freund Bettino Craxis war, verlief auf ähnliche Weise. Natali wurde im März 1985 verhaftet; ihm wurde vorgeworfen, 400 Millionen Lire Schmiergeld von einer Zulieferfirma eingesteckt zu haben. Der damalige Mailänder Bürgermeister, Carlo Tognoli, war empört – über das Vorgehen der Justiz. »Bei uns werden keine Sozialisten verhaftet«, verkündete er öffentlich. Am nächsten Tag war Natali wieder frei. Seine sozialistischen Freunde halfen dem Metro-Präsidenten aus der Klemme, indem sie ihn umgehend in den Senat wählen ließen. Und als die nächste dicke Beschuldigung auf ihn zukam, nämlich wegen eines Schmiergeldes von 487 Millionen Lire, verweigerte das Parlament der Justiz die Aufhebung der parlamentarischen Immunität Natalis.

»Auch das war ein Grund dafür, daß die vielen der Justiz durchaus bekannten Fälle von Korruption zunächst nicht weiterverfolgt werden konnten«[3], erklärte der Leitende Staatsanwalt von Mailand, Francesco Saverio Borrelli, auf die Frage, warum die Staatsanwaltschaft von Mailand erst 1992 aufgewacht sei. Doch nach den großen politischen Klimaveränderungen, die mit dem Aufstieg der Ligen-Bewegungen und dem Fall der Berliner Mauer begonnen hatten, konnte die Justiz nun endlich eingreifen, ohne von den Machthabern des Systems daran gehindert zu werden. Neu für alle war, daß nunmehr jedermann in den Zeitungen nachlesen konnte, welche Regeln und Mechanismen die Schmiergeldrepublik bestimmten und bewegten – und vor allem, wie astronomisch hoch die Summen waren, um die es ging.

Für jede Arbeit, die Privatunternehmer für den Staat leisteten, hatten sie je nach Umfang des Geschäfts feste Tarife an die Parteien oder an die staatlichen Bürokratien zu entrichten, eine unsichtbare, illegale Zusatzsteuer – oder, je nach Optik, auch ein Schutzgeld, so wie es die Mafia verlangt.

Bauaufträge mußten mit einer Sonderabgabe von 5 Prozent aufwärts honoriert werden, auf Reinigungsarbeiten lag ein Aufschlag von 10 Prozent, für Instandhaltungen mußten 15 Prozent der Auftragssumme entrichtet werden.

Die eingetriebenen Summen – in Mailand etwa 120 Milliarden Mark im Laufe der achtziger Jahre – wurden nach einem präzisen Schlüssel unter den Parteien verteilt, und zwar entsprechend ihrer Stärke in der Stadt: 50 Prozent gingen an Bettino Craxis Sozialisten, 20 Prozent erhielten die Christdemokraten; auch die ehemaligen Kommunisten, die Linksdemokraten, wurden mit 20 Prozent bedacht, während das restliche Zehntel unter die kleinen Parteien verteilt wurde – etwa an die Republikaner, die sich – wie sich nun herausstellte – zu Unrecht »Partei der Sauberen Hände« genannt hatten.

Prominente Politiker strichen Schmiergeld vor allem ein, um ihre eigenen *correnti*, das heißt die vielen verschiedenen Flügel in den Parteien, zu bedienen. Man kann sich das wie einen Stammesverband vorstellen, in dem die einzelnen Häuptlinge für sich selbst abkassieren, um ihre eigene Macht gegenüber den andern zu stärken. Die Zersplitterung der Partei in *correnti* war besonders bei den Christdemokraten ausgeprägt, entwickelte sich aber auch in den anderen Parteien. Obwohl dabei von rechten und linken Flügeln oder einem Zentrum gesprochen wurde, hatten diese Unterscheidungen so gut wie nichts mit Ideologie zu tun. Es ging allein um das Gleichgewicht der Macht zwischen den vielen verschiedenen Feudalherren einer Partei. Jeder von ihnen unterhielt sein eigenes »Studienzentrum«. Jeder von ihnen veranstaltete Kongresse. Jeder von ihnen kaufte sich seine Mitglieder zusammen. All dies kostete Geld. Viel Geld.

Die Unternehmer wiederum hatten sich auch organisiert. Da alle zahlen mußten, stellten sie sicher, daß auch sie der Reihe nach beschäftigt waren. Sie hatten ein Kartell gebildet, das die

Preise und die Auftragsverteilung regelte. Und für stabile politische Klimaverhältnisse in der Stadt sorgten sie ja schließlich mit, indem sie das meiste Geld demjenigen zukommen ließen, der an der Macht war. So blieben die politischen Verhältnisse unverändert, wenngleich unter Verletzung eines Grundprinzips von Demokratie, nämlich der Maxime »Gleiche Chancen für alle«.

Auch die lästigen Regeln der Marktwirtschaft galten nicht im freundlichen Miteinander von Parteien und Unternehmern in Mailand und anderswo. Jahr um Jahr war die Auftragserteilung durch pünktliche Schmiergeldzahlung gesichert. Beide Seiten konnten zufrieden sein.

Civiltà Cattolica, die alle zwei Wochen erscheinende Zeitschrift der Jesuiten, formulierte es treffend: »Viele Bauunternehmer und Geschäftsleute bezahlten die *tangenti* nicht, weil sie dazu gezwungen gewesen wären, um dafür einen Auftrag zu erhalten, sondern weil dieses Verfahren ihnen entgegenkam: Indem sie zahlten, sicherten sie sich ertragreiche Aufträge, ohne sich den Ausschreibungen, also der freien Konkurrenz, stellen zu müssen. Das System kam beiden gelegen. Nur so ist es zu erklären, daß Unternehmer, die sich heute ›Opfer der korrupten Verwaltung‹ nennen, sich niemals an die Justiz gewandt haben, um die Übergriffe anzuzeigen, denen sie angeblich ausgesetzt waren.«[4] Ähnlich analysierte der Häftling Mario Chiesa in seinem Geständnis vor den Ermittlungsrichtern: »Zwischen den Inhabern der Macht und den Wirtschaftslobbies gibt es eine gegenseitige Solidarität und Deckung insofern, als bestimmte Wirtschaftskreise, vor allem die Bauwirtschaft, in Symbiose mit den Vertretern der öffentlichen Hand leben, um sich die Kontinuität ihrer Aufträge zu sichern – durch das inzwischen wohlbekannte Mittel der *tangente* an die Parteien.«

Für solche »gegenseitige Solidarität und Deckung« (von illegalen Handlungen) kennt das italienische Strafgesetzbuch eine klare Bezeichnung: *associazione per delinquere* – auf deutsch: kriminelle Bandenbildung.

Drei Tage nach der Verhaftung Mario Chiesas hatte im übrigen der Wirtschaftsjournalist Giuseppe Turani die Parallele zwischen dem Verhalten der Mafia und dem von Parteien und Wirtschaft in einem Kommentar für den *Corriere della Sera* herausgearbeitet: Aus seiner Insiderkenntnis der Strukturen in Italien wußte Turani – wie viele andere – von Anfang an, daß Chiesa kein krimineller Einzelgänger war, sondern nur ein zufällig geschnappter Repräsentant allgemeingültiger Verhaltensweisen in Politik und Wirtschaft.

»Das Problem der *tangenti* ist ein Schlüsselproblem unserer Gesellschaft«, schreibt Turani. »Es handelt sich um den Punkt, an dem sich Parteien, Wirtschaft und Unterwelt treffen und derart identisch werden, daß man sie austauschen könnte, ohne daß sich etwas ändern würde.« Und er kommt zu dem Schluß: »Welchen Unterschied gibt es schließlich zwischen der Camorra, die Schutzgeld verlangt, und dem Verwaltungsbeamten, der das Schmiergeld einfordert, bevor er den öffentlichen Auftrag erteilt? Keinen. Es handelt sich um eine Zusatzsteuer, die in keinem Gesetzestext steht, welche auch die Unternehmer auf gleich zweifache Weise in die Illegalität zwingt: Sie müssen zunächst ihre Bilanzen fälschen, um das Schwarzgeld, das sie für die *tangenti* brauchen, zu verbergen. Und wenn der Unternehmer erst einmal gezwungen worden war, sich in derartigem Maße illegal zu verhalten – dann mußte er immer mehr schwarzes Geld in den Bilanzen verstecken. Denn nun mußte er seinerseits auch die Steuerbehörde oder die Aufsichtsämter bestechen.«[5]

Wie ansteckend dieses Übel war, weiß man inzwischen auch von dem Starjournalisten Giuseppe Turani: Er steht im Verdacht, vom Ferruzzi-Konzern 500 Millionen Lire (etwa 500000 DM) erhalten zu haben. Dafür sollte er versuchen, mittels seiner Berichte im *Corriere della Sera* das Image der schwer angeschlagenen Agro-Chemie-Holding Ferruzzi etwas aufzubessern. Turani leugnet, zu den »schmutzigen Federn« zu gehören.

In Mailand war das kranke System schon am Stadtbild leicht zu erkennen – an den vielen pharaonischen Bauprojekten zum Beispiel, die angefangen und oft nie fertiggestellt wurden, wie etwa: die Weiterführung der Metrolinien, der Ausbau des Flughafens Malpensa, neue Krankenhäuser oder der Umbau des Stadions San Siro für die Weltmeisterschaften – alles Projekte, deren schon anfänglich hohe Baukosten sich im Lauf der Bauarbeiten verdoppelten und gar vervielfachten. Da nämlich die Schmiergelder nicht in eine Kalkulation oder in eine Bilanz eingefügt werden konnten, mußten immer wieder die Preise erhöht werden, was immer wieder neue Bewilligungsverfahren zur Folge hatte, neue Funktionäre, die bestochen werden mußten – ein unendlicher Zirkel.

Mit den aufsehenerregenden Verhaftungen der Mailänder Richter war der erste Dominostein aus einer Reihe gefallen, die sich in unendlichen Windungen über ganz Italien zog: Sie zeichnete die Umrisse jener Republik der Korruption nach, die fortan *Tangentopoli* heißen sollte.

Schlagartig, als hätten sie auf den Startschuß aus Mailand gewartet, eröffnen ab Frühjahr 1992 Ermittlungsrichter in allen Teilen des Landes Untersuchungsverfahren gegen Politiker, Verwaltungsbeamte und Unternehmer: Von Como, Varese, Aosta, Bergamo, Turin, Venedig oder Genua im Norden des Landes bis nach Trapani, Palermo oder Catania wie auch Reggio Calabria, Catanzaro, Taranto und Bari in den südlichen Breiten Italiens. Im Juni sind bereits 30 Städte Italiens betroffen, in den größten Städten des Landes, Rom, Neapel, Turin und Mailand, treten die Stadtregierungen unter Korruptionsverdacht zurück.

Im Juli 1992 wandert der gesamte Stadtrat von Reggio Calabria, der wichtigsten Großstadt der südlichen Region Kalabrien, ins Gefängnis; einen Monat später wird in L'Aquila die Regierungsmannschaft der Region Abruzzen geschlossen verhaftet, nur einer entkommt, weil er zufällig nicht in der Stadt ist. Wichtige Politiker, so der Senator Severino Citaristi, Verwaltungsdirektor der Christdemokraten, die Exminister für das Transportwesen, Carlo Bernini und Giovanni Prandini, oder der ehemalige Außenminister und Lebemann Gianni De Michelis erhalten ihre ersten staatsanwaltschaftlichen Ermittlungsbescheide. Gegen Ende des Jahres 1992 aber bewegt sich die Woge, die das gesamte System verschlingen sollte, endlich auch auf seine prominentesten Repräsentanten zu.

In den Morgenstunden des 15. Dezember 1992 überreicht ein Carabiniere aus Mailand dem ehemaligen Ministerpräsidenten und Vorsitzenden der Sozialistischen Partei, Bettino Craxi, einen 18seitigen Ermittlungsbescheid, auf dem ihm Korruption, Hehlerei und Verstöße gegen das Parteienfinanzierungsgesetz in 40 Fällen vorgeworfen werden. Noch im Sommer zuvor hatte Craxi in der sozialistischen Parteizeitung *Avanti* wilde Attacken gegen den ermittelnden Staatsanwalt, Antonio Di Pietro, veröffentlicht und ihn mit Enthüllungen bedroht, die dann niemals folgten. Craxi pflegte seine Artikel im *Avanti* mit seinem »Künstlernamen« Ghino di Tacco zu unterzeichnen. Den hatte ihm vor Jahren Eugenio Scalfari, der Chefredakteur der oppositionellen Tageszeitung *La Repubblica*, als Schimpfnamen angehängt: Ghino di Tacco war ein Raubritter, der von allen, die an seiner Burg vorbeiwollten, ein kräftiges Wegegeld einhob. In provokantem Trotz hatte Craxi den Namen des adeligen Wegelagerers dann für seine Kommentare usurpiert, ein treffendes Beispiel für das Ausmaß der Verblendung, der die Mächtigen der Ersten Republik erlegen waren.

Aber Craxis kennzeichnendes Pseudonym ist schon gar nicht mehr im Umlauf, als er endlich fällt. »Das Riesenwildschwein ist in der Falle«, jubelt vielmehr ein Korrespondent im Presseraum des Parlaments, als die Nachricht vom staatsanwaltschaftlichen Ermittlungsbescheid für den Sozialistenchef am Vormittag des 15. Dezember 1992 über die Bildschirme läuft. Im Februar 1993 tritt Craxi von seinem Amt als Parteivorsitzender zurück, das er 16 Jahre lang innehatte. Im gleichen Monat muß sein ehemaliger Kronprinz Claudio Martelli sein Amt als Justizminister in der Regierung Amato aufgeben, weil auch er im Verdacht steht, für seine Partei dunkle Geschäfte betrieben zu haben.

Aus ähnlichen Gründen schießen die Ermittlungsrichter den Gesundheitsminister Francesco De Lorenzo und den Finanzminister Giuseppe Goria aus der Regierungsmannschaft. Am 27. März 1993 schließlich die schockierendste aller Nachrichten aus der untergehenden Ersten Republik Italiens: Die Staatsanwaltschaft von Palermo teilt dem prominentesten Staatsmann des Landes, Giulio Andreotti, mit, daß sie gegen ihn wegen des Verdachts ermittelt, mit der Mafia kollaboriert zu haben.

Unter dem entsprechenden Verdacht – nämlich Zusammenarbeit mit der Camorra – stoßen wenige Tage später die prominentesten Christdemokraten Neapels zum Kreis der potentiell angeklagten Politiker hinzu – Antonio Gava, der mehrere Jahre lang als Innenminister sogar für den Kampf gegen die Mafia zuständig war, Paolo Cirino Pomicino, Haushaltsminister im letzten Kabinett Andreotti, und Alfredo Vito, jener »Mr. 100000 Stimmen«, vor dessen Geschäftsstelle im Stadtteil Santa Lucia sich eben noch die Bittsteller gedrängt hatten.

Mit diesen neuen, schwerwiegenden Beschuldigungen gegen Angehörige der herrschenden politischen Klasse Italiens war, so schrieb der *Corriere della Sera*, ein »Quantensprung« im großen italienischen Kehraus erreicht, der in nur knapp zwei Jahren die langjährigen Machthaber Italiens aus ihren Ämtern vertreiben sollte. Zugleich konzentrierten sich im Frühjahr 1993 die Ermittlungen auf die Giganten der italienischen Staatswirtschaft, auf die Industrieholding IRI, auf ENEL, den staatlichen Elektrizitätskonzern, auf ANAS, die Straßenbaubehörde, und auf ENI, den Energiekonzern. Sie alle waren von den Parteien als illegale Geldbeschaffungsmaschinen benutzt worden. Doch die »Mutter aller *tangenti*«, das größte Schmiergeld von *Tangentopoli*, war bei ENI entdeckt worden. Der staatliche Konzern hatte 1989 mit dem privaten Chemiegiganten der Industriegruppe Ferruzzi ein Joint-venture namens ENIMONT gebildet. Die privatwirtschaftlich-staatliche Ehe scheiterte nach kurzer Zeit. Raul Gardini, damals Chef von Ferruzzi, mußte seine Anteile an ENI zurückverkaufen – wobei ihm die staatliche Seite einen weit überzogenen Preis bezahlte. Aus gutem Grund: Von seinem schnellen Gewinn zahlte Raul Gardini 150 Milliarden Lire nicht etwa an den Staat zurück, sondern an die Parteien. Doch die Mailänder Ermittler kamen dem dunklen Geschäft schnell auf die Spur – mit tragischen Folgen: Gabriele Cagliari, Präsident von ENI, im März verhaftet, brachte sich am 23. Juli in der Untersuchungshaft um; drei Tage später erschoß sich Raul Gardini in seinem Mailänder Domizil im Palazzo Belgioioso.

Diese beiden Selbstmorde – wie auch die acht Suizide davor – legten einen Schatten auf die Justizaktion. Etliche Politiker warfen den Mailänder Fahndern vor, sie wollten durch verlängerte Untersuchungshaft Geständnisse erpressen. Daß ein möglicher Zusammenhang bestand zwischen der Aussagewilligkeit von *Mani pulite*-Häftlingen und ihrer Verweildauer im Gefängnis, kann nicht bestritten werden. Doch die Öffentlichkeit blieb fest auf der Seite der Mailänder Ermittler, die zu Volkshelden geworden waren – allen voran Antonio Di Pietro.

Seit der Verhaftung von Mario Chiesa hatten Di Pietro und seine Männer in anderthalb Jahren 1130 Personen vernommen. In ganz Italien waren 2100 Unternehmen und etwa 1000 Politiker aller Ebenen in Korruptionsverfahren verwickelt. Über jedem dritten Mitglied des italienischen Parlaments, sei es im Senat, sei es in der Deputiertenkammer, schwebte das Damoklesschwert eines Gerichtsverfahrens – das sich spätestens dann auf ihren Hals senken sollte, wenn sie durch Neuwahlen ihrer parlamentarischen Immunität beraubt würden. Kein Wunder, daß unter diesen Umständen die Arbeit an der Reform des Wahlrechts nur schleppend voranging.

Zugleich hatten Di Pietro und seine Kollegen von anderen Staatsanwaltschaften in Italien ein gigantisches Aufklärungswerk begonnen, das in knapp zwei Jahren ein Panorama der Korruption in Italien ergab. Nur abzuschätzen war der materielle Schaden, den der systematische Raubzug am Gemeinwohl angerichtet hatte.

Wenn öffentliche Bauaufträge in Italien im Schnitt 30 Prozent teurer als in anderen europäischen Ländern waren, so war das auf die Schmiergeldzuschläge zurückzuführen. An die 40000 Milliarden Lire (knapp 40 Milliarden Mark) kassierten auf diese Weise Parteien und Politiker im Jahr.

Zugleich spendeten große Konzerne und Bauunternehmer riesige Summen in die Parteikassen – doch da kam das Geld nur teilweise an. Mindestens dreißig bis sechzig Prozent ihrer illegalen Bezüge steckten die getreuen Diener der Öffentlichkeit selber ein, so daß die Parteien nicht reich wurden, sondern am Ende hoch verschuldet waren. Es wird geschätzt, daß die Kassierer der Parteien insgesamt an die 15000 Milliarden Lire im Jahr an Schwarzgeld einsammelten – von denen nur etwa 5000 Milliarden wirklich bei den Parteien landeten.

In immer wieder überraschenden Einzelheiten wurden durch diese Ermittlungen in nur zwei Jahren die Sitten und Gebräuche, die Sprache und Denkweise der Bewohner von Tangentopoli erkennbar – eine Anthropologie des korrupten Verhaltens in Italien entstand.

Die Verschleierung ist zum Beispiel ein wesentliches Merkmal in den Sprechweisen über die *tangenti*. Niemand benutzte das schnöde Wort. Es wurde beschönigend, vielfach mit Ausdrücken aus der Gastronomie, umschrieben – so hießen die Bestechungsgelder »Zuckerchen«, »Bonbons«, »Beigaben« oder sogar »Senf«.

Entsprechend platt und verharmlosend klingen die Rechtfertigungen, welche die Korruptionskünstler den Richtern vortrugen, um ihre illegalen Einkünfte zu erklären. »Ich dachte, das sei Geld für die Public Relations der Partei«, hat ein Mailänder Christdemokrat erklärt. Viele der Sozialisten wiederum räumten gerne ein: »Ja, ich habe Geld genommen, aber ich habe es an Balzamo weitergegeben« – den Geschäftsführer ihrer Partei, der im November 1992 einem Herzinfarkt erlegen war.

In jenem Bürokratenjargon, der jede persönliche Verantwortung in gewundenen Formulierungen verschwinden läßt, hat Duilio Poggiolini, der langjährige Ministerialdirektor im Gesundheitsministerium, eine sehr treffende Beschreibung korrupten Verhaltens geliefert: »Auch ich war Teil jenes sozialen Umfeldes geworden, in dem viele Unternehmen es für richtig hielten, sich auch materiell für meine institutionellen Tätigkeiten erkenntlich zu zeigen.«[6]

Geradezu wie Kinder, die meinen, ihre Untat sei ungeschehen gemacht, wenn sie das leergenaschte Glas Nutella in den Mülleimer werfen, verhielten sich manche der Ertappten aus *Tangentopoli*, wenn es galt, Beweismaterial aus dem Weg zu räumen. Mario Chiesa, von der Polizei bei der Annahme von lumpigen sieben Millionen Lire Schmiergeld erwischt, spülte, während er die Polizei im Haus hatte, schnell noch 35 Millionen Lire ins Klo – er fischte sie aus einer Aktentasche, welche seine Besucher zunächst übersehen hatten.

Der ehemalige Außenminister Gianni De Michelis – den ich kaum ein Jahr vorher noch als tanzenden Derwisch in den Diskos von Capri beobachtet hatte – ließ dicke Akten bergeweise in einen Abfallcontainer vor seinem Büro werfen, wo sie ein Carabiniere fand.

Der im Frühjahr 1993 zurückgetretene Gesundheitsminister Francesco De Lorenzo begab sich in die Küche seiner hocheleganten Wohnung in Neapel, suchte sich den größten Spaghetti-Kochtopf, zündete ein Feuerchen an, in dem er Schnipsel um Schnipsel die ihn am meisten belastenden Dokumente verbrannte. (Sein Sekretär plauderte es später aus.) Der Mailänder Richter Diego Curtò, Vizepräsident des Tribunals, der sich noch im zweiten Jahr der Aktion *Mani pulite* 400 Millionen Lire Schmiergeld zahlen ließ, versuchte seinen Kollegen, die ihn verhörten, weiszumachen, er habe das Geld in Panik in den Müllcontainer vor seinem Haus geworfen. In Wahrheit hatte seine biedere Frau das Geld in Lugano in Empfang genommen und auf einem Schweizer Konto deponiert, das sie – fälschlicherweise – vor den Ermittlern sicher wähnte.

Eine eiserne Regel der Schmiergeldübergabe lautete: möglichst durch Mittelsmänner und niemals im eigenen Büro. Mario Chiesa fühlte sich in der Spätzeit seiner Herrschaft im Pio Albergo Trivulzio so unantastbar, daß er meinte, diese Regel mißachten zu können. Doch selbst Bettino Craxi beherzigte sie. Wenn ihm der braungebrannte Pseudoarchitekt Larini Geld zu übergeben hatte, schritt er an seinem Freund, dem Sozialistenchef, vorbei in dessen Ruheraum und ließ sein Köfferchen mit »Dokumenten« (wie er die Barspenden für Bettino nannte) auf dem Bett stehen. Bettino hob nicht einmal den Kopf von seiner Arbeit.

Manche der Abgabenpflichtigen übermittelten ein Duplikat ihres Autoschlüssels an den Empfänger des Schmutzgeldes. Der konnte sich dann die Tasche mit den Lirabündeln in aller Ruhe aus dem Kofferraum des fremden Wagens holen.

Je strenger die Gesetze des italienischen Staates gegen Geldwäsche wurden, desto mehr bevorzugten es jene Politiker, welche ebendiese Gesetze mit beschlossen hatten, sich ihre Vergünstigungen in Sachwerten zukommen zu lassen: gleichsam aus Respekt vor der eigenen parlamentarischen Arbeit. Zu den Geburts-, Hochzeits- oder Namenstagen der von ihm gekauften Politiker und ihrer Gattinnen sandte zum Beispiel der Pharma-Industrielle Giampaolo Zambeletti dem Exgesundheitsminister Francesco De Lorenzo und dem ehemaligen Staatshaushaltsminister Paolo Cirino Pomicino edelsten Schmuck: Brillantringe, Geschmeide aus Rubin und anderem teuren Gestein, auch Gemälde aus dem 18. Jahrhundert und ähnliche Kostbarkeiten, die sich für beide Minister etwa auf einen Wert von 700 Millionen Lire beliefen. Sowohl Pomicino als auch De Lorenzo – die bei den Preisen von Arzneimitteln entscheidende Worte mitzureden hatten – reagierten geradezu verletzt, als Zambeletti seine großzügigen Gaben an sie vor den Ermittlungsrichtern als Äquivalent von *tangenti* bezeichnete. Sie hätten geglaubt, behaupteten sie, Zambeletti habe sie aus reiner Freundschaft beschenkt und nicht etwa mit schnödem Hintersinn.

Als »König Midas« aber ist der schon erwähnte Ministerialdirektor im Gesundheitsministerium, Duilio Poggiolini, in die Geschichte von *Tangentopoli* eingegangen. In seinen Wohnungen entdeckte die Finanzpolizei Schätze, die alles übertrafen, was sie bisher an Bestechungsbeute eingeholt hatte.

Da stapelten sich 100 Goldbarren verschiedenen Gewichts – darunter acht Stück von einem Kilo. Tausende von Goldmünzen – etwa 6000 südafrikanische Krugerrand, Goldrubel des Zaren Alexander oder goldene Münzen aus der Römerzeit –, Diamanten von üppigen Karatzahlen, Silberbarren, Goldplaketten, mit Edelsteinen besetzte Tafelaufsätze aus Gold und ähnliche Schätze aus Tausendundeiner Nacht. Verborgen hinter einer Geheimtür entdeckten die Beamten auch eine Sammlung wertvoller moderner Gemälde.

Auf römischen und Schweizer Bankkonten hatte der Professor etliche Milliarden Lire angehäuft, manche der Konten liefen auf den Namen seiner Gemahlin. Diese betrieb – wenigstens nominell – einige dubiose Pharmafirmen, für die, angeblich zu Versuchszwecken, in hohen Mengen Drogen eingeführt wurden. Aber auch als schlichte Hausfrau beteiligte sich Frau Poggiolini an der Verwaltung des illegalen Familienbesitzes: Einen Notgroschen von ein paar Milliarden Lire nähte sie mit sorgfältigen Stichen in ein Sofa ein. Frau Poggiolini war keineswegs die einzige Gattin, die bei den dunklen Geschäften ihres Mannes mitgeholfen hatte.

Wie viele der erfolgreichsten italienischen Firmen wurde im Italien von *Tangentopoli* auch die Korruption häufig als Familienunternehmen betrieben. Craxi gedachte nicht nur seines Sohnes, als er dessen Wahlkampf von den Bestechungsmillionen des Mario Chiesa finanzieren ließ. Seine Tochter Stefania machte Craxi zur Chefin einer privaten Fernsehproduktionsfirma, deren Verträge mit dem von den Sozialisten beherrschten Sender RAI 2 inzwischen Gegenstand gerichtlicher Untersuchungen sind. Auch Craxis langjährige Geliebte, Anja Pieroni, ging nicht leer aus: Der Meister richtete ihr großzügig einen eigenen kleinen Fernsehsender ein.

Auch der ehemalige Gesundheitsminister, Francesco De Lorenzo, ein Liberaler, unterhielt ein florierendes Familienunternehmen. Sein Vater, einer der prominentesten Mediziner Italiens, der dreimal für die Liberale Partei im Parlament gesessen und jahrelang Präsident des italienischen Ärzteverbandes gewesen war, wurde im Februar 1993 wegen Grundstücksbetrügereien verhaftet. Gegen seinen Sohn Francesco lief bereits ein Ermittlungsverfahren wegen Wahlstimmenkaufs in Neapel. Die Staatsanwaltschaft Neapel eröffnete außerdem ein Untersuchungsverfahren, das klären sollte, ob De Lorenzo tatsächlich im Sold der Pharmaindustrie die Preise für Arzneimittel unrechtmäßig angehoben hatte. Weil sich die Geschichte von den im Spaghetti-Kochtopf verbrannten Unterlagen schnell herumgesprochen hatte, sollte er wegen Verdunkelung festgenommen werden. Aber das Parlament, dem De Lorenzo noch angehörte, lehnte den entsprechenden Antrag der Staatsanwaltschaft, die parlamentarische Immunität des Abgeordneten aufzuheben, ab. Erst nach den Wahlen im März 1994 konnte De Lorenzo verhaftet werden.

»Amoralischen Familiarismus« hat der amerikanische Soziologe Edward Banfield diese italienische Tendenz der Kriminalität im Familienclan genannt. Ein inzwischen umstrittenes Konzept. Manche Italiener sehen das sowieso ganz anders. Die Familie zu versorgen heiligt offenbar für nicht wenige noch heute jedes Mittel. Ein Verbrechen ist aus dieser Sicht vielmehr, *nicht* für die Bereicherung des eigenen Clans zu sorgen. »Der schlimmere Dieb bist du«, hat ein der Korruption verdächtigter Abgeordneter einem Kollegen vorgehalten, dem keinerlei Verdacht von illegaler Bereicherung nachhing, »du bestiehlst deine Familie, indem du versäumst, sie gut zu versorgen, obwohl du die Gelegenheit dazu hättest.«

Doch grundsätzliche Fragen von Schuld und Sühne sind in diesen ersten Jahren der Aufdeckung von *Tangentopoli* wenig diskutiert worden. Statt dessen fanden sich schnell Geschäftsleute, denen vielerlei Möglichkeiten einfielen, die Aktion *Mani pulite* zu vermarkten: Die Industrie der Kinkerlitzchen stellte Seife mit dem Namen *Mani pulite* her; Handschellen wurden als Schlüsselanhänger geliefert. Und, wie nicht anders zu erwarten, kam, sobald der Name *Tangentopoli* in der Öffentlichkeit geläufig war, auch ein Spiel gleichen Namens auf den Markt. Es war dem populären Spekulantenspiel »Monopoly« nachgebildet, nur daß statt mit Häusern und Straßen mit Vergünstigungen und Wählerstimmen gehandelt und mit *mazzette*, den für die Bestechung gebräuchlichen Geldbündeln, agiert wurde.

Und als sich die Zahl der Unternehmer, Bürokraten und Politiker in den Gefängnissen mehrte, hatte ein Unternehmer aus Brescia die glänzende Idee, eine faltbare Liege herzustellen, die aus »dem Gefängnisaufenthalt des Managers eine ungewöhnliche Art, sich zu entspannen und sich vom Streß des Alltags zu erholen, macht«.[7] Das Einfachmodell, für den kurzfristigen Aufenthalt eines Untersuchungshäftlings gedacht, hieß – ein bißchen doppelsinnig – *Arrivederci;* die Luxusversion für die längere Haft dagegen *Ergastolo* (»lebenslänglich«).

Einige der Schmiergeldhelden nutzten außerdem die Chance,

aus ihrer negativen Publizität Kapital zu schlagen. Noch im Gefängnis oder ihm kaum entronnen, setzten sie sich hin und fingen an, ihre Memoiren aus der Gefangenschaft zu schreiben. Etliche dieser Bücher sind windige Schnellschüsse, andere haben beträchtlichen dokumentarischen Wert.

Das gilt etwa für die – gemeinsam mit dem *L'Unità*-Journalisten Aldo Varano verfaßte – Niederschrift des ehemaligen Bürgermeisters von Reggio Calabria, Agatino Licandro, der 1990 mit 36 Jahren zum Bürgermeister gewählt wurde und zwei Jahre später zurücktrat. Licandro hat in dem Buch *La città dolente* (»Die traurige Stadt«) das Porträt einer Stadt verfaßt, deren führende Politiker das Gemeinwesen in Zusammenarbeit mit den Verbrecherclans der 'Ndrangheta, der kalabrischen Entsprechung zur Mafia, ausplünderten. Wegen seiner Zusammenarbeit mit der Justiz muß dieser erste *pentito* (»Reumütiger«, Kronzeuge) aus einem hohen politischen Amt jetzt mit seiner Familie unter staatlichem Schutz in einem Versteck leben.

Einen eher dreisten Versuch, seine Missetaten in klingende Münze umzuwandeln, unternahm Roberto Mongini, ehemals DC-Vizepräsident von Mailand und Chef der Flughafenverwaltungsgesellschaft SEA. Als er aus San Vittore entlassen wurde, überraschte er die wartenden Reporter, indem er sich als bekehrter Sünder gab: »Dieses politische System ist am Ende«, erklärte er, »wir haben verloren.« Wenig später wurde Mongini mit einer eigenen Show im Fernsehen gesichtet. Dabei trugen er und seine Gehilfen T-Shirts mit der Aufschrift *Mani-pulite-Team*. Thema der Sendung: Korruption.

Kaum sechs Monate später erschien ein flott zusammengeschustertes Bändchen aus Monginis Feder, mit dem Titel *Gli impuniti* (»Die Unbestraften«) – womit Mongini nicht etwa sich selber meinte, sondern die vielen in Korruptionsaffären verwickelten Abgeordneten und Senatoren, welche ihre parlamentarische Immunität vor dem Gefängnis bewahrt hatte. Aber selbst in diesem Buch gibt es durchaus lesenswerte Passagen. So schildert ein Mithäftling Monginis, ebenfalls ein Korruptionsverdächtiger, seine Ankunft in einer Zelle von San Vittore: »Ich stellte meinen Sack mit Wäsche ab, um Atem zu holen, worauf sich unverzüglich meine beiden Zellengenossen anboten, mir das Bett zu machen. Ich hätte gar nicht gewußt, daß man das Laken hinter der grünen Schaumstoffmatratze verknoten muß, damit es nachts im Schlaf nicht verrutscht. Während die beiden jungen Männer sich um mein Bett bemühen, laufen in dem kleinen Schwarzweißfernseher die Abendnachrichten mit den täglichen Bulletins der neuen *Mani-pulite*-Verhaftungen. Als mein Name fällt, spüre ich einen Kloß im Hals, obwohl ich nicht weine. Meine Mitgefangenen kapieren die Situation aber trotzdem und rufen begeistert aus: ›Hurra! Jetzt haben auch wir einen prominenten Gast in der Zelle!‹ Sie klatschen vor Freude in die Hände und wirken so komisch dabei, daß auch ich anfange zu lachen.

Von nun an bin ich der Herr Philipp. Eilfertig wird mir ein Kaffee angeboten, wenig später werde ich gefragt, was ich zum Abendbrot möchte. Es könnte Makkaroni mit Tomatensoße geben oder Bandnudeln mit Fleischsoße, zubereitet von der Mutter eines der Zellengenossen... Zur Feier meiner Ankunft bereitet Zac eine Süßspeise zu – Biskuit in Apfelsaft getaucht, mit Schlagsahne drüber. Nach dem Essen räumen die beiden jungen Leute den Tisch ab, waschen das Geschirr ab, wischen den Fußboden auf – alle meine Versuche, ihnen meine Hilfe anzubieten, sind vergeblich. Ich komme mir vor wie in einem erstklassigen Hotel – du wirst verehrt und respektiert für das Sozialprestige, das du mitbringst.«[8]

Fast klingt es in solchen Schilderungen, als sei der Gefängnisaufenthalt das Schickste, was dem Manager, der schon alles erlebt hat, noch begegnen kann – einschließlich des Survivaltrainings in Alaska.

Sehr viel höher dagegen zielen die weitschweifig-kultivierten Betrachtungen, die der Fiat-Manager Enzo Papi in den Briefen aus San Vittore an seine Frau dargelegt und der *Corriere della Sera* im März 1993 veröffentlicht hat.

Papi muß bei seiner Verhaftung eine kleine Handbibliothek für den Umzug ins Gefängnis parat gehabt haben. Er zitiert die Historiker des Römischen Reiches, Mommsen, Augustinus, Voltaire, den Medici-Fürsten Lorenzo den Prächtigen, Luther, Solschenizyn und viele, viele andere.

Es gelte die Erneuerung Italiens im Zeichen eines »liberalreformatorischen Projekts« voranzutreiben. Ein Mann wie er selbst biete sich dafür geradezu an. Denn Papi sieht sich als »Symbol jenes Italien, das es neu zu erschaffen« gelte, als einen, der das alte System verachte und vergeblich versucht habe, es zu ändern. Aus den zu langen Erwägungen Papis wird am Ende nur eines klar:

Ändern müssen sich nur die anderen. Die Unternehmer sind Opfer, keinesfalls aber Mitwirkende des Systems.

Das Image, das Enzo Papi von sich selbst entwirft, sein Aufruf zur Erneuerung und zur moralischen Wiedergeburt Italiens wirkt ein wenig dissonant durch die Beschreibung, die ein anderer *Tangentopoli*-Häftling im *L'Espresso* von ihm geliefert hat: »Er verließ seine Zelle mit fünf dicken Beuteln, keine Fluggesellschaft hätte ihn so an Bord gelassen. Er nahm alles mit, auch das, was er nach der Gefängnisordnung den Mithäftlingen hätte dalassen sollen: den kleinen Campingkocher, die Töpfe, die Spaghetti, die Tomatendosen, die Seife und das Eau de Toilette.«

Wo in Rom gegen Ende der Ersten Republik die Macht gerade residierte, verriet meist eine Ansammlung gewichtiger Autos vor den Parteizentralen, dem Parlament oder dem Sitz des Ministerpräsidenten. Dreist und verkehrsbehindernd parkten die Limousinen der Politiker in Zweier- oder gar Dreierreihen. Kein Polizist hätte je gewagt einzuschreiten. Aber Anfang 1993 änderte sich das. Im Februar jenes Jahres tagten zum Beispiel im römischen Hotel Ergife an der Via Aurelia die Sozialisten, um einen Nachfolger für Bettino Craxi zu wählen. Den hatten inzwischen so viele staatsanwaltschaftliche Ermittlungsbescheide erreicht, daß sein Verbleib an der Parteispitze nicht mehr haltbar war. Zum ersten Mal seit Jahrzehnten wurden nun vor dem Hotel Ergife Polizisten gesichtet, die den völlig verblüfften Chauffeuren der Politiker Strafzettel überreichten und sie noch dazu wegscheuchten, damit sie sich einen legalen Parkplatz suchten. Der Feldzug *Mani pulite* hatte das tägliche Leben der Politiker erreicht.

Und das gestaltete sich jetzt merkbar anders als zu Zeiten von *Tangentopoli*. Bei den Sozialisten zum Beispiel war nach dem gefallenen »Duce« Bettino Craxi der integre und unbelastete Gewerkschaftsführer Giorgio Benvenuto in das Amt des Vorsitzenden gewählt worden. Als der nach sechswöchiger Amtszeit endlich Einblick in die Kassenbücher der PSI nehmen durfte, erbleichte er. In der Kasse fehlten an die 200 Milliarden Lire. Benvenuto hatte von Anfang an auf ein Gehalt verzichtet. Er fuhr mit seinem eigenen Wagen ins Büro. Aber nun erkannte er, daß er auch seine Telefonrechnungen selbst bezahlen müßte, um die Sperrung des Anschlusses zu verhindern. Bald durften in der Zentrale der PSI nur noch Ausgewählte das Telefax benutzen. Die Fotokopiermaschinen wurden so gut wie stillgelegt. Ferngespräche durfte nur noch der Boß führen. Vor dem Hauptsitz der PSI in der römischen Via del Corso 476 versammelten sich keine dikken Autos mehr, auch die Wartenden, die Bittsteller, ja selbst die Neugierigen blieben weg. Erkennbar war: Die Macht wohnte nicht mehr in der Via del Corso 476.

Ähnliche Öde breitete sich um das schöne Barockpalais der Christdemokraten an der Piazza del Gesù aus. Mino Martinazzoli, ein altes Schlachtroß der DC, dem immerhin der Ruf des Reformers voranging, hatte im Herbst 1992 die Nachfolge Arnaldo Forlanis im Parteivorsitz übernommen. Martinazzoli drängte auf umgehende Erneuerung der Partei, auch auf Änderung ihres lädierten Namens. Und so beschloß ein Parteitag der Christdemokraten im Juli 1993, den Vorkriegsnamen der Partei, Partito Popolare, wieder aufzunehmen. Und in einer vielbeachteten Rede verkündete Martinazzoli, daß sich die Christdemokraten bei den Italienern für das, was sie ihnen angetan hatten, entschuldigen sollten.

Ganz im Geiste der tätigen Buße war im Vorraum der Kongreßhalle, in der die Christdemokraten tagten, ein Opferstock aufgestellt worden. Milliarden und Abermilliarden Lire hatten auch die Christdemokraten illegal kassiert. Jetzt mußten die Teilnehmer eines wichtigen Kongresses um einen Beitrag gebeten werden, um die Zusammenkunft zu finanzieren.

Und immer noch fuhren derweil die schnellen Wagen der Carabinieri vor den Gefängnissen vor, um Korrupte einzuliefern.

Antonio Di Pietro – Revolution in der Justiz

Am 20. Dezember 1995, einem Tag, der für Antonio Di Pietro zu den schwierigsten seines Lebens zählen dürfte, ging der ehemalige Staatsanwalt und Held der Anti-Korruptionskampagne *Mani pulite* seinen Pflichten nach, als sei nichts geschehen.

An der kleinen Universität von Castellanza in der Nähe der lombardischen Provinzhauptstadt Varese prüfte er Studenten. Freundlich, gelassen, unnachgiebig. Als er gegen vier Uhr fertig war und in seinem kleinen japanischen Auto entschwunden war, veröffentlichte sein Anwalt eine Pressemitteilung, in der Di Pietro bekanntgab, er werde auf jede politische Tätigkeit verzichten und auch seine Dozentur an der Universität von Castellanza aufgeben.

Der Grund: Am gleichen Tag hatte die Staatsanwaltschaft von Brescia den sensationellen Antrag gestellt, Anklage gegen Antonio Di Pietro zu erheben. In fünf Punkten sei ihm Erpressung, in zwei anderen sei ihm Amtsmißbrauch vorzuwerfen. Kraft seiner Stellung als Mann der Justiz habe er sich Ende der achtziger Jahre ein zinsloses Darlehen in Höhe von 100 Millionen Lire von einem zwielichtigen Versicherungstycoon verschafft und diesen auch unter Druck gesetzt, die Spielschulden eines Carabinieri-Freundes auszugleichen. Von ähnlicher Strickart auch die anderen Vorwürfe gegen Di Pietro: Illegale Einflußnahme auf die Beförderung ebendieses Freundes zum Beispiel oder auf eine Mandatserteilung für seine Frau, die Rechtsanwältin ist. Auch für die Umstellung der Mailänder Justiz auf Elektronische Datenverarbeitung habe er sich als Beteiligter unangemessen stark gemacht – selbst wenn vom Verdacht einer Bereicherung keine Rede sein konnte.

Zu diesen Vorwürfen hatte die Staatsanwaltschaft von Brescia seit dem Frühjahr des Jahres ermittelt. Gemunkelt wurde seit langem darüber, und viele ahnten, daß der plötzliche Rücktritt Di Pietros von seinem Amt als leitender Staatsanwalt für die *Mani pulite*-Ermittlungen am 6. Dezember 1994 mit diesen Schattenzonen aus Di Pietros Vergangenheit zu tun haben mußte.

Den genauen Zusammenhang zeigte ebendiese Staatsanwaltschaft von Brescia auf: Di Pietro, dessen Mannschaft kurz vorher dem Regierungschef Silvio Berlusconi das lange erwartete

Korruptionsverfahren angehängt hatte, sei von Männern aus dem engsten Kreis um Berlusconi zum Rücktritt gezwungen worden: Auch das eine Form von Erpressung. Antrag auf Anklageerhebung daher auch gegen den damaligen Verteidigungsminister Cesare Previti, einen engen Freund Berlusconis, gegen den jüngeren Bruder des Medienzars, Paolo, und gegen einige Justizbeamte, die am Bau der Falle für Di Pietro beteiligt gewesen sein sollen. Italiens beliebtester Staatsanwalt war einem verwickelten Komplott zum Opfer gefallen. Die Anfänge hatte bereits zu Beginn der Aktion *Mani pulite* Bettino Craxi gelegt, wie eh und je hatte auch der italienische Geheimdienst daran mitgewirkt, nach Schmutz im Leben Di Pietros zu suchen, sein größter Gegenspieler Silvio Berlusconi schickte seine Unterlinge aus, Di Pietro zu vernichten.

So endete ein großes Kapitel der italienischen Justizgeschichte in einer Dolch-und-Degen-Kabale, in der sich die Rollen absurd verkehrten. Der Ankläger wurde zum Angeklagten. Die Revolution schickte sich an, ihren berühmtesten Sohn zu verschlingen.

Doch die Bevölkerung spielte nicht mit. In den nächsten Tagen verschaffte sich das »Volk vom Fax« Gehör. Hunderttausende von Telefaxnachrichten überschwemmten das Büro Di Pietros und die Redaktionen der Medien. Zahlreiche Meinungsumfragen zeigten, daß eine große Mehrheit der Beteiligten nach wie vor mehr Vertrauen in Di Pietro hatte, daß sie ihm nach wie vor mehr vertrauten als den politischen Führern der Parteien, seines Gegenspielers Berlusconi zumal.

Daraus mag der Wunsch Italiens gesprochen haben, nach all den Schurken, die sich unter ihren Regierenden gefunden hatten, den endlich gefundenen positiven Helden nicht gleich wieder zu verlieren – zumal unter ziemlich kleinkariert wirkenden Vorwürfen.

Ich fand, wie viele meiner italienischen Kollegen, daß auch und gerade ein Volksheld nicht unberührbar sein darf. Di Pietro hatte sich eindeutig unkorrekt verhalten. Ob er die für Männer der Justiz besonders eng zu ziehende Grenze zwischen professioneller Ungeschicklichkeit und justiziablem Vergehen verletzt hatte, darüber mußten nun die Gerichte befinden.

Gleichwohl darf Di Pietros zentrale Rolle im Drama von *Tangentopoli* nicht geschmälert werden. Ohne ihn wäre ein korruptes Regierungsverfahren, das die Demokratie in Italien bedroht hatte, nicht zusammengebrochen. Und wenn ich ihn in einem Film über die Jahre des Umbruchs in Italien auf dem Höhepunkt seiner Wirksamkeit vorstellen sollte, würde ich Szenen aus dem Mailänder Gerichtssaal wählen, in dem zwischen Oktober 1993 und April 1994 der Cusani-Prozeß verhandelt wurde.

Wenn Staatsanwalt Antonio Di Pietro so richtig in Fahrt ist, dirigiert er mit beiden Armen die Worte, die im Furioso aus ihm fließen. Die Hände fliegen in die Höhe, um dann, präzis synchronisiert, in schneller Bewegung wieder herabzusinken. Auf halbem Weg erfolgt ein scharfer Stopp. »Halt!« ruft er dem Zeugen Carlo Sama, einem Spitzenmanager des Ferruzzi-Konzerns, zu. »Bitte noch einmal. Das muß ich noch mal hören.« Pause. Jetzt wird seine Stimmlage ein kleines bißchen höher und lauter.

»Sie schicken also einen Mittelsmann mit einer dicken Tasche voll Geld, genauer gesagt, mit fünfhundert Millionen Lire zu dem berühmten Journalisten Giuseppe Turani, damit dieser in seiner Zeitung gut Wetter für Ihren Konzern macht.«

Pause. Beide Hände schweben wieder nach oben, und diesmal bleiben sie dort, während Di Pietro im Stakkato weiterspricht: »Und Sie wollen uns hier jetzt weismachen, daß Sie sich nicht danach erkundigt haben, ob Ihr Geld angekommen ist?«

»Ich weiß es wirklich nicht«, erwidert kleinlaut der Zeuge Sama.

»Ach so«, sagt Di Pietro. Er lächelt ein wenig bös und sagt halblaut, mehr zu den Journalisten hinter und neben ihm als zum Präsidium des Gerichts, »eine halbe Milliarde, das ist ja auch nur eine lächerliche Summe, gemessen an dem, was hier sonst so gezahlt wurde.«

Italiens berühmtester Kämpfer gegen die Korruption, Antonio Di Pietro, agiert als Staatsanwalt im ersten großen Schmiergeldprozeß der großen Säuberungswelle *Mani pulite* (»Saubere Hände«), der im September 1993 begann. Es geht um die »Riesen-*tangente*«, eine gigantische Schmiergeldzahlung, angeblich gezahlt vom Ferruzzi-Konzern an die Parteien. Angeklagt ist Sergio Cusani, 46, aus Neapel, dem vorgeworfen wird, im Auftrag seines Konzernchefs Raul Gardini das Geld an die Politiker verteilt zu haben. (Erst der Prozeß wird zeigen, daß Cusani von den rund 150 Milliarden Lire, die Gardini immer widerwilliger für die Parteien zur Verfügung stellte, 100 Milliarden unterschlug.)

Die Stirnwand des Saals, in dem verhandelt wird, schmückt ein gigantisches Fresko aus der Zeit des Faschismus. »Adam und Eva« heißt es. Aus einem dramatisch aufgerissenen Himmel fährt mit gezücktem Schwert der Racheengel hernieder. Ein betrübter Urvater Adam erwartet den himmlischen Sendboten mit gesenktem Haupt. Eva, gekrümmt auf der Erde liegend, verbirgt ihr Gesicht vor Reue und Scham.

Derlei Regungen sind dem Angeklagten, dem Ferruzzi-Finanzberater Sergio Cusani offensichtlich fremd. Seit Monaten schon blickt der asketisch schmale Mann auf das faschistische Monumentalbild vom Sündenfall und gibt sich unerreichbar für jegliche Botschaft von Schuld und Sühne.

Das bleiche Gesicht Cusanis, der den adeligen Titel eines Marchese führt, verrät keine Gemütsregung. Er schaut geradeaus und verzieht keine Miene, auch wenn Staatsanwalt Di Pietro in seiner Rolle als Racheengel einen cherubinischen Charme entwickelt, der alle zum Lachen bringt.

Das Schwert, das Di Pietro führt, heißt Mutterwitz. Die Vergeltung, die er im Gerichtssaal schon ein bißchen im voraus übt, ist die Bloßstellung der einstmals Mächtigen durch seinen sanften, fast kindlichen Spott. Manchmal freilich schleicht sich, wenn er Zeugen zuhört, ein fast lauernder Ausdruck in sein rundes Gesicht, der zu sagen scheint: »Warte nur, ich krieg' dich schon noch.«

Am Zeugentisch sitzt jetzt – an einem Januarmorgen des Jahres 1994 – Luigi Bisignani, ehemals persönlicher Pressesprecher Raul Gardinis. Jahrelang hat er im Auftrag seines Chefs dicke Umschläge zur Vatikanbank Istituto per le Opere di Religione (IOR) getragen. Aussagen von anderen Ferruzzi-Mitarbeitern haben längst den Beweis erbracht, daß der Konzern der IOR Staatsanleihen im Wert von etwa 75 Milliarden Mark übergeben hat, um sie zur Weiterverwendung als Schmiergeld waschen zu lassen. Von der IOR floß das Geld dann auf Konten in Luxemburg, von denen sich italienische Politiker, vor allem der Sozialistenchef Bettino Craxi, über Mittelsmänner bedienen durften.

Doch nun mimt Bisignani den Ahnungslosen. Er will nicht gewußt haben, was sich in den prall gefüllten Tüten aus festem Papier verbarg, die er regelmäßig zu der aus anderen dunklen Affären berüchtigten Vatikanbank trug. Bisignani: »Das hat mich auch gar nicht interessiert.«

»Ohhhhhhhh???« mault da Di Pietro, und dabei sind die Fragezeichen derart hörbar, daß sie schon fast wie die Drohung mitschwingen: »Junge, hör auf, mich zu verschaukeln.«

Di Pietro bricht mit dem Advokatenlatein, das in italienischen Gerichtssälen noch sehr verbreitet ist. Er redet deutlich. An »Hund und Schwein« sei offensichtlich Schmiergeld von Ferruzzi verteilt worden. Die Korruption sei eine »Pestbeule« in der italienischen Gesellschaft. Suspekte Sachlagen »stinken«, und Zeugen stehlen sich nach dem Prinzip »Nix gewußt, nix gesehen« aus der Verantwortung. Und eine Befragung, die keinen Sinn mehr macht, weil der Befragte abblockt oder lügt, beendet er mit einem knappen: »O. K.« oder »Sei's drum«. Oder auch mit gespielter Resignation, an den Vorsitzenden der Verhandlung gewandt: »Mir reicht's. Fragen Sie jetzt, Herr Präsident.«

In solch farbiger, fast lutherischer Sprache, mundartlich eingefärbt in der weichen Tonart der Region Molise, aus der er stammt, bringt Di Pietro moralische Normen zum Vorschein, welche den meisten Politikern längst verlorengegangen waren.

Antonio Di Pietro, geboren 1950, ist der Sohn einer Kleinbauernfamilie aus Montenero di Bisaccia, einem 8000-Seelen-Ort in der Molise. Seine Eltern waren nicht sonderlich gebildet. Doch moralische Normen waren ein Gesprächsthema in Di Pietros Elternhaus, weil sie Familiengeschichte waren.

Di Pietros Urgroßvater, Giovanni Palma, hat in einem Konflikt mit der Justiz sieben Jahre lang um eine ihm gestohlene Stute und ihre Füllen gekämpft – bis er sie endlich zurückbekam. Diese wenig bekannte Geschichte, die einer Legende gleicht, hat der Journalist Gigi Moncalvo in einer von Di Pietro autorisierten Biographie beschrieben. Gigi hat mir geschworen, daß sie stimmt. Nicht Di Pietro, sondern dessen Mutter und Schwester hätten sie ihm erzählt, Nachbarn aus Montenero sie ihm bestätigt.

Dem Großvater Giovannino wurde also irgendwann auf einem Viehmarkt in der Gegend seine schöne, trächtige Stute Regina samt ihrem ersten Fohlen entwendet. Er verfolgte die Diebe bis in einen über 100 km entfernten Ort und fand die Tiere auf der Weide. Natürlich leugneten die angeblichen Besitzer. Doch auf einen Pfiff des Großvaters kam Regina, die inzwischen geworfen hatte, fröhlich angetrabt. Die Carabinieri waren überzeugt. Doch die Pferdediebe hatten Protektion. Auf der Rückfahrt wurden dem Großvater seine Pferde wieder abgenommen, weil er nicht schriftlich belegen konnte, daß es seine waren.

Giovannino Palma leistete keinen Widerstand. »Bitte schön, nehmt die Pferde«, sagte er würdevoll, »die Gerichte werden mir rechtgeben. Ich bin bereit zu warten.«[1]

Jahre vergingen. Unermüdlich sammelte Palma Aussagen und Dokumente, die ihm den Besitz der Stute bestätigten. Ein Gerichtsurteil fiel positiv für ihn aus, nachdem die Verhandlung in den Hof des Gerichtsgebäudes verlegt worden war. Giovannino Palma war nämlich der einzige, der das Pferd reiten konnte, ohne abgeworfen zu werden. Regina wurde ihm zugesprochen. Aber immer noch durfte er sie nicht mitnehmen, das Urteil war noch nicht rechtskräftig. Und der endgültige Spruch ließ, wie häufig in Italien, auf sich warten. Als er endlich kam, zog Palma versehen mit allen Dokumenten zu den Pferdedieben und verlangte seine Tiere zurück. Aber die Gauner lachten ihn aus und drohten ihn umzulegen.

Da bluffte Giovannino. »Ich habe den Carabinieri Bescheid gesagt, wo ich hingegangen bin. Sie müßten jeden Augenblick hiersein.« Das wirkte. Giovannino Palma bekam endlich seine Pferde zurück – ganz am Ende mittels einer kleinen Notlüge.

Zehn eiserne Regeln habe das Vorbild des Großvaters ihm eingeprägt, hat Antonio Di Pietro seinem Biographen erzählt:

Erstens: sich immer gegen die Ungerechtigkeit auflehnen.

Zweitens: immer die Wahrheit suchen und ans Licht bringen, die Beweise sammeln, nachforschen, nachfragen, jede Spur verfolgen, den Leuten zuhören.

Drittens: niemals aufgeben, besonders dann nicht, wenn die Justiz eine Ungerechtigkeit begeht und die Wahrheit auf den Kopf stellt.

Und so weiter. Wir müssen nicht unbedingt alle Regeln kennen, um uns ein Bild von den moralischen Standards der Familie Di Pietro zu machen. Das achte Gebot freilich ist wichtig für unsere Kenntnis des Menschen Antonio Di Pietro und für sein weiteres Geschick:

Wenn es die Umstände verlangen, sei es, um deine Haut zu retten, sei es, um die Wahrheit ans Licht zu bringen, ist es erlaubt, auch hin und wieder zu lügen oder zu bluffen, so wie es der Großvater mit den Pferdedieben gemacht hat.

Machiavelli läßt grüßen. Auch der größte politische Denker Italiens hatte schließlich bereits im 15. Jahrhundert den Gebrauch von Lüge und List zu höheren Zwecken legitimiert.

Montenero di Bisaccia, das Städtchen mit 8000 Einwohnern, in dem Di Pietro 1950 geboren wurde, liegt an den Hängen der Abruzzen, 230 Meter über dem Meeresspiegel. Von den höhergelegenen Plätzen des Ortes kann man das Adriatische Meer ausmachen und am Horizont die Tremiti-Inseln, auf denen die Faschisten politische Gegner eingekerkert hatten. Die nächste größere Stadt heißt Termoli.

Antonio Di Pietro war neun Jahre alt, als er das Meer zum ersten Mal aus der Nähe sah und am Strand spielen durfte. Er war nur mit seinem Vater gekommen. Die 20 Kilometer lange Busreise bis zum Küstenstädtchen Termoli wäre für die ganze Familie, zu der außer Vater und Sohn die Mutter Annina sowie die beiden älteren Schwestern, Concetta, Jahrgang 1934, und Pierina, Jahrgang 1939, gehörten, zu teuer gewesen. So sah die Finanzlage der Familie Di Pietro aus.

Die Eltern betrieben in Montenero di Bisaccia einen kleinen Bauernhof. Viehbestand: ein Dutzend Hühner, vier bis fünf Schafe, zwei Schweine, ein paar Kühe. Die Kinder fingen an mitzuarbeiten, sobald sie richtig laufen konnten. Angelina, Di Pietros Zwillingsschwester, fütterte die Küken, Antonio wachte über die Schafe. Angelina starb mit vier Jahren an einer Gehirnblutung – ein Trauma für ihren Zwillingsbruder und die ganze Familie. Wer Antonio in diesen frühen Jahren fragte, was er werden wollte, dem antwortete er: Jurist und Missionar. Das kam nicht von ungefähr.

Die Gerechtigkeit war ein wiederkehrendes Thema in den Unterhaltungen der Familie – ein Thema, über das auch der Vater, Giuseppe, aus eigener Erfahrung berichten konnte. Zu Beginn des Zweiten Weltkrieges war er einberufen und kurz darauf bei der Grundausbildung schwer verletzt worden, wodurch er für immer kriegsuntauglich wurde. Dennoch erschlich sich der Bürgermeister von Montenero die Unterschrift von Antonios Mutter, daß ihr Mann völlig gesundet sei und als Freiwilliger in den Krieg ziehen wolle.

Und so wurde er von zu Hause abgeholt, noch von oben bis unten einbandagiert. Der Bürgermeister hatte sich bei den Faschisten mit der Zahl der Freiwilligen aus seinem Dorf schmücken wollen. Aus dieser Erfahrung formte Antonio Di Pietro das elfte Gebot seiner persönlichen Morallehre:

Diejenigen, die andere ausnutzen, indem sie ihre Macht und ihr öffentliches Amt mißbrauchen, sind schlimmere Verbrecher als die gewöhnlichen Kriminellen. Sie schaden der Allgemeinheit.

»Sie haben uns Unrecht getan, nicht wahr?« habe Di Pietro, so erzählt seine Mutter, häufig gefragt, als er klein war und die Geschichten von Vater und Großvater an den langen Sommerabenden, an denen die ganze Familie vor dem Haus zusammensaß, immer wieder erzählt wurden. Steckt tief in diesem berühmtesten aller Kämpfer gegen die Korruption in Italien der Wunsch, etwas gutzumachen – wenn nicht gar zu rächen –, was seinen eigenen Leuten da früher passiert ist?

Das Ziel, Missionar zu werden, steckte Di Pietro auf. Manchmal sind allerdings noch heute an ihm Züge eines Missionars zu entdecken, der meint, im Besitz der rechten Lehre zu sein. Wie das Priesterleben schmeckt, hat er als Elfjähriger erfahren. Für die drei Jahre der Mittelschule schickten ihn seine Eltern in das Internat der erzbischöflichen Diözese in Termoli. Das war die einzige weiterführende Schule in der Gegend, die mit einer Gebühr von 7500 Lire im Monat für seine Eltern erschwinglich war.

Aufstehen um halb sieben Uhr, Messe um sieben. Zehn Minuten für das Frühstück um halb acht, 20 Minuten Vorbereitung für den Unterricht, von acht bis halb ein Uhr Schule, Mittagessen, danach 30 Minuten Freizeit, und wieder Studierzeit. Streng in Reih und Glied wurden die Knaben mit ihren schwarzen Anzügen und schwarzen Baskenmützen auf den geschorenen Köpfen dann und wann zum Spaziergang in die Stadt geführt, wobei die Straße mit dem Kino und seinen aufreizenden Plakaten vermieden wurde. Anschließend Rosenkranz und eine zweite Messe, ein karges Abendbrot, um neun Uhr ins Bett.

Meistens schliefen die Jungen hungrig ein. Zum Frühstück bekamen die Heranwachsenden ein wässriges Getränk aus schlecht aufgelöster Trockenmilch. In der Gemüsesuppe, die mittags gereicht wurde, schwammen Talgklümpchen – Olivenöl zu verwenden galt bei den Köchinnen des erzbischöflichen Internats als unnötiger Luxus.

In der Welt draußen fingen Jugendliche an, die Beatles zu hören. Im Internat der künftigen Priester wußten die meisten nicht, daß es sie gab.

Antonio Di Pietro riß im zweiten Jahr aus. Aber er wurde schnell geschnappt und zurückgebracht.

Was Freiheitsberaubung bedeutet, müßte sich ihm damals eingeprägt haben.

Er ist vierzehn Jahre alt, als die drei Jahre der Mittelschule im Internat zu Ende gehen. Jetzt ist Antonio Di Pietro erwachsen. Er besucht fünf Jahre lang eine Fachoberschule für Elektrotechnik und jobt als Kellner, Parkwächter und Garagenwärter, um seinen Lebensunterhalt zu verdienen. Im Selbstunterricht lernt er passabel Posaune zu spielen. Er fängt an, sich nach Mädchen umzusehen.

Mit 21 Jahren hat er sein Diplom als Elektrotechniker in der Tasche und den Militärdienst absolviert. Aussichten für die Zukunft: null. Die Möglichkeit, Geld zu verdienen, bietet ein unwirtliches nördliches Land: Deutschland. Fast alle Männer aus der Gegend um Montenero di Bisaccia gehen irgendwann dorthin.

In der WMF-Besteckfabrik in Geislingen poliert der 21jährige Gabeln und Löffel auf Hochglanz – Stundenlohn 30 DM. Di Pietro arbeitet schnell, zu schnell. Seine Kollegen, Gastarbeiter aus Polen, der Türkei, Spanien oder Rußland, sehen das ungern und gehen den Jungen aus Italien an. Statt sich auf einen Dauerkrieg mit seinen Kollegen einzulassen, sucht sich Di Pietro einen zweiten Job. An den Arbeitstag in der Besteckfabrik hängt er einen zweiten in einem Sägewerk im gleichen Ort an, von 15. 30 bis 22.30 Uhr. Di Pietro spart jeden Pfennig. Seine Vergnügungen kosten wenig, Fußball am Sonntag, ein Bier im Gasthaus. Die deutschen Mädels schauen dem feschen Italiener manchmal mehr hinterher, als ihren Freunden lieb ist. Doch in der Regel genügt es, wenn er seine außerordentlich großen Fäuste zeigt, um deutsch-italienische Handgreiflichkeiten zu vermeiden. Nach sieben Monaten hat er etliche tausend Mark beiseite gelegt, und das heißt: Deutschland, ade. Viele Jahre später wird Di Pietro einem Journalisten auf die Frage, an welches Datum in seinem Leben er sich am liebsten erinnere, antworten: »An den Tag, an dem ich Deutschland verlassen habe.« So froh sei er gewesen, nach Hause zurückkehren zu können.

Es folgen unruhige, höchst anstrengende Jahre. Di Pietro versucht sich einen Platz im Leben zu erkämpfen, ohne genau zu wissen, wo dieser liegen könnte. Dabei fährt er mit Volldampf auf mehreren Spuren und in verschiedene Richtungen gleichzeitig. Verheiratet ist er mit 23 Jahren auch schon, sechs Monate nach der Hochzeit im April 1973 wird Cristiano geboren. In einer staatlichen Ausschreibung gewinnt Di Pietro einen Platz als ziviler Techniker bei der Luftwaffe; weil das Geld nicht reicht, arbeitet er nachmittags als Hauswart. Nachts studiert er Jura und schafft den Abschluß, inklusive der *laurea,* der italienischen Doktorarbeit – innerhalb von fünf Jahren, genau wie normale Jurastudenten. Seine extremen Mehrfachbelastungen schaufelt Di Pietro mit der Kraft eines Baggers beiseite, seine fast schon unheimliche Zielstrebigkeit kennt keine Rücksicht auf seine junge Familie. Als *workaholic*, als Arbeitssüchtigen, hätte man ihn in Amerika bezeichnet. Wie unter jeder Sucht leidet die Ehe und geht schließlich kaputt. Mit 31 Jahren trennt sich Di Pietro von seiner Frau Isabella, die aus dem gleichen Dorf wie er selbst stammt.

Die nächste Lebensphase gestaltet sich für Di Pietro kaum weniger turbulent. Nach einem kurzen Zwischenspiel als Verwaltungschef in verschiedenen oberitalienischen Gemeinden absolviert er die Polizeiakademie in Rom, auf die er sich im Selbststudium vorbereitet hat, in nur einem Jahr mit den höchsten Auszeichnungen. 1981 beginnt seine kurze Karriere als Polizeikommissar in Mailand, die gleichwohl mehrere Fernsehserien füllen könnte.

Im drogenverseuchten Mailänder Bezirk Vittoria-Monforte wird Di Pietro innerhalb von wenigen Monaten zum Schrecken der Dealer. Diese hatten sich auf den Bürgersteigen, in den Parks, vor den Schulen mit ihrer Ware breitgemacht, als hätten sie Obst anzubieten. Di Pietro überführt sie mit einem Trick, der ihm später auch bei der Verhaftung des Mailänder Altersheimdirektors Mario Chiesa nützlich sein wird. Er schickt einen Süchtigen mit einem signierten und fotokopierten Geldschein los, um sich Stoff zu kaufen. Bald hat er einen Rauschgifthändler in flagranti ertappt und kann ihn mit Hilfe der markierten Banknote überführen.

Das Verfahren ist effektiv, aber auch psychologisch aufschlußreich. Das »Jetzt hab ich dich«-Syndrom wird ein solches Verhalten, das höchste Befriedigung aus der Überführung von Sündern zieht, in der amerikanischen Psychologie genannt.

»Wenn ich eine Schwäche von Di Pietro nennen sollte, fällt mir nur ein, daß er nie vergißt. Er kann äußerst nachtragend sein«, erinnert sich in diesem Zusammenhang Roberto Stornelli, ein Polizist, der damals Di Pietros Mitarbeiter war. Stornelli berichtet aber auch, daß er den Ruf »Es lebe Di Pietro« oder »Danke, Di Pietro« seinerzeit zum ersten Mal gehört habe. Wann immer Kommissar Di Pietro einen Dealer in Handschellen abführte, applaudierten die Bewohner der von der Drogenkriminalität heimgesuchten Mietskasernen in der Viale Ungheria.

Dieser Beifall muß dem Racheengel, der in Di Pietro steckt, so richtig behagt haben. Um ihn so oft wie möglich zu erleben, folgte er schon damals dem Gebot Nr. 8 des *nonno* Giovannino: Um der Wahrheit willen ist auch die Lüge erlaubt. Stornelli weiß von Di Pietro zu berichten: »Vor allem konnte er fabelhaft bluffen. Ich mußte manchmal richtig lachen. Er erfand einen Haufen Sachen, machte den Leuten vor, daß er wer weiß was gegen sie in der Hand hatte. Es stimmte im übrigen am Ende auch immer. Nur, daß er es gesagt hatte, als er es eigentlich noch gar nicht wissen konnte.«

Der Beifall für Di Pietro fällt wesentlich gedämpfter aus, nachdem er – wieder durch übermenschlich anstrengende nächtliche Büffelei – durch einen staatlichen Wettbewerb in den gehobenen Justizdienst eintritt. Damit begibt er sich in eine Gesellschaftsschicht, in der er auffällt.

Ein Bauernsohn aus der Region Molise als Polizist: Das war klassenkonform. Doch ein Bauersohn aus der Region Molise, der Polizist ist und nun – in der reichen norditalienischen Provinzhauptstadt Bergamo – zum Ermittlungsrichter bei der Staatsanwaltschaft aufsteigt: das erregt Anstoß in der Schicht, die normalerweise die Staatsanwälte und Richter hervorbringt.

Zumal dann, wenn sich einer von unten erdreistet, die Heuchelei der herrschenden Klasse systematisch zu entlarven. Di Pietro stört. Bergamo ist darauf bedacht, seine Fassade der Wohlanständigkeit zu wahren, sein Image einer Insel von Recht und Ordnung. Di Pietro sorgt dafür, daß vier Jungen aus der guten Gesellschaft verurteilt werden, weil sie ein Mädchen vergewaltigt haben. Er schickt vier bekannte Unternehmer wegen betrügerischen Bankrotts ins Gefängnis. Er stellt das »Ungeheuer von Leffe«, einen Bankangestellten untadeligen Rufs, der seine Frau, seine kleine Tochter und seine Schwiegermutter umgebracht hatte, um anschließend eine ausgedehnte Ferienreise mit seiner Freundin zu unternehmen. »Kommissar Maigret« wird Di Pietro in Bergamo genannt.

Er pflegt das Image des jungen Rambo. Er kommt in Jeans zum

Dienst. Im Gürtel hängt seine Pistole. Auf seinen Schreibtisch stellt er eine Handgranate, entschärft, aber gleichwohl als aggressive Botschaft zu lesen, dazu eine Schachtel Bonbons, aus der er freigiebig anbietet: Zuckerbrot und Peitsche. Aber selbst die friedlichen Grünpflanzen, die er aufstellt, und das Poster aus New York an der Wand seines Büros erregen Anstoß in der muffigen Atmosphäre des Justizgebäudes von Bergamo. Zweimal wird Di Pietros Antrag, in den ordentlichen Richterstand erhoben zu werden, in Bergamo abgewiesen. Eine dritte Ablehnung hätte seine Karriere in der Justiz beendet.

Diese massive Zurückweisung muß geschmerzt haben: zumal deshalb, weil Antonio Di Pietro zu den Ausnahmemenschen im damaligen Italien gehörte, die sich ihre Position ganz allein durch eigene Arbeit erkämpft haben. Sie war ihm weder in die Wiege gelegt noch durch eine parteipolitische *raccommandazione* (Empfehlung) erkauft worden. Di Pietros Rache an Bergamo war freilich süß. Er heiratete in zweiter Ehe Susanna Mazzoleni, eine hübsche und intelligente Rechtsanwältin. Sie stammt aus einer der besten Familien Bergamos, der Stadt, die ihn nicht wollte.

1986 wird er nach Mailand versetzt. Auf seinem Schreibtisch findet er meterhoch die Akten einer Untersuchung, an denen sich zahlreiche Kollegen vor ihm erfolglos versucht hatten.

Den Behörden war aufgefallen, daß in schwere Unfälle in der Lombardei vielfach Fahrer schuldhaft verwickelt waren, die Führerscheine aus Mailand hatten – obwohl sie selbst nicht aus Mailand stammten.

Inspiriert von zwei jungen Polizisten, die Computerfreaks waren und ihm zuarbeiteten, setzt Di Pietro zum ersten Mal bei einer großen Ermittlung systematisch Methoden der Informatik ein. Sie sollten später ein Eckstein für die Aufklärung von *Tangentopoli* sein. Noch später wird ironischerweise Di Pietros Kampf um die Datenverarbeitung in der Mailänder Justiz zu einem der Anklagepunkte gegen ihn.

Er verbindet die Datenbanken verschiedener Behörden – des Straßenverkehrsamts, des Finanzamts – mit Daten über Fahrschulen, aus dem Bankwesen und so weiter. Schnell stellt sich heraus, daß es eine klare Beziehung zwischen den Todesfahrern und bestimmten Mailänder Fahrschulen gibt. Und es zeigt sich bald, daß etliche amtliche Fahrprüfer, die mit ebendiesen Schulen zu tun hatten, sehr schnell sehr reich geworden waren – und das bei einem mageren städtischen Salär von etwa zweieinhalbtausend Mark.

Ausgestattet mit solchem Wissen, braucht Antonio Di Pietro die Geständnisse nur noch abzupflücken, als er die Verdächtigten zur Vernehmung lädt. Tausende von Führerscheinen waren in Mailand für Summen zwischen 200000 und 500000 Lire an Interessenten verkauft worden, die manchmal nicht eine einzige Fahrstunde genommen hatten.

Von den 125 Angeklagten des Prozesses, der 1987 stattfand, wurden 114 rechtsgültig verurteilt – eine sensationell hohe Trefferquote.

In einem weiteren großen Verfahren entschlüsselte Di Pietro die Schmiergeldzahlungen, die der Mailänder Bauunternehmer Bruno De Mico an Politiker und Parteien gezahlt hatte, um sich ungestört am Bau der sogenannten »Goldenen Gefängnisse« bereichern zu können. 150 Floppy disks enthielten, neben Belegen für beachtlich hohe Zahlungen, merkwürdige Formeln: NE1TR oder ZI5NI und dergleichen.

Herauszufinden wer dahintersteckte, war am Ende nichts anderes als ein Pfadfinderspiel. Die Formeln waren von rechts nach links zu lesen. Ziffern standen für die fehlenden Buchstaben. Aus ZI5NI wurde so Nicolazzi – leicht zu identifizieren als Franco Nicolazzi, Chef der Mailänder Sozialdemokraten, Mitglied der Deputiertenkammer. Auch der DC-Minister Clelio Darida war nach den geschwätzigen Floppy disks von De Mico bezahlt worden, ebenso der sozialistische Exminister Claudio Signorile und ein Staatssekretär im Transportministerium. Die meisten der hohen Tiere, die Di Pietro als Schmiergeldempfänger identifiziert hatte, mußte er freilich wieder laufenlassen.

Sie gehörten dem Parlament an. Und das war – Ende der achtziger Jahre – keinesfalls bereit, korrupte Kollegen der gewöhnlichen Gerichtsbarkeit auszuliefern. Es verweigerte daher fast grundsätzlich die Anträge von Staatsanwaltschaften, die parlamentarische Immunität der des Schmiergeldempfangs verdächtigten Politiker aufzuheben. Welche Frustration für einen Mann, dem die erfolgreiche Überführung von Sündern – und ihre Bestrafung – tief in die Seele eingegraben ist.

Doch Di Pietro hatte viel gelernt an diesem wie auch an einigen anderen Verfahren, die er vor *Mani pulite* in Angriff genommen hatte: Er verstand es nun, die Korruption, die gleichsam fester

Bestandteil des politischen Systems Italiens war, per Computer sichtbar und dingfest zu machen.

Wie das ging, erklärte Di Pietro den Journalisten Enrico Nascimbeni und Andrea Pampanora in einem Hintergrundgespräch. Es sei fast schematisch an einem Koordinatensystem abzulesen: »Auf die eine Achse schreibt man die Namen der großen Firmen, auf die andere die großen öffentlichen Aufträge und die Männer aus der öffentlichen Verwaltung, die für sie zuständig sind. Wo sich Auftrag und Firma dann kreuzen, muß gegraben werden. Es ist schwer, sich da zu irren.«[2] Weil er das System der Korruption und seine Mechanismen inzwischen bis in die feinsten Verästelungen durchschaut hatte, konnte Di Pietro seine Neigung, Fallen zu stellen, um Gesetzesbrecher zu überführen, bis zur Perfektion entwickeln. Er hatte Spaß daran.

O-Ton Di Pietro: »Da war ein Unternehmer, der spielte den harten Kerl, der war unverschämt. Sein Anwalt erlaubte sich sogar Ironie mir gegenüber. Da kam mir eine Idee. Ich sagte den beiden: ›Hören Sie, wenn Sie unser Gespräch unterbrechen wollen, ist das kein Problem für mich. Wir sehen uns morgen früh wieder. Denken Sie drüber nach, und wir sprechen morgen weiter.‹ Die beiden akzeptierten das und gingen. Ich rufe Rocco (Rocco Stragapede, Polizist und Adjudant Di Pietros, *A. d. R.)*. Wir bereiten einen dicken Stapel von festen Mappen der Staatsanwaltschaft vor, in denen sonst die Vernehmungsprotokolle abgelegt werden. Mit dem Filzstift schreiben wir die Namen von Krankenhäusern, Instituten und so weiter darauf. Wir füllen die Mappen mit Blättern, die wir irgendwelchen anderen Ordnern entnehmen. Am nächsten Morgen kommen die beiden Schlaumeier wieder an. ›Hören Sie, Ingenieur, wo wollen wir anfangen? Ich habe hier mal alle Unterlagen zusammengestellt, die den Verlauf der Schmiergeldzahlungen dokumentieren.‹ Und da fängt er an zu reden. Sieben Stunden lang. An einem bestimmten Punkt scheint er mir glaubhaft zu sein, als er sagt, er habe mit diesem einen Geschäft nichts zu tun. Ich spiele meinem Mitarbeiter gegenüber den Erbosten: ›Rocco, wie zum Donnerwetter ist diese Akte hier mit hereingeraten?‹ «[3]

Diese »Methode Di Pietro« hat der Richter auch später erfolgreich eingesetzt, als er die Korrupten von *Tangentopoli* vernahm. Der Eröffnungszug blieb in diesen Verhören meistens der gleiche. Der Ermittlungsrichter kritzelte drei Felder auf ein Blatt und sagte seinem Gegenüber: »Auf meinem Schreibtisch stehen drei Gefäße. Auf dem einen steht: Nein, ich weiß nichts; auf dem zweiten steht: Ja, ich bin einer, der andere korrumpiert hat; auf dem dritten: Leider bin ich ein Opfer des Systems. Aus welchem wollen Sie fischen?«[4]

Viele seiner Gesprächspartner haben erst einmal aus allen drei Gefäßen genascht, bevor sie sich entschlossen auszupacken. Aber geredet haben sie am Ende alle.

Manchmal hinterläßt Di Pietro kleine, aber bedeutungsvolle Gaben. Nachdem der Baulöwe Salvatore Ligresti, der ein paar Monate lang eisern geschwiegen hatte, endlich angefangen hatte zu reden, fand er nach der Vernehmung ein Buch auf dem Tisch: Dostojewskis *Schuld und Sühne*.

Auch das Zuckerbrot hatte Di Pietro immer dabei: eine der goldumwickelten Pralinen von der Sorte Ferrero Rocher, für die im italienischen Fernsehen eine wirkliche Prinzessin Reklame macht. Doch eine solche Geste war wohl eher ironisch gemeint, etwa in dem Sinn wie: Bitte sehr, ich weiß schon, was ich Leuten wie euch anzubieten habe.

Antonio Di Pietro ist kein sozialer Kletterer. Obwohl seine schier unerschöpfliche Energie von dem Wunsch genährt sein könnte, die Mächtigen in ihrer Erbärmlichkeit vorzuführen, ist er seiner eigenen Herkunft immer treu geblieben.

In seiner Freizeit arbeitet er am liebsten mit den Händen. Er beherrscht alle handwerklichen Arbeiten, vom Verlegen elektrischer Leitungen bis zum Schuhebesohlen. So gut es geht, führt er auch den kleinen Bauernhof in Montenero di Bisaccia weiter, den er geerbt hat, als 1987 sein Vater starb.

Seine Mutter, 1994 gestorben, rief er treulich zweimal am Tag an. Aber die wußte auch, warum sie ihm immer wieder einschärfte: »Halte niemanden auch nur eine Minute länger fest als unbedingt notwendig.« Sie kannte ihren Sohn. Und es war sicher kein Zufall, daß sie nicht nur für ihren Tonino betete, sondern auch für diejenigen, die er verhaften ließ.

Dies irae, dies illae: Freitag, der 22. April 1994. Rund sechs Monate nach Prozeßbeginn im Oktober 1993, nach knapp 50 Sitzungen – alle öffentlich, alle im Fernsehen übertragen –, nach der Anhörung von 117 Zeugen, darunter zwei ehemaligen Ministerpräsidenten, Bettino Craxi und Arnaldo Forlani, geht der erste große *Tangentopoli*-Prozeß seinem Ende entgegen.

Staatsanwalt Antonio Di Pietro beendet an diesem Tag in gewaltigen Donnerschlägen sein Plädoyer gegen Sergio Cusani, den Finanzberater des Wirtschaftsmagnaten Raul Gardini. Vier Tage lang kann die Nation zuschauen, wie sich die Schlinge von Beweisen gegen den Angeklagten des ersten großen *Tangentopoli*-Prozesses immer enger um Cusanis Hals zieht.

In wirbelndem Wechsel von Computergraphiken, auf denen hektisch kleine Pfeile hin und her springen, trägt Antonio Di Pietro das erste Videoplädoyer der italienischen Rechtsgeschichte vor. Dabei dirigiert er den Derwischtanz der Bilder mit einem Holzstäbchen, das so aussieht, als hätte er es aus einem chinesischen Restaurant mitgenommen. Auf seine wichtigsten Punkte reduziert, zeichnet Di Pietro noch einmal den labyrinthischen Weg des fettesten Schmiergeldes nach, das die italienischen Parteien und ihre Fürsten von dem Agrochemiekonzern Ferruzzi kassiert haben – an die 52 Milliarden Lire. An die 150 Milliarden Lire hatte Gardini auf Drängen Cusanis als »Parteienspende« herausrücken müssen, aber zwei Drittel davon waren auf dem Weg verlorengegangen – versickert offensichtlich im Netz der ausländischen Konten Cusanis.

Der Marchese hatte gewaltig abkassiert und gehört damit zu den Spitzenprofiteuren von *Tangentopoli*. Seine Unschuld plausibel darzulegen gelingt selbst seinem hervorragenden Verteidiger Giuliano Spazzali nicht.

Doch während ich vier Tage lang jeden Vormittag dem Plädoyer von Di Pietro aufmerksam folge, spüre ich – wie etliche meiner Kollegen auch – ein leichtes Unbehagen.

Der Held von *Tangentopoli*, Antonio Di Pietro, mischt in sein Plädoyer die Töne eines Scharfrichters. Er überzieht die Grenzen seines Amtes. Irgend etwas geht mit ihm durch: ein gigantisches »Jetzt habe ich dich endlich erwischt«.

»Ein kleiner Bauer im großen Schachspiel willst du gewesen sein?« ruft er Cusani zu, den er – die gebotene Distanz zwischen Staatsanwalt und Angeklagtem aufhebend – sogar duzt. »Von wegen kleiner Bauer! Ein kleiner Bauer, der sich 102 Milliarden eingesteckt hat, das bist du!... Ein Chamäleon, ein Lügner, ein Verräter, ein dreifacher Verräter. Du hast Gardini verraten, indem du von dem Geld, das dieser den Politikern zugedacht hatte, nur Krümel weitergegeben hast. Du hast die Familie Ferruzzi verraten, indem du 102 Milliarden Lire unterschlagen hast; und schließlich hast du auch die Justiz verraten, indem du niemals gesagt hast, was du weißt. Du hättest reden sollen, und du hast es nicht getan.«[5]

Es scheint in diesem Moment, als habe er sich das Schwert des Racheengels aus dem faschistischen Fresco an der Stirnwand des Saales entliehen, mit dem er gleichsam auf den Angeklagten einschlägt, als sei er, Antonio Di Pietro, von Gottvater selbst aufgerufen worden, die Sünde vom Erdboden zu tilgen.

Eine Woche später das Urteil: acht Jahre Gefängnis für den Angeklagten, eine relativ unbedeutende Geldstrafe plus Rückzahlung der unterschlagenen 102 Milliarden Lire an den Ferruzzi-Konzern. Damit wird die Forderung Di Pietros, sieben Jahre Gefängnis, sogar noch übertroffen. Der Staatsanwalt lauscht unbewegten Gesichtes, als der Richter, Giuseppe Tarantola, in verschlungenem Vortrag das Urteil verkündet. Doch die Anspannung tropft Antonio Di Pietro aus allen Poren. Die Fernsehkamera bleibt indiskret und lange auf sein Gesicht gerichtet, während er sich ausgiebig die im Laufe des Tages nachgewachsenen Bartstoppeln kratzt.

So, als wolle er sich die Absolution holen, eilt Di Pietro nach dem Urteilsspruch zu einem der Journalisten, der ihm vorgeworfen hatte, er habe Cusani an einen Fernsehpranger gestellt, und ruft ihm zu: »Siehst du, ich habe recht behalten!«

Am Tag seines Triumphes sah sich Antonio Di Pietro gedrängt, sich zu rechtfertigen. Er ahnte, was viele schon wußten und öffentlich kritisierten: Der berechtigte Kampf der Justiz gegen die politische Korruption in Italien drohte aus dem Ruder zu laufen. Der Zusammenbruch des politischen Systems unter den Schlägen der *Mani pulite*-Ermittlungen hatte ein politisches Vakuum geschaffen. Die Teilung der Gewalten, Grundelement jeder Demokratie, geriet aus dem Lot. Die Richter hatten zuviel Macht gewonnen. Und das nutzten sie – zuweilen bis an den Rand der Hybris.

Dem Regierungschef Berlusconi einen staatsanwaltlichen Ermittlungsbescheid just an dem Tag zukommen zu lassen, als er in Neapel über eine bedeutende Uno-Konferenz über das organisierte Verbrechen präsidierte, war eine ebenso törichte wie verräterische Geste. Über den gnadenlosen Umgang der Ermittler mit den Verdächtigen in der Untersuchungshaft hat es inzwischen etliche offizielle Untersuchungen des Justizministeriums gegeben.

Sie sind in dem Umfang ergebnislos geblieben, als den Ermittlern keine formellen Verstöße gegen die Richtlinien nachgewiesen werden konnten.

Der Verlust von menschlichem Augenmaß ist nicht justiziabel und kann doch eine gute Sache nutzlos beflecken oder sogar schweren Schaden anrichten. Gabriele Cagliari, ehemaliger Präsident der staatlichen Energieholding ENI, seit dem Frühjahr 1993 in Untersuchungshaft im Mailänder Kerker San Vittorio, war einmal zuviel von den Ermittlern der Hausarrest versprochen und dann wieder verweigert worden. Am 23. Juli 1993 nahm sich Cagliari in seiner Zelle das Leben – einer von 18 Selbstmördern unter den Korruptionsverdächtigen.

Antonio Di Pietro wiederum war der Versuchung ausgesetzt, aus der Liebe und der Bewunderung, die ihm die italienische Bevölkerung entgegentrug, politisches Kapital zu schlagen. Er hat schlecht standgehalten.

Kaum war Silvio Berlusconi im Amt, im Mai 1994, bot er Di Pietro das ehrenreiche Amt eines italienischen Innenministers an. Nun hatte Di Pietro zahlreiche Untersuchungen gegen Berlusconis Holding Fininvest eingeleitet, wenige Wochen vor der Wahl am 27. und 28. März 1994 war Marcello Dell'Utri, Präsident des Fininvest-Werbekonzerns Publitalia, ein enger Freund Berlusconis aus Jugendzeiten, verhaftet worden. Auch Paulo Berlusconi hatte bereits auf Geheiß Di Pietros in einer Gefängniszelle übernachten müssen. Keines der Ermittlungsverfahren gegen Fininvest-Manager war abgeschlossen. In dieser Lage nach Rom zu reisen, um sich mit dem obersten Boß dieser Korruptionsverdächtigen über ein politisches Amt zu unterhalten, verriet ein Maß an politischer Instinktlosigkeit, das wenige von Antonio Di Pietro erwartet hätten. Zwar nahm Di Pietro weder dieses noch andere Angebote Berlusconis an. Aber das reichte nicht. Um die Grenzen zwischen seinem Amtsbereich und der Politik nicht zu verletzen, hätte er mit Berlusconi über ein Job-Angebot nicht einmal reden dürfen.

Schlimmer noch war, daß Di Pietro später versuchte, auf eigene Faust politische Macht zu erringen. Versteckt hinter seiner pechschwarzen Sonnenbrille,die ihm das Aussehen eines Gangsters verlieh, hausierte der inzwischen zum Ex-Staatsanwalt gewordene Di Pietro bei Politikern jeglicher Couleur mit seiner immer noch immensen Popularität. Umfragen hatten gezeigt, daß

Di Pietro jedwedem politischen Lager ein Plus von acht bis zehn Prozent an Stimmen eintragen würde. Da er nun mit allen redete, mit Ex-Faschisten ebenso wie mit den Ex-Kommunisten oder den Ex-Christdemokraten, entstand der fatale Eindruck, daß der Held von *Tangentopoli* sich nicht scheute, seinen Ruhm an den Meistbietenden zu verscheuern.

Solches Verhalten ist nicht strafbar. Es ist bedauerlich.

Als Bilanz über *Tangentopoli* bleibt freilich ein Satz von Antonio Di Pietro, gesprochen 1995 auf der jährlichen Klausurtagung italienischer Wirtschaftspotentaten in Cernobbio: »*Mani pulite* ist kein Meteor gewesen, sondern eine mühsame Schlacht von Bürgersinn. Sie hat das Land aus einer stagnierenden Illegalität befreit, sie hat das vielfach eingeschlafene politische Gewissen von Bürgern wieder entzündet. Es ist eine gewonnene Schlacht gewesen und keine verlorene, obgleich manche uns das glauben machen wollen.«[6]

Und aus dem Prozeß gegen Antonio Di Pietro ist am Ende auch nichts geworden: Die drei Anträge auf Anklageerhebung sind im Frühjahr 1996 von den zuständigen Stellen bei der Staatsanwaltschaft von Brescia zurückgewiesen worden.

Der Gegenstaat – Logen, Mafia und CIA

Im schimmernden Marmor, der auch die Fußböden des Mailänder Justizgebäudes bedeckt, spiegeln und vervielfachen sich die langen, rechteckigen Leuchten, welche sich seitlich an den Wänden aufreihen. Die Gänge sind unendlich lang und breit wie Alleen, die Wände hoch wie Mietshäuser. Auch wer in einer Menschenmenge durch diese überdimensionalen Korridore wandert, kann sich als einzelner verloren fühlen. In seiner unerbittlichen Rechteckigkeit, in seiner Weite und Symmetrie vermittelt der Raum den Eindruck einer strengen, überpersönlichen staatlichen Ordnung.

Das war zur Zeit des Faschismus gebaute architektonische Propaganda, gewollte Illusion. Doch auch in Italiens Erster Republik geriet die rechtsstaatliche Ordnung zuweilen zum Trugbild.

Denn die italienische Politik der Nachkriegszeit bewegte sich in einer doppelten Realität. Aber nur eine der beiden war sichtbar. Das war die heile Welt frommer Christdemokraten, die täglich zur Messe gingen, oder anderer Parteiführer, die auf ihren Kongressen die Freiheit der westlichen Welt priesen.

Im verborgenen blieb – weitgehend – eine unterirdische Gegenwelt. Wir wüßten wenig von ihr, wenn nicht Männer der Justiz, etwa Gherardo Colombo aus dem *Mani pulite*-Team, sich immer wieder auf den Weg gemacht hätten, die mysteriösen Dunkelzonen auszuleuchten, welche Italiens Nachkriegsgeschichte bis in die Gegenwart begleiten.

Weitgehend unter dem Kommando der USA, die weltweit ihre Geheimdienstkriege gegen den Kommunismus führten, war nämlich in Italien ein verborgener Parallelstaat entstanden, der allen Normen moderner Demokratien widersprach: Die Dunkelmänner, die ihm angehörten, betrieben nichts anderes als eine permanente Konterrevolution gegen die Legalität, gegen die Spielregeln eines modernen, normalen Staates, die in erster Linie Transparenz bedeuten.

Noch heute gerät, wer sich in diese Schattenwelt begibt, in ein gruseliges Labyrinth von verborgenen Höhlen, die alle irgendwie zusammenhängen, ohne sich jemals als Einheit darzustellen. Ernstzunehmende parlamentarische Untersuchungskommissionen veröffentlichten dicke Dokumentationen, zahlreiche seriöse

Bücher sind erschienen, gleichwohl konnten viele Rätsel nicht gelöst werden, welche Italiens zweite Realität aufgibt; schreckliche Bluttaten, die aus diesem Dunkel gesteuert wurden, blieben ungesühnt. Da paktierten Putschisten aus der »schwarzen«, der römischen Hocharistokratie mit rechten Bombenlegern und subversiven Elementen aus den italienischen Geheimdiensten, und die wieder machten gemeinsame Sache mit Mafiosi oder Camorristi. Mitglieder einer geheimen, von der CIA gegründeten Untergrundarmee namens Gladio übten in verborgenen Trainingslagern den Ernstfall einer kommunistischen Invasion Italiens oder schmiedeten Pläne für die Internierung der linken Opposition. Illegale Freimaurerlogen spannten ihre Netze aus Beziehungen zwischen Männern in sämtlichen Kommandostellen von Staat, Politik und Wirtschaft, die wiederum die zwielichtigen Geschäfte der Mafia deckten. Internationale Finanzschieber wuschen ihre schmutzigen Milliarden bei den Monsignori von der Vatikanbank IOR. Kuriere, die kofferweise Bargeld aus Italien in die Schweiz oder nach Luxemburg transportierten, waren sowohl den Bossen der großen Parteien als auch denen der Mafia dienstbar. Der christdemokratische Parteipräsident Aldo Moro, entführt im März 1978 von den Roten Brigaden, starb nach 55 Tagen Haft in seinem »Volksgefängnis«, weil ihn die wichtigsten Männer seiner Partei nicht retten wollten und subversive Geheimdienstler dafür sorgten, daß er nicht gefunden wurde.

Italiens wichtigster Kämpfer gegen den Terrorismus, der Carabinieri-General Carlo Alberto dalla Chiesa, wurde 1982 nach Sizilien geschickt, angeblich um nun auch mit der Mafia aufzuräumen. Kaum hatte er sich in Palermo niedergelassen, wurden er und seine junge Frau von einem Cosa-Nostra-Kommando ermordet: wahrscheinlich im Auftrag Roms. In dem im September 1995 eröffneten Prozeß gegen den siebenfachen Ministerpräsidenten Italiens, Giulio Andreotti, wegen Unterstützung der Mafia, soll auch der Mord an dalla Chiesa geklärt werden. Die Anklage behauptet, Andreotti habe ihn in Auftrag gegeben, weil dalla Chiesa zu viel über dessen düstere Rolle im Fall Moro gewußt hätte.

Diese Geschichte, die aus den Chroniken blutrünstiger Renaissance-Potentaten zu stammen scheinen, sind, soweit jetzt zu erkennen, alle wahr und vielfach beschrieben worden. Aber sie sind noch niemals in ihrem strukturellen Zusammenhang schlüssig interpretiert worden. Die moderne Geschichtswissenschaft – sei es die italienische, sei es die ausländische – schlug einen großen Bogen um diese dunklen Kapitel der italienischen Nachkriegsgeschichte.

Wenn ich hier einen Überblick versuche, muß dieser notgedrungen summarisch bleiben. Immer wieder gibt es neue Erkenntnisse. Italienischen Lesern wird das meiste bekannt sein. Ich meine jedoch, daß gerade in einem groben Aufriß Konstanten erkennbar werden, die zeigen könnten, wonach hier eigentlich gefragt werden sollte.

Immer noch nicht endgültig aufgeklärt – und größtenteils ungesühnt – sind die zahlreichen Terroranschläge, die in Italien seit 1969 Hunderte von Todesopfern gefordert haben. Sie wurden im Zeichen der »Strategie der Spannung« verübt. Aus dem Untergrund gesteuert und von vielen Politikern offenbar gebilligt, sollten sie Furcht und Schrecken unter der Bevölkerung säen, um diese davon abzuhalten, die italienischen Kommunisten in die Regierung zu wählen. Um dieses Ziel zu erreichen, wurden unbedenklich auch Feinde der Demokratie eingesetzt: faschistische Extremisten, die wiederum davon träumten, mit Bombenanschlägen unter den Italienern den Wunsch nach einem neuen autoritären Regime zu wecken – so wie es 1967 den putschenden Obristen in Griechenland gelungen war.

Die Serie der geheimnisvollen Anschläge, zu denen sich niemand bekannte, beginnt am 12. Dezember 1969 mit dem Bombenattentat in der Schalterhalle der Landwirtschaftsbank an der Piazza Fontana in Mailand. Es gibt 16 Tote und 88 Verletzte. Am gleichen Tag explodieren drei Bomben in Rom, die 16 Menschen verletzen. Vorschnell werden Anarchisten der Tat verdächtigt und verhaftet. Einer von ihnen wird jahrelang im Gefängnis sitzen, bis sich seine Unschuld erweist. Ein zweiter, Giuseppe Pinelli, stürzt sich nach seiner Verhaftung aus dem Fenster eines Mailänder Polizeireviers. An einen Selbstmord will niemand recht glauben. Die Spuren führen schließlich zu einer neofaschistischen Gruppe im Veneto, die von Franco Freda und Giovanni Ventura geleitet wird. Letzterer steht in enger Verbindung mit dem italienischen Geheimdienst SID. Venturas Kontaktmann heißt Giannettini und ist ein überzeugter Anhänger des Movimento Sociale, der neofaschistischen Partei. Aber das bleibt zunächst alles unbekannt. So können Geheimdienstler planmäßig und ausdauernd die Spuren der neofaschistischen Täter zudecken und hinter den Kulissen die Ermittlungen behindern. In sechs Prozessen werden die mutmaßlichen Täter abwechselnd verurteilt und dann wieder freigesprochen.

31. Mai 1972: Eine Autobombe, die in einem Fiat 500 versteckt war, tötet in der Nähe des kleinen Ortes Peteano in der Nahe der jugoslawischen Grenze drei Carabinieri und verletzt zwei weitere schwer. Der Sprengstoff stammt mit hoher Wahrscheinlichkeit aus einem Depot der geheimen Untergrundarmee Gladio, zu dem die rechtsextremistischen Täter Zugang haben. Wieder verwischen Geheimdienstler die Spuren. Gleichwohl schafft es der junge venezianische Richter Felice Cassòn, daß die drei Täter, Neofaschisten, rechtskräftig verurteilt werden – für lange Zeit der einzige Fall in der Serie der rechtsextremistischen Attentate, in dem das gelingt – zehn Jahre nach der Tat.

28. Mai 1974: Während einer Gewerkschaftsdemonstration gegen den Faschismus auf der Piazza della Loggia in Brescia explodiert eine Bombe unter den Arkaden: acht Tote, 94 Verletzte. Die mutmaßlichen Täter, die rechtsextremistischen Kreisen angehören, werden in dem achten gegen sie geführten Prozeß 1993 freigesprochen.

4. August 1974: Anschlag auf den D-Zug »Italicus«, unterwegs von Rom nach München. Die im Zug versteckte Bombe detoniert in der Nähe von Bologna und tötet zwölf Menschen, 48 werden verletzt. Wieder lassen die Ermittlungen auf rechtsextremistische Kreise schließen. Doch die Täter werden nicht gefunden.

27. Juni 1980: Der noch immer ungeklärte Absturz des Verkehrsflugzeugs IH870 der Alitalia-Tochter Itavia, unterwegs von Bologna nach Palermo, 77 Passagiere an Bord, vier Besatzungsmitglieder. Mit zwei Stunden Verspätung startet die DC-9 in Bologna um 20.08 Uhr, das letzte Radarsignal wird um 20.59 Uhr aufgefangen. Einige Stunden später die Gewißheit: Das Flugzeug ist nördlich der winzigen Mittelmeerinsel Ustica abgestürzt. Niemand überlebte. In dem Luftraum, den das Linienflugzeug überqueren sollte, tummelten sich zur gleichen Zeit allerlei Nato-Flieger. Hatte eine Rakete irrtümlich das Flugzeug abgeschossen? Wenn ja, wer hatte sie abgefeuert? Die italienische Luftwaffe? Die französischen oder die amerikanischen Streitkräfte? Sollte in Wahrheit ein libysches Flugzeug getroffen werden, in dem Gad-

dafi in Richtung Warschau unterwegs war? Waren die Israelis im Spiel? Oder hatte am Ende doch eine Bombe das Flugzeug von innen zerfetzt – zu dieser Auffassung kam, nach 14 Jahren, eine Gruppe von Experten, die für die römische Staatsanwaltschaft arbeitete. Sofort gab es Widerspruch. Dennoch bleibt die Frage: Verbirgt sich hinter dem Geheimnis von Ustica wiederum die »Strategie der Spannung«? Für alle der verschiedenen Hypothesen sind glaubwürdige Indizien vorgetragen worden. Eine endgültige Klärung steht noch aus. Wiederum sind freilich Spuren eines gigantischen Vertuschungsmanövers auszumachen, die auf italienische Urheberschaft der Tragödie schließen lassen.

2. August 1980: Im Wartesaal der zweiten Klasse des Bahnhofs von Bologna explodiert um 10.25 Uhr eine Bombe, die 85 Menschen tötet und 200 verletzt. Auch dieses Attentat ist in der düsteren Gegenwelt der italienischen Politik ausgebrütet worden. Rechtsterroristen haben es ausgeführt. Das Kommando führten andere. So hatte der berüchtigte Chef der illegalen Freimaurerloge, Licio Gelli, seine Hand im Spiel. Er wurde inzwischen rechtskräftig zu zehn Jahren Gefängnis verurteilt. Statt zur Aufklärung beizutragen, verwischten Geheimdienstler wie schon bei anderen Terroranschlägen die Spuren. Auch über die mutmaßlichen Ausführenden, die Rechtsterroristen Francesca Mambro, Giusva Fioravanti und einen flüchtigen Gesinnungsgenossen, sind die Verurteilungen zu lebenslänglich eher eine Ausnahme und eine fragwürdige dazu: Mambro und Fioravanti, die verheiratet sind, gelten in den Augen vieler als unschuldig, vorgeschobene Figuren, welche die wahren Täter immer noch verbergen.

23. Dezember 1984: »Weihnachtsanschlag« auf den Schnellzug 904, unterwegs von Neapel nach Mailand: 16 Tote, an die 100 Verletzte. Das Attentat wurde von der sizilianischen Mafia in Auftrag gegeben, um den zahlreichen Verhaftungen durch den Pool der Ermittler unter Giovanni Falcone und Paolo Borsellino in Palermo ein Zeichen der Stärke entgegenzusetzen.

Zu den Ausführenden gehört auch der deutsche Sprengstoffexperte Friedrich Schaudinn, der verurteilt wird, sich aber auffällig ungehindert ins Ausland absetzen kann. Der Boß Pippo Calò, der »Kassierer« der Mafia, sitzt inzwischen, letztinstanzlich für den Anschlag verurteilt, lebenslänglich im Gefängnis. Ebenso zwei seiner Kumpane.

14. Mai 1993: Explosion einer Autobombe in der römischen

Via Fauro, die dem Talk-Showmaster Maurizio Costanzo gilt, der dem Tod entkommt – 21 Verletzte. In den gleichen Zusammenhang gehören die Autobomben vom 27. Mai 1993 in Florenz (5 Tote, 29 Verletzte) und vom 27. Juli desselben Jahres in Mailand (5 Tote, 32 Verletzte). In Rom gab es in derselben Nacht Bombenanschläge auf die Basilika San Giovanni in Laterano und die kleine Hochzeitskirche hinter dem Kapitol, San Gregorio in Velabro.

Daß Cosa Nostra die Anschläge in Auftrag gegeben hat, ist inzwischen gerichtlich geklärt. Aber es gibt, wie üblich, Hinweise darauf, daß wiederum subversive Geheimdienstler und andere Dunkelmänner mitgemischt haben.

Die Konstanten des blutigen Spiels, das sich über Jahrzehnte bis in die Gegenwart fortsetzt, heißen: Neofaschismus, Geheimdienste, CIA, die Geheimloge P2, vatikanische Kreise um das Istituto per le Opere Religiose (IOR) und die Mafia. Gemeinsam ist ihnen die Verwurzelung in der vorrepublikanischen Vergangenheit Italiens, dem Faschismus zumal, und eine ausgeprägte Feindschaft gegen eine pluralistische und transparente Demokratie. In der subversiven italienischen Gegenwelt lebt eine Vergangenheit fort, die nicht aufgearbeitet wurde, wirkt der von Giorgio Bocca treffend bezeichnete »schwarze Faden«, so der Titel seines jüngsten Buches, der das Italien von heute mit dem niemals bewältigten, niemals wirklich beendeten Ventennio, den beiden Dekaden der faschistischen Diktatur, verbindet.

Die Christdemokraten, um die sich an der Basis ausnehmend viele ehemalige Faschisten gesammelt hatten, erwiesen sich als schlechte Hüter der Demokratie. Das konnte kaum überraschen. Viele führende Christdemokraten, beginnend mit De Gasperi und Andreotti, sahen ihre Partei als weltliches Vollzugsorgan des Vatikan, dem Demokratie antithetisch wesensfremd ist.

Wo immer also überwiegend jüngere Staatsanwälte und Ermittlungsrichter versuchten, die Schleier über den blutigen Geheimnissen der italienischen Nachkriegsgeschichte zu lüften, stießen sie auf sehr effektive Gegenwehr – durch die Mächtigen in Rom. Den aufklärerischen Stoßtrupps aus der Justiz wurde Einhalt geboten.

So erging es zum Beispiel Giovanni Tamburino, einem Ermittler der Staatsanwaltschaft Padua. Er war Plänen für einen Staatsstreich, der den Codenamen *Rosa dei venti* (»Windrose« oder

»Rose der Zwanzig«) trug, auf die Spur gekommen und hatte dabei auch die Existenz der geheimen Untergrundarmee Gladio entdeckt. Mit einem Mut, der ihm schlecht bekommen sollte, ließ er den Chef des Geheimdienstes, Vito Miceli, mit dem Argument verhaften, dieser habe »eine geheime Organisation von Militärs und Zivilpersonen gegründet, die das Ziel eines bewaffneten Aufstands und der Veränderung der Verfassung« verfolge.

Mit der »Kraft eines Baggers« – so der Autor Sandro Provvisionato in seinem Buch *Misteri d'Italia* (»Italienische Geheimnisse«)[1] – trat daraufhin die berüchtigte römische Staatsanwaltschaft in Aktion. Seit jeher wird sie als »Nebelhafen« bezeichnet, weil sie alle Untersuchungen, die den Mächtigen Roms nur irgendwie unangenehm werden können, in Schwaden von Bürokratie verschwinden ließ. Die Untersuchung wurde Tamburino entzogen und »mit Sand zugeschaufelt«.

Anderthalb Jahrzehnte später, 1990, wurde Gladio quasi neu entdeckt: von dem jungen venezianischen Staatsanwalt Felice Cassòn, Jahrgang 1952. Er war bei den Untersuchungen über das Attentat von Peteano, bei dem drei Carabinieri starben, auf Waffendepots gestoßen, die den Gladio-Kriegern gehörten. Als seine Erkenntnisse öffentlich bekannt wurden und entsprechend Schlagzeilen machten, erregte der Venezianer den Zorn des damaligen Staatspräsidenten Francesco Cossiga, der ihn öffentlich anpöbelte. Die römische Staatsanwaltschaft eröffnete auf Anregung des Staatspräsidenten ein Verfahren wegen »Verletzung eines Staatsgeheimnisses« gegen Cassòn, ein Vorfall, der von der internationalen Juristenkommission als »Einschüchterung« kritisiert wurde. Entnervt von den Widerständen legte Cassòn im Oktober 1991 seine Zuständigkeit für Gladio nieder. Die römische Staatsanwaltschaft stellte wenig später die Untersuchung über Gladio ein.

Wiederum in der nordöstlichen Region Italiens kam in den frühen achtziger Jahren der damals 35jährige Staatsanwalt von Trient, Carlo Palermo, einem internationalen Waffen- und Drogengeschäft auf die Spur, in das der Craxi-Intimus Mach di Palmstein verwickelt war. Als Palermo daraufhin eine Durchsuchung des Mailänder Büros von Craxi – der seinerzeit Ministerpräsident war – anordnete, schritt auf dessen Betreiben der Consiglio Superiore di Magistratura (CSM), das Selbstverwaltungsorgan der Justiz, ein. Palermos Vorgehen wurde scharf getadelt, die Untersuchung wurde ihm entzogen. Er bat daraufhin um seine Versetzung und landete als Staatsanwalt im sizilianischen Trapani. Seine Ermittlungen gegen die Mafia, die er dort umgehend aufnahm, mißfielen Cosa Nostra sehr. Bei einem gegen Carlo Palermo gerichteten Attentat, dem er selbst entkam, starben eine junge Frau und ihre beiden Kinder. Kurz darauf quittierte der Richter seinen Staatsdienst und engagierte sich später in der Anti-Mafia-Partei La Rete (Das Netz).

Es gibt zahlreiche andere Beispiele. Auch Gherardo Colombo aus dem *Mani pulite*-Team hat mehr als zehn Jahre vor der Entdeckung von *Tangentopoli* erlebt, wie politische Interessen die Aufklärungsarbeit der Justiz behinderten. Colombo arbeitet mit seinen Assistenten im vierten Stock des Mailänder Justizgebäudes in einem vollgestopften Zimmer, auf dessen Schreibtischen sich um die Computer altmodische Aktenbündel türmen. Er stammt aus einer piemontesischen Juristenfamilie, spricht mit dem schnarrenden »R« des norditalienischen Bildungsbürgertums und erscheint fast immer in Jeans und ohne Krawatte zum Dienst. Er raucht pausenlos. Wenn er sich einmal auf ein Gespräch eingelassen hat, nimmt er sich Zeit. Gelbe Klebezettelchen, die über seinem Schreibtisch verteilt sind, bewahren Telefonnummern und Termine auf. Manchmal kritzelt er auf einen dieser gelben Zettel eine geometrische Figur, bevor er antwortet.

Sein Kräuselhaar steht ihm struppig um den Kopf, über die Stirn ziehen sich tiefgefurchte Denkerfalten. Gherardo Colombo, Jahrgang 1946, sieht ein bißchen wie die Karikatur eines verrückten Wissenschaftlers aus, der gerade die Zeitmaschine erfunden hat, um rückwärts in die Zukunft zu fahren. Dabei ist er der Theoretiker, manchmal auch der Philosoph im Pool der Mailänder *Mani pulite*-Ermittler, der gern abstrakt über die Rolle der Justiz im Italien von heute reflektiert.

»Könnte man Sie, der Sie sich wie etliche Ihrer Kollegen gegen den Mißbrauch der Justiz zu politischen Zwecken aufgelehnt haben, nicht als Rebellen im Namen des Rechtsstaats bezeichnen?« frage ich ihn.

»Um Himmels willen!« Colombo wehrt mit beiden Händen ab. Das Wort »Rebell« geht ihm ganz entschieden gegen den Strich. »Rebellen sind, wenn Sie so wollen, die anderen: diejenigen in der Justiz, die sich dazu hergegeben haben, zu politischen Zwecken die Normen der Legalität zu mißbrauchen. Aufständische sind diejenigen, die eine parallele Wirklichkeit geschaffen haben, die ungesetzlich war und daher gegen die Regeln verstieß. Wir haben nichts anderes getan, als versucht – manchmal mit Erfolg, manchmal nicht –, das Land zur Rechtsstaatlichkeit zurückzuführen. Das ist eine Haltung, die zu bewahren sucht, keine Auflehnung gegen geltende Regeln.«

»Aber hat in weiterem Sinne nicht auch der ehemalige Sozialistenchef Bettino Craxi recht, wenn er sagt, daß in einem politischen System, in dem sich alle schuldig gemacht haben, keiner schuldig ist?« provoziere ich Colombo.

Der greift nach einer weiteren Zigarette und antwortet, noch während er sie sich anzündet:

»Craxi hätte recht, wenn er mit seiner These nicht einen fundamentalen Grundsatz unserer Gesellschaft übersähe: daß es nämlich ein Strafrecht gibt, das bestimmte Verhaltensweisen, zu denen ganz bestimmt die Korruption zählt, unter Strafe stellt. Und diese Normen wurden auch immer angewendet. Jedesmal wenn es uns gelang, die Beweise für Korruption oder andere Vergehen zu finden, wurden die Vertreter der Öffentlichkeit, seien es Beamte, seien es Politiker, verurteilt.«

»Aber die Beweise fanden sich früher wohl nicht so leicht?«

»Das ist eine andere Sache. Aber manchmal haben wir sie eben doch gefunden.«

Der wichtigste Fund gelang Gherardo Colombo im Jahr 1981: Zusammen mit seinem Kollegen Giuliano Turone entdeckte der junge, damals 35jährige Ermittler der Mailänder Staatsanwaltschaft ein (wahrscheinlich unvollständiges) Mitgliederverzeichnis der geheimen Freimaurerloge Propaganda 2 (P2), dessen Großmeister der schillernde Verschwörer Licio Gelli war. Unter größter Geheimhaltung hatten Colombo und Turone eine große Razzia auf der Villa Wanda, Gellis Landsitz, sowie auf seiner Fabrik »Jole« in Castiglion Fibocchi bei Arezzo angeordnet. Fündig wurden die Ermittler in den Büros der Fabrik. Eine Mitgliederliste von 965 Namen, die ein getreuliches Abbild der politischen und militärischen Machtverteilung konservativer Prägung in Italien lieferte, wurde entdeckt: 38 Parlamentsabgeordnete aus dem Regierungslager und aus dem rechten Parteienspektrum gehörten der P2 an, ein Parteivorsitzender, nämlich Pietro Longo von den Sozialdemokraten, war dabei sowie zwei Minister der damals amtierenden Regierung Forlani; von einem dritten Minister fand sich ein Aufnahmeantrag. Bekannte Journalisten, wie der Chefredakteur der RAI-Hörfunknachrichtenredaktion GR2 (Giornale Radio Due) Gustavo Selva (heute Abgeordneter der neofaschistischen Partei Alleanza Nazionale, der Nachfolgerin des neofaschistischen MSI) oder der Chefredakteur des *Corriere della Sera*, Franco Di Bella, waren P2-Mitglieder ebenso wie die führenden Männer aus dem Rizzoli-Verlag. 18 Repräsentanten der Justiz, Richter und Staatsanwälte, standen auf der Liste, zahlreiche Vertreter gehobener Berufe, Ärzte, Rechtsanwälte, Industrielle, Wirtschaftskapitäne. Auch ein aufstrebender junger Bauunternehmer und Besitzer von privaten Fernsehsendern namens Silvio Berlusconi fand sich auf der Liste. Besonders massiv war die Beteiligung der Armee an der P2: 24 Generäle aus allen drei Waffengattungen, fast zweihundert hohe Offiziere und schließlich – besonders beunruhigend – die gesamte Führungsspitze der italienischen Geheimdienste aus Vergangenheit und Gegenwart.

Zu dem beschlagnahmten Material gehörte ein Adreßbuch Gellis, in dem einige hochinteressante Telefonnummern handschriftlich verzeichnet waren, wie zum Beispiel die – selbstverständlich geheime – Privatnummer von Giulio Andreotti.

Ein versiegelter Umschlag führte die Ermittler zu einem Konto bei der Union des Banques Suisses (UBS) in Lugano, über das der Abgeordnete Claudio Martelli verfügte. Erst zwölf Jahre später, 1993, wurde in vollem Umfang erkennbar, daß dieses Konto als Sammelpunkt für Schmiergeldzahlungen an die Sozialistische Partei diente: Claudio Martelli, inzwischen zum Justizminister aufgestiegen, mußte wegen seiner Verwicklung in die düsteren Transaktionen rund um dieses von Licio Gelli eingerichtete Schweizer Konto zurücktreten.

Bereits 1981 war es völlig klar, daß die P2 keine gewöhnliche Freimaurerloge war, in der merkwürdig verkleidete Männer esoterische Bräuche pflegten. Die P2 war ein politisches Projekt. Die Demokratie in Italien sollte, so sagte Gherardo Colombo, »ihrer Rechtsstaatlichkeit beraubt werden« und statt dessen »im wesentlichen vom Apparat der P2« gelenkt werden.

Der brisante Fund der beiden Mailänder Ermittler löste einen politischen Skandal aus. Der christlich-demokratische Ministerpräsident, Arnaldo Forlani, mußte im Mai 1981, nach Bekanntwerden der hochkarätigen Gefolgschaft Gellis, zurücktreten. Colombo erinnert sich an den Tag, an dem er und Turone im römischen Palazzo Chigi antraten, um Forlani die Liste zu übergeben. »Wir wurden vom Präfekten Mario Semprini empfangen. Und der stand auch auf der P2-Liste. Seine Mitgliedsnummer war 1637. Wir sahen ihm streng in die Augen und drückten unsere Akten fest an uns.«

Aber das half den beiden Ermittlern nicht viel. Forlani hielt die Liste zwei Monate lang unter Verschluß. In der Zwischenzeit konnten die Logenbrüder ungehindert Dokumente verschwinden lassen.

Am 2. September 1981 entzog ein Spruch des römischen Kassationshofes den beiden Mailänder Ermittlungsrichtern die Untersuchung. Sie wurde nach bewährtem Muster an die Staatsanwaltschaft in Rom weitergeleitet und dort für Jahre vergraben. Immerhin bewirkte der Befund einer parlamentarischen Untersuchungskommission, daß die P2 1982 verboten wurde.

Doch die Männer, die ihr angehörten, blieben unbehelligt. Zwar wurden lahmherzig da und dort Untersuchungen angestellt, zum Beispiel in der Armee. Viele P2-Offiziere wurden sogar verurteilt und sollten ihren militärischen Rang verlieren. Aber Verwaltungsgerichte hoben alle diese Urteile wieder auf.

Auch daß die P2 in rechte Terroranschläge verwickelt war, haben italienische Gerichte immer wieder festgestellt – 1994 sogar mit einem letztinstanzlichen Urteil gegen Licio Gelli wegen Behinderung der Aufklärung des Anschlags auf den Bahnhof von Bologna im August 1980.

Wie sein politisches Projekt aussah und wie es verwirklicht werden sollte, hatte Licio Gelli in einem Dokument niedergelegt, das bei ihm gefunden wurde. Es hieß »Plan der demokratischen Wiedergeburt«.

Schon im ersten Satz spricht Gelli von einem Sicherheitsnetz, das ihn vor jeglicher Verfolgung schützen sollte – und dies, wie sich dreizehn Jahre später zeigte, auch mit Erfolg tat.

Er schreibt nämlich: »Das Adjektiv *demokratisch* soll bedeuten, daß der gegenwärtige Plan jede – und sei es eine noch so geheime – Absicht ausschließt, das politische System umzustürzen.«

Was er vorhatte und beschrieb, war nichts anderes als eine lautlose Besetzung des Staates von innen. Seine Leute sollten in Spitzenpositionen manövriert werden.

In Kenntnis der italienischen Gepflogenheiten wußte Gelli, daß so etwas auch einfach erkauft werden konnte. Und das würde, meinte der Großmeister, gar nicht einmal so teuer sein: »30-40 Milliarden Lire sollten ausreichen, damit Männer guten Glaubens, die wohl ausgewählt wurden, die Schlüsselpositionen erobern können, die sie zur Kontrolle des Geschehens brauchen.«

Der Gelli-Staat sollte eine starke Exekutive haben, mit einem vom Parlament gewählten Ministerpräsidenten.

Die Rolle der Gewerkschaften sollte eingeschränkt, die wichtigsten Zeitungen von P2-Männern geführt, die staatliche Rundfunk- und Fernsehanstalt privatisiert werden. Selbstverständlich würden P2-Leute auch die privaten Medien leiten. Die Justiz sollte ihre Unabhängigkeit verlieren und sich der politischen Macht unterordnen. Immer wieder ist in Italien gesagt worden, daß dieser Plan in etlichen Einzelheiten bereits verwirklicht worden sei. Einige der ersten und spektakulären Handlungen der Berlusconi-Regierung erinnern fatal an Gellis »Plan der Demokratischen Wiedergeburt«.

Die systematische Kampagne der Delegitimierung des *Mani Pulite*-Teams, der Antonio Di Pietro zum Opfer fiel, bietet das jüngste Beispiel für den Kampf italienischer Politiker gegen die Unabhängigkeit der Justiz. Daran beteiligt waren nicht nur Silvio Berlusconi und seine Mannschaft, die selber Gründe hatten, die Mailänder Richter zu fürchten. Auch in der nachfolgenden Regierung Lamberto Dinis gab es fanatische Feinde des *Mani pulite*-Teams – allen voran der Justizminister Filippe Mancuso, der jahrzehntelang im römischen »Nebelhafen« gewirkt hatte.

Licio Gelli, der für den amerikanischen Geheimdienst, möglicherweise aber auch für den sowjetischen KGB gearbeitet haben soll, war mit Spitzen der Exekutive in den USA aufs engste verbunden. Er galt auch offiziell als wichtiger Italiener, der zu den Feierlichkeiten zur Amtsübernahme der Präsidenten Ford, Carter und Reagan eingeladen wurde. Sein Projekt wurde aktiv von den Vereinigten Staaten unterstützt.

1990 kam denn auch ans Licht – durch die Aussagen eines ehemaligen CIA-Mannes namens Richard Brenneke –, daß die CIA die P2 seit 1969 mit riesigen Zahlungen, bis zu zehn Millionen Dollar im Monat, subventioniert hatte. Für das Geld sollten Waffen für die globalen Guerilla-Kriege des CIA angeschafft und der europäische Terrorismus, rechter wie linker Provenienz, gefördert werden. Und dieser wiederum wurde vom CIA als nützliches

Mittel betrachtet, um europäische Wähler vor linken Versuchungen zu bewahren.

Nach Jahren schwierigster Ermittlungen erhob die Staatsanwaltschaft Rom 1991 dann endlich doch Anklage gegen Licio Gelli und seine wichtigsten Kollaborateure. Die P2 sei eine »geheime Organisation, die illegale Ziele verfolge und die Absicht habe, die Strukturen des Staates zu unterwandern, um die öffentliche Ordnung zu ändern«, hieß es in der Anklageschrift der Staatsanwaltin Elisabetta Cesqui.

Drei Jahre später das Urteil: Am 16. April 1994 wurde Gelli von dem wichtigsten der gegen ihn erhobenen Vorwürfe, der Verschwörung gegen den Staat, freigesprochen. Wegen minderer Vergehen verurteilte die Zweite Strafkammer in Rom den Logenmeister zu 17 Jahren Gefängnis – die er freilich nicht absitzen muß. Gelli, der sich Jahre vorher nach Paraguay abgesetzt hatte, war an die italienischen Behörden unter der Bedingung ausgeliefert worden, daß eine eventuelle Strafe an ihm nicht vollzogen werden dürfe.

Diesen 16. April 1994 werden viele Italiener nicht so leicht vergessen. In turbulenten Szenen stimmten an diesem Tag nämlich die frischgewählten Mitglieder des Abgeordnetenhauses und des Senats über die zukünftigen Präsidenten der beiden Kammern ab – der erste wichtige Beschluß der siegreichen Rechtskoalition in Italien.

Den Vorsitz der Deputiertenkammer gewann die 31jährige Abgeordnete der Lega Nord, Irene Pivetti. Mit nur einer Stimme unterlag im Senat der Republikaner Giovanni Spadolini dem Forza-Italia-Mann Carlo Scognamiglio.

Nach der Abstimmung wurde Spadolini von einem Fernsehjournalisten gefragt, ob er einen Zusammenhang zwischen diesen beiden wichtigen Ereignissen des 16. April sähe, zwischen der Übernahme auch der formalen Macht im Parlament durch die Koalition des ehemaligen P2-Mitgliedes Silvio Berlusconi und dem Freispruch für den Chef der geheimen Freimaurerloge, Licio Gelli.

»Ein Zufall war es sicher nicht«, fauchte der abgewählte Senatspräsident ins Mikrophon.

Bettler, Landstreicher, Penner, Arbeitslose, Obdachlose, jedwede Menschen in Nöten, ganz gleich welcher Hautfarbe, Rasse und Religion, finden sich viermal in der Woche nachmittags in der Via Dandolo im römischen Stadtteil Trastevere ein, um in großen, hellen Räumen an freundlich gedeckten Tischen zu speisen. Drei Gänge werden serviert, niemand braucht anzustehen, höfliche Helfer bringen die Speisen und Getränke an die Tische. In einem gemütlichen Familienrestaurant ginge es nicht anders zu.

Nur braucht hier niemand zu zahlen. Etwa 1200 Mahlzeiten werden an den Nachmittagen der Speisung in der »Gemeinschaft von Sant'Egidio« verteilt – eine Zahl, die an neutestamentliche Wunder erinnert. Nur daß sie – im Unterschied zu den legendenhaft aufgeblähten Daten der Bibel – stimmt. An die siebenhundert weitere Essensportionen bringen die Helfer von Sant'Egidio täglich zu den Elendsten der Armen, die um den Hauptbahnhof lagern oder sich im Vorraum einer Kirche niedergelassen haben. Das Geld dafür stammt allein aus Spenden. Weder der Staat noch die Kirche finanzieren das moderne Wunder von Trastevere.

In Italien bleibt Sant'Egidio ein ungewöhnliches Unternehmen. Einzigartig ist es aber nicht. Ausgerechnet in dem Land nämlich, das sich durch seine Exzesse von Korruption, von politisch sanktioniertem Diebstahl an der Allgemeinheit und entfesseltem Egoismus hervorgetan hat, blüht eine Kultur der Solidarität, die es in dieser vielfältigen Gestalt und in diesem beeindruckenden Ausmaß in keinem anderen europäischen Land gibt. Sie liefert das wenig bekannte Gegenbild zu der Schmiergeldrepublik *Tangentopoli*.

Etwa fünfeinhalb Millionen Menschen, 13,6 Prozent der erwachsenen italienischen Bevölkerung, engagieren sich in den etwa 10000 Freiwilligen-Organisationen Italiens, dem *volontariato*.

Die überwiegend katholischen, aber auch laizistischen Truppen des *volontariato* ergänzen nicht die staatlichen Einrichtungen wie in anderen Ländern. Sie ersetzen vielfach einen bewegungsunfähigen, korrupten, ineffizienten Staatsapparat, den die Parteien für sich vereinnahmt und zum Zweck der klientelistischen

Wählerpflege gründlich mißbraucht haben.

Das *volontariato* praktiziert eine italienische Version von Bürgersinn in einem Land, das viele seiner öffentlichen Institutionen durch den Mißbrauch von Macht verdorben hat.

Sant'Egidio ist vor mehr als 25 Jahren von Schülern des traditionsreichen humanistischen Gymnasiums Virgilio in Rom gegründet worden, welche sich als 68er verstanden, gleichwohl weder von den linken Studenten noch von den verknöcherten Strukturen der Kirche aufgesogen werden wollten. Sie begannen mit Stadtteilarbeit in den Peripherien von Rom, bald vervielfachten sich die Tätigkeiten und die Zahl der Angehörigen von Sant'Egidio.

Heute zählt allein diese Gemeinschaft rund 15 000 Mitglieder. 8000 leben in Rom, 5000 weitere in verschiedenen Städten Italiens und die restlichen in 20 Ländern Europas, Afrikas und Lateinamerikas. In einem italienischen Kloster vermittelten Helfer von Sant'Egidio 1992 den Waffenstillstand zwischen der marxistischen Maputo-Regierung und den Rebellen der Widerstandsbewegung in Moçambique, die sich 16 Jahre lang blutig bekämpft hatten. 1994 gelang es der Gemeinschaft, zum ersten Mal die verschiedenen Organisationen der algerischen Opposition zu Gesprächen um einen Tisch zu versammeln – in Rom.

In Tausenden von anderen Gemeinschaften, die sich über ganz Italien verteilen, wird eine neue, vom Staat unabhängige Sozialpolitik praktiziert. »Die Vorstellung, daß der Staat Unterstützung verteilt, um soziale Probleme zu lösen, geht von einem paternalistischen Staatsverständnis aus, das völlig überholt ist«, sagt Giuseppe Lumia, Präsident der Freiwilligen-Bewegung MOVI (Movimento per il volontariato italiano). »Schon das Wort ›Wohlfahrtsstaat‹ ist ein Widerspruch in sich. Unsere Arbeit versucht diejenigen, die Randgruppen angehören, so zu aktivieren, daß sie ohne Assistenz von oben ihre Wohlfahrt selbst organisieren können.«

Das gilt etwa für psychisch gestörte Menschen, denen geholfen wird, in Wohngemeinschaften zusammenzuleben, oder für alte Leute, denen Freizeitangebote aufgezeigt werden, die sie dann selbst organisieren. In südlichen Städten, wo nur die Mafia Lebensperspektiven bietet, versuchen freiwillige Helfer mit den Jugendlichen Alternativen zu entdecken und auszubauen. Der Umweltschutz, in Italien kläglich vom Staat vernachlässigt, wird fast ausschließlich von Freiwilligen getragen, die sich in der Lega per l'Ambiente zusammengeschlossen haben oder dem World Wildlife Fund angehören.

Auch die Angehörigen von Drogenopfern haben sich selbst organisiert – eine Novität in einem Land, das Solidarität vielfach auf die eigenen Familien beschränkte. In Neapel, Palermo oder Genua sammelten sich Mütter von Drogenabhängigen, um die Dealer aus ihrer Gegend zu vertreiben. Auch die Hinterbliebenen der vielfach unaufgeklärten und ungesühnten Terroranschläge auf Unschuldige fanden sich zusammen, um gegen das Vergessen der Untat und die unerträgliche Langsamkeit der Justiz zu kämpfen – etwa die Hinterbliebenen des Attentats auf dem Bahnhof von Bologna am 2. August 1980. Die Entschlossenheit und der Druck dieser Gruppen hat dazu beigetragen, daß die Nachforschungen über die Anschläge nicht eingestellt wurden. Tiefgreifende Wirkung auf die italienische Gesellschaft hat auch die Anti-Mafia-Bewegung gehabt, die seit den frühen achtziger Jahren von Kindern, Witwen und anderen Angehörigen von Mafia-Opfern ins Leben gerufen worden war. (Inzwischen gibt es schon wieder verschiedene, miteinander verfeindete Flügel der Bewegung, was jedoch ihre grundsätzliche Bedeutung keineswegs schmälert.) Zum ersten Mal nämlich hatten sich unmittelbar Betroffene gegen das Gesetz der *omertà*, des Schweigens und Duldens von Mafiaverbrechen, erhoben und damit auch anderen Mut gemacht, nein zur Mafia zu sagen. Der amerikanische Soziologe Edward Banfield hatte nach seinen Feldforschungen in einem süditalienischen Dorf den inzwischen ziemlich umstrittenen Ausdruck des »amoralischen Familiarismus« geprägt. Die Angehörigen-Organisationen belegen, so meint in einem Gespräch die italienische Soziologin Gabriella Turnaturi, daß es auch das Gegenteil davon gibt, einen »moralischen Familiarismus« nämlich.

Das *volontariato* hat gerade in den achtziger Jahren seine größte Blüte erreicht. Es war die Antwort gemeinsinniger Italiener auf die Verderbnis der politischen Strukturen in ihrem Land. Mit den Parteien, mit der herkömmlichen Politik wollten die meisten der Freiwilligen nichts zu schaffen haben.

Nach der Entdeckung von *Tangentopoli* deutet sich an, daß das *volontariato* seine politische Abstinenz überdenkt. Im 1994 gewählten Parlament sitzen viele neue Abgeordnete, die aus diesem Bereich der italienischen Gesellschaft stammen. So ließ sich die Vorsitzende der Hinterbliebenenorganisation von Ustica, Daria Bonfietti, ins Parlament wählen, ebenso Giovanna Melandri, eine der Führungspersonen aus der italienischen Umweltorganisation Lega per l'Ambiente. Auch etliche Abgeordnete der Berlusconi-Bewegung kommen aus der Freiwilligen-Bewegung: immerhin auch dort ein hoffnungsvolles Zeichen für den Wunsch nach Erneuerung der Politik in Italien.

Historische Gegenkräfte sind freilich nach wie vor stark. Zwar ist der Zusammenschluß von Bürgern zum Zweck der gegenseitigen Hilfe und der an Schwächere nicht etwa aus der Not der Gegenwart geboren worden. Diese Form von bürgerlicher Solidarität hat vielmehr in Italien, vor allem im nördlichen Teil des Landes, eine jahrhundertealte Tradition.

In den Städten Mittel- und Norditaliens war im 12. und 13. Jahrhundert ein dichtes Netz von örtlichen Bürgergemeinschaften entstanden, deren Mitglieder sich gegenseitig Schutz und Hilfe geschworen hatten. Das waren etwa die *vicinanze,* Nachbarschaftshilfe, oder der *popolus*, die Selbstverwaltung einer Kirchengemeinde, oder aber auch die *confraternità,* Bruderschaften, die sich um Arme und Kranke kümmerten.

Auf der Grundlage dieser Gemeinschaften konnten sich in spätmittelalterlichen Städten Italiens wenigstens zeitweilig republikartige Zustände entwickeln. Mit moderner Demokratie hatte das nicht viel zu tun, zu viele Bürger waren davon ausgeschlossen – beispielsweise die Slumbewohner, die meist etwa die Hälfte der jeweiligen städtischen Bevölkerungen darstellten. Doch immerhin entstanden durch die nachbarschaftlichen Bürgerorganisationen die ersten Stadträte, die Vertreter wenn nicht aller, so doch vieler Gesellschaftsschichten einschlossen. Bereits um 1220 waren zum Beispiel im Stadtrat von Modena viele Handwerker, Ladenbesitzer, sogar Fischhändler und Lumpensammler vertreten.

»In einer Zeit, in der fast überall sonst in Europa Gewalt und das Durchsetzen von Sippeninteressen die einzige Antwort auf gemeinsame Probleme waren, hatten Bewohner italienischer Städte auf diese Weise eine neue Methode erfunden, ihr kollektives Leben zu organisieren.«[1]

Doch diese zukunftsweisende Entwicklung blieb in ihren Anfängen stecken. Ein übergreifendes Gemeinschaftsgefühl, ein Bürgersinn, der sich auf die gesamte Stadt – und später auf eine staatliche Gemeinschaft – erstreckt hätte, konnte sich aus vielerlei Gründen in Italien nicht entwickeln.

Das wichtigste Motiv lag in der politischen Zersplitterung des Landes, welche die Bildung eines nationalen Staates verhinderte. Nach dem Zusammenbruch des in vieler Hinsicht modernen Staates, den die Normannen und nach ihnen der Hohenstaufer Friedrich II. über Sizilien und den Mezzogiorno errichtet hatten, wurde Süditalien von wechselnden ausländischen Herrschern wie eine Kolonie regiert und ausgebeutet. In der Mitte der Apenninischen Halbinsel hatte sich der weltliche Staat der Kirche etabliert, der schon aus eigenem Interesse eifersüchtig die Einigung Italiens zu verhindern suchte, die er aus eigener Kraft nicht zustande bringen konnte. Im nördlichen Zentrum und im Norden Italiens florierten die Stadtstaaten der Renaissance, Florenz, Mailand, Venedig, Genua, Padua, Bologna, Ferrara und viele andere. Europa lebt noch heute vom kulturellen Reichtum jener Epoche, in der in italienischen Städten die Neuzeit geboren wurde.

Italiens Nachbarn, die sich heute weigern wollen, ihren südlichen Nachbarn in die künftige Währungsgemeinschaft der wirtschaftlich wohlgeordneten Staaten aufzunehmen, sollten diese einzigartige Gabe Italiens an Europa nicht vergessen.

Die kulturelle Blüte Italiens endete freilich nach dem 16. Jahrhundert, just in der Zeit, in der sich im Umfeld des Landes die ersten modernen Staaten herausbildeten.

Die Pest hatte die städtischen Bevölkerungen um mehr als die Hälfte reduziert, die Verlagerung der Handelswege aus dem Mittelmeer auf die Ozeane reduzierte die wirtschaftliche Bedeutung der italienischen Stadtstaaten. Ihr Niedergang war freilich auch die Folge heftiger innerer Auseinandersetzungen, die diese Städte seit jeher und immer wieder erschütterten.

Wie eine bedrohliche Ansammlung von Raubritterburgen ragen die düsteren, viereckigen Türme von San Gimignano, einem Städtchen, das genau zwischen Florenz und Siena liegt, in den weiten toskanischen Himmel. Die meisten toskanischen Städte zeigten im Mittelalter eine solche Skyline. Niemand konnte damals seinem Nachbarn trauen. Also verschanzten sich Familien und Sippen in befestigten Wohntürmen, die so zum Symbol eines gestörten städtischen Wir-Gefühls wurden.

Denn in den Städten zerfetzten sich – manchmal im wahrsten Sinn des Wortes – die Angehörigen verschiedener Geschlechter und Clans, oft aus nichtigen Gründen, deren Ursprünge niemand mehr kannte, weil sie in mythischer Vergangenheit lagen. Gingen einmal nicht die Familien aufeinander los, so kam es zu blutigen Konflikten zwischen den Anhängern verschiedener Parteien – etwa zwischen den Guelfen, die sich dem Papst verbunden fühlten, und den Ghibellinen, die auf der Seite des römisch-deutschen Kaisers standen. So waren die Städte entweder überwiegend guelfisch – wie Florenz – oder überwiegend ghibellinisch – wie Siena. Doch Vertreter des feindlichen Lagers waren als Minderheit auch immer in der städtischen Nicht-Gemeinschaft vertreten, stets bedroht von Angriffen oder Verbannung.

Der Palazzo Vecchio in Florenz mußte, als er im 13. Jahrhundert gebaut wurde, einem merkwürdig schiefen Grundriß folgen: Dem Baumeister wurde auferlegt, bei seinem Entwurf den Boden eines niedergebrannten ghibellinischen Hauses aus dem Geschlecht der Uberti auszusparen, deren Besitzer aus der Stadt vertrieben worden waren.[2] Mit seiner dichten Ansammlung von über einhundert Türmen glich Florenz im 12./13. Jahrhundert einem mittelalterlichen Manhattan. Die bedeutenden Familien besaßen ganze Ansammlungen solcher Wehrtürme, die sich um den Turm des Mächtigsten im Clan gruppierten und im obersten Geschoß durch Brücken miteinander verbunden waren. Brachen Fehden oder Rachefeldzüge gegen andere Sippen in der Stadt aus, kippten die Bewohner kochenden Teer auf die herannahenden Feinde. Nachbartürme, die nicht zur eigenen Sippe gehörten, wurden niedergebrannt, auf den Straßen wurden Barrikaden errichtet.

Schrecklich war die Rache der Sieger. Nach der niedergeschlagenen Verschwörung der Pazzi am Ostersonntag 1478 gegen Lorenzo di Medici und seinen jüngeren Bruder Giuliano, der dabei starb, zogen die Anhänger der berühmten Bankiersfamilie in mordenden Meuten durch die Straßen von Florenz. Wer immer in den Verdacht geriet, er könne ein Pazzi-Anhänger sein, wurde niedergemacht und geschlachtet. Machiavelli berichtet schaudernd, wie damals Leichenteile auf Speere gespießt im Triumph durch die Stadt getragen und menschliche Gliedmaßen über die Straßen verstreut wurden.

Wie sich Mangel an Gemeinsinn bereits aus mittelalterlichen Moralfibeln ablesen läßt, hat der italienische Soziologe Carlo Tullio-Altan in seinem berühmten Essay »Italia Nostra...« gezeigt. »Mühe dich immer lieber für dich selber als für andere ab«, heißt es etwa im 12. Jahrhundert in den Maximen des Florentiners Paolo da Certaldo. Oder: »Wenn du siehst, daß es im Haus deines Nachbarn brennt, trage Wasser in das deinige.« Opportunistische Schläue wird wiederum reisenden Kaufleuten im Umgang mit wechselnden Obrigkeiten anempfohlen: »Wo immer du hinkommst, rede nur Gutes von denen, die im Rathaus regieren; aber auch von den anderen rede nicht schlecht, denn sie könnten an die Macht kommen.«[3]

Giovanni di Pagolo Morelli, ein Florentiner, verfaßte um 1400 einen Ratgeber ausschließlich für seine Familie, auf dessen Umschlag die Warnung vermerkt war: »Diese Schrift darf nicht in die Hände von Fremden geraten.« Was er in diesem Buch zu sagen hat, klingt ganz und gar modern: »Wenn du reich bist, kaufe dir Freunde mit deinem Geld; wenn nicht, dann versuche, verwandtschaftliche Verhältnisse zu den reichen und mächtigen Bürgern in deiner Stadt aufzubauen.[4]

Leon Battista Alberti, ebenso aus Florenz, beschrieb in seinem *Trattato della famiglia* (»Buch der Familie«) im 15. Jahrhundert eine soziale Werteordnung, die manchem Zeitgenossen aus *Tangentopoli* nicht fremd klingen mag: »Um die Familie zu erhalten, sammelt man Güter, und um die Güter und die Familie zu bewahren, braucht man wiederum mächtige Freunde, die Unheil von einem abwenden.«[5]

Von einem Engagement in der Politik oder in staatlichen Institutionen rät Alberto seinen Söhnen dringend ab: »Seht euch doch die Leute an, die sich öffentlichen Amtern widmen. Sie sitzen in Büros herum und haben nichts anderes im Sinn, als mit staatlicher Genehmigung zu stehlen und Gewalt anzuwenden.«[6]

Niccolò Machiavelli (1469-1527), der große politische Denker aus Florenz, der die ersten pragmatischen Theorien über die Kunst des Regierens entworfen hatte, trennte endgültig die Moral von der Politik. Macht und ihre Vermehrung sollten das Ziel eines Staates sein. Sein Herrscher, der *Principe*, dürfe nicht zimperlich sein. Gehe es um die Macht, dürfe der Fürst das gegebene Wort nicht halten, falls ihm das schaden sollte. Er dürfe täuschen, Fallen stellen, vergiften, sich verschwören und töten. Seine wichtigste Eigenschaft müsse die Schläue sein, verbunden mit Ehrgeiz, einem eisernen Willen und äußerster Skrupellosigkeit.

Machiavelli hat möglicherweise Wichtigeres geschrieben als *Il Principe* (*Der Fürst*). Er schätzte durchaus den Bürgersinn (*civi-*

tas) und verkündete, daß republikanische Verfassungen nur in Gesellschaften möglich seien, in denen es Gleichheit gebe. Auch wetterte er gegen die Korruption. Doch zur Bettlektüre von Königen, Tyrannen und Diktatoren wurde ausschließlich *Il Principe*. Die Prominentesten seiner Leser gelten durchweg als skrupellose Machtpolitiker. Karl V., einer der mächtigsten Herrscher aller Zeiten, der im 16. Jahrhundert fast ganz Italien eroberte, hatte die Regierungslehre des Florentiners fast gänzlich auswendig gelernt. Der französische Kardinal Richelieu studierte *Il Principe*, bevor er wichtige Entscheidungen traf. Napoleon versah seine Ausgabe dieser Fibel mit zahllosen Anmerkungen. Lenin war ein Anhänger Machiavellis, ebenso Mussolini. Der ehemalige italienische Ministerpräsident und Sozialistenführer Bettino Craxi verfaßte eine gelehrte Einleitung zu einer populären Ausgabe des berühmten Werks. Silvio Berlusconi, Medienzar und erster Ministerpräsident Italiens nach dem Untergang von *Tangentopoli*, schenkte seinen Freunden und Bekannten 1992 eine von ihm edierte, mit einem Vorwort versehene bibliophile Ausgabe des von Napoleon kommentierten Machiavelli-Textes, eine aufschlußreiche Wahl.

Wie fragwürdig manche der Methoden erscheinen mögen: Die Macht, deren Pflege Machiavelli beschreibt, ist rational begründet. Die Existenz, das Überleben und die Fortentwicklung eines Staates dienen als Hauptargument für diese Art der Machtausübung. Das ist ein modernes Staatsverständnis, das sich radikal von dem der katholischen Kirche unterscheidet. Viele Italiener meinen, daß, mehr als die schlimmsten Rezepte Machiavellis, der Kirchenstaat mit der von Gott eingesetzten, unanfechtbaren obersten Autorität des Papstes dazu beigetragen hat, das Staatsverständnis und den Bürgersinn in Italien bis in die Gegenwart zu lädieren.

Damit ist keineswegs die christliche Lehre gemeint, der Inhalt des Evangeliums, sondern allein die Herrschaftsmethoden der päpstlichen Theokratie, welche sich rund 1500 Jahre lang erhalten und auch die Politik des Nachkriegsitalien im 20. Jahrhundert wesentlich mitbestimmt hat.

Italiens Schwierigkeiten, ein modernes Staatswesen zu gründen, dem sich aufgeklärte Bürger aus freien Stücken verbunden fühlen, hat damit zu tun, daß niemand anderer als Gottes Stellvertreter auf Erden, der Papst, dagegen war. Er wollte alle Loyalität für sich haben: oft gegen gutes Geld.

Eine für die Entwicklung von Staatsbewußtsein äußerst schädliche Sitte war in diesem Zusammenhang der kirchliche Brauch der Simonie, des Ämterkaufs. Das heißt: Es gab keine fachlichen, menschlichen oder religiösen Qualifikationen für das Amt eines Bischofs oder anderer hoher kirchlicher Funktionen. Das Amt war für Geld oder Ländereien zu haben. Der Aspirant auf den bischöflichen Purpur konnte dumm, sittenlos und in jeder Weise verkommen sein. Hauptsache, der Preis, den er oder seine Familie für das hohe Amt in der katholischen Kirche boten, stimmte in den Augen der geistlichen Kassierer.

Ähnlich böse Blüten trieb in späteren Zeiten der Nepotismus, die Vetternwirtschaft. Jeder neugewählte Papst brachte eine Schar von Verwandten und Günstlingen, seine gesamte *clientela*, mit nach Rom, die auf hohen Posten untergebracht werden mußte. Das führte zu einer absurden Aufblähung der kirchenstaatlichen Bürokratie, denn die Verwandten des Vorgängers bildeten ihre eigenen Kamarillen und konnten nicht ohne weiteres mit einem Amtswechsel auf dem Stuhl Petri verjagt werden. »Der päpstliche Nepotismus, der bis ins 19. Jahrhundert dauerte, ist Ergebnis und zugleich Wurzel einer der schlimmsten Unsitten der Italiener im allgemeinen und der Römer im besonderen: Er hinterließ einen täglichen Nepotismus, der aus jeder Familie eine kleine, legale und verehrenswerte Mafia macht.«[7]

Rom ist zweifellos eine der schönsten Städte der Welt. Doch kaum zu verkennen ist auch, daß die barocke Pracht seiner Kirchen, seiner Brunnen, seiner Plätze, seiner atemberaubenden Blicke über Achsen, die einen Obelisken mit dem anderen, eine Hauptkirche mit der anderen verbinden, demonstrierter klerikaler Machtanspruch und Wettbewerb sind, der aus parasitären Quellen finanziert wurde. In Rom gab es Zulieferer, Handwerker, Baumeister – aber kaum eine richtige Wirtschaft.

1740 schrieb der französische Literat Charles de Brosses über Rom: »Stellt euch eine Bevölkerung vor, die zu einem Drittel aus Priestern, zu einem anderen Drittel aus Personen, die wenig arbeiten, und zum letzten Drittel aus Personen, die gar nicht arbeiten, besteht. Ein Land ohne Landwirtschaft, Handel und Industrie, dessen Souverän, immer alt, nur für kurze Zeit im Amt, oft handlungsunfähig ist und von Verwandten umgeben, die darauf bedacht sind, ihren Schnitt zu machen, solange es geht. Ein Land, in dem jeder Regierungswechsel die Ankunft einer neuen, weiteren Bande von ausgehungerten Dieben anstelle der bereits gesättigten bedeutet; ein Land, das jedem Verbrecher Immunität zusichert, solange er nur Freund eines Mächtigen ist oder sich innerhalb eines geweihten Ortes befindet; und wo das Staatseinkommen vornehmlich aus den ständig abnehmenden Beiträgen fremder Länder finanziert wird.«[8]

Wenn wir an das Verhalten der Parteigrößen von *Tangentopoli* und an ihren Umgang mit dem Staat und dem Besitz der Allgemeinheit denken, erinnert diese Beschreibung lebhaft an zeitgenössische Verhältnisse.

Dem modernen Italien hat die katholische Kirche sogar beibringen wollen, daß staatsbürgerliches Engagement und Beteiligung an der Politik eine Sünde seien. Kein Wunder: Das geeinte Italien der Neuzeit entstand auf den Ruinen des territorialen Kirchenstaats. Um Italien ganz zu einen, mußte der weltlichen Macht der Päpste ein Ende gesetzt werden. Im Jahr 1864 brach der römische Papst zu seinem letzten, nur noch verbalen Kreuzzug auf: In einer Enzyklika, die als *Syllabus errorum* bekannt wurde, verdammte Papst Pius IX. 1864 donnernd den neuen italienischen Staat, wetterte gegen den Rationalismus, den Liberalismus, gegen die Zivilehe und die Moderne. 1869 erhob das Vatikanische Konzil die Unfehlbarkeit des Papstes zum Dogma – ein Rückfall ins Mittelalter. Für den obersten Hirten der katholischen Kirche war das Königreich Italien ein »Usurpatoren-Regime«, mit dem keinerlei Verständigung möglich sei, so wie es keine »Versöhnung... zwischen Christus und Beelzebub, zwischen Licht und Schatten, zwischen der Wahrheit und der Lüge«[9] gebe. Steil und schier unüberwindbar wie die Mauern, die den Vatikan umgeben, war somit eine Barriere zwischen den Katholiken Italiens und den italienischen Staatsbürgern errichtet worden.

Ein guter Katholik konnte – unter Androhung der Exkommunikation – weder wählen noch gewählt werden. Er durfte nicht Bürgermeister werden, denn in diesem Amt würde er Zivilehen besiegeln müssen. Auch auf die Arbeit in staatlichen Ämtern oder Organisationen mußte er verzichten, wenn ihm sein Seelenheil etwas wert war.

Nun existiert in Italien kein Gesetz, das nicht umgangen wird, kein Problem, für das es keinen Kompromiß, kein Dilemma, für das es nicht einen schlauen Ausweg gibt. Auch die dröhnende Verdammung des Staates durch die katholische Kirche mußten die Gläubigen des Landes nicht so heiß essen, wie sie ihnen serviert wurde.

Gleichwohl war die Haltung des Vatikans kaum förderlich für die Entwicklung von Bürgersinn im jungen italienischen Staat. »Die Kirche bremste die Beteiligung der Bürger am politischen Leben genau in dem Moment, in dem es galt, das Land und seine politischen Institutionen aufzubauen. Der verbissene Kampf, den der Vatikan dem modernen Staat geliefert hat, mußte viele Italiener in der Auffassung bestätigen, daß die Verachtung staatlicher Institutionen oder die Ablehnung staatsbürgerlichen Engagements nicht nur erlaubt, sondern geradezu gottgewollt sei.

Von großem Vorausblick war schon damals die Jesuiten-Zeitschrift *Civiltà Cattolica*. Das Ziel der Gläubigen müsse es sein, die Herrschaft der Liberalen mit einer »rein katholischen Regierung« zu ersetzen, schrieb 1879 der Jesuitenpater Gaetano Zocchi. Knapp siebzig Jahre später sollte sich seine Vision erfüllen. 1948 gaben die Italiener der Democrazia Cristiana 48,5 Prozent der Stimmen. Nun waren die »rein katholischen Regierungen« nicht mehr fern. Der Gründer der Democrazia Cristiana, Alcide De Gasperi, lebte bereits seit 1929 als bescheidener Bibliothekar im Vatikan. Er wurde gleichsam in Reserve gehalten – als künftiger Führer eines nicht-faschistischen Staates.

Die Democrazia Cristiana, 1943 als Nachfolgerin des Partito Popolare gegründet, war ganz und gar ein Geschöpf und ein Instrument der Katholischen Kirche. Sie zu wählen war gleichsam ein Gebot Gottes. »Stimmen dürfen nur diejenigen Kandidaten erhalten, die dafür garantieren können, daß sie ihr Mandat im Geist und nach den Regeln der katholischen Moral ausüben«, verkündete vor der Wahl von 1948 Kardinal Ildefonso Schuster aus Mailand, und jeder Priester im Lande sprach es ihm in den sonntäglichen Predigten von der Kanzel nach. Die Botschaft wurde vor jeder Wahl wiederholt – noch bis ins Jahr 1992.

»Die Herrschaft des Vatikans über die DC war der Hauptgrund für die Schwäche des neuen Staates«, hat der amerikanische Historiker Patrick McCarthy in seiner 1995 erschienenen Studie über »Die Krise des italienischen Staates«[10] geschrieben. »Anstatt sich selbst zu organisieren und sich selbst zu vertreten, erhielt die DC ihre Legitimation einzig durch den Vatikan.« Das entband sie, so McCarthy, von der Verpflichtung, eine Staatsethik zu entwickeln, und gestattete ihr, die öffentliche Domäne als Privatbesitz zu betrachten und als solchen auszuplündern. Die jahrhundertelange Verderbnis politischer Sitten im Kirchenstaat war ein fragwürdiges Erbe, das der Vatikan der jungen Nachkriegsrepublik mit auf den Weg gegeben hat.

Der Anti-Kommunismus wiederum, den die Katholische Kirche zu einem neuen Kreuzzug gegen den Anti-Christ stilisierte, wurde im Italien der Nachkriegszeit zu einem Anliegen, das jedes Mittel heiligte. Nur so ist es vermutlich zu erklären, daß christdemokratische Politiker keine Skrupel dabei empfanden, sich auf politische Geschäfte mit den Mörderbanden der Mafia einzulassen.

Prominentestes Beispiel: Der fromme, vielfache Regierungschef Giulio Andreotti.

Giulio Andreotti – Mit dem Segen des Vatikans

Giulio Andreotti musterte mich mit seinen uralten Schildkrötenaugen. »Kennen Sie schon die neue *Spiegel*-Korrespondentin in Rom?« hatte ihn Außenminister Genscher gefragt und mich vor seinen italienischen Amtskollegen geschoben. Wir standen zusammengedrängt im Foyer des römischen Teatro Olimpico, wo am 21. Mai 1989 die deutsche Violinistin Anne-Sophie Mutter den Geburtstag der bundesdeutschen Verfassung mit einem hinreißenden Konzert geehrt hatte.

In Andreottis Miene war keine Bewegung zu erkennen. Die Augen blieben ausdruckslos, als er sagte: »Ich weiß von ihr.« Er reichte mir seine schmale, weiße, weiche Hand, die mir leblos vorkam. Und dann hatte er sich schon einem anderen Gast zugewandt.

Ich plauderte noch ein wenig mit Genschers, die ich aus der Frühzeit meiner beruflichen Laufbahn kenne, und betrachtete zwischendurch immer wieder den mysteriösen Andreotti, der neben ihnen stand. »Wieso weiß er von mir?« dachte ich leicht irritiert.

In den folgenden Jahren habe ich Andreotti oft gesehen – auf Pressekonferenzen, im Transatlantico, der Wandelhalle des Parlaments, oder auf Tagungen. Zu einem persönlichen Gespräch war es nie gekommen und erst recht nicht zu einem Interview. Pio Mastrobuono, sein jovialer Regierungssprecher, der gern dann und wann mit ausländischen Journalisten plauschte, hatte mir zuletzt irgendwann im Herbst 1991 zugesichert, daß ich ganz bestimmt drankommen würde – ich stünde ja bereits auf Platz 316 auf der Liste der Interview-Antragsteller. So um das Jahr 2003 sollte ich mich bereithalten, sagte Pio augenzwinkernd. Und ich antwortete: »Da sieht man wieder, daß ihr in den Zeiträumen des lieben Gottes denkt.« Aber ich sollte sehr viel schneller, als wir beide damals dachten, zu meinem Interview kommen.

Der Samstag, der 27. März 1993, war ein milder Frühlingstag. Andreotti hatte mittags bei der römischen Familie Ramoni gegessen – für eine regelmäßige Sendung des privaten Fernsehsenders Telemontecarlo, die *Der besondere Gast* heißt. Andreotti trug einen grauen Nadelstreifenanzug mit einer roten Hermès-Krawatte, er saß zwischen den 14jährigen Zwillingen Simona und

Valentina wie ein netter Opa und war wie immer durch nichts aus der Fassung zu bringen. »Sie waren doch ein Freund Salvo Limas«, fragte ihn ohne Umschweife der 28jährige Matteo Ramoni nach dem sizilianischen DC-Boß, den die Mafia ein Jahr zuvor ermordet hatte. »Hieß es nicht immer, daß der mit der Mafia zusammengearbeitet hat?«

Andreotti blickte kurz auf seine Cannelloni und dann auf den jungen Mann, dem er geduldig antwortete: »Salvo Lima ist jahrzehntelang Abgeordneter gewesen, und man hat ihn immer wieder umgedreht wie einen Socken und nichts gegen ihn gefunden. Auch keinen Beweis, daß er mit der Mafia zu tun hatte. Ich will Ihnen sagen, was Giovanni Falcone über den Mord dachte. Er vertrat die These, daß es eine Art von Rache der Mafia an der von mir geleiteten Regierung war für die vielen Maßnahmen, die ich gegen Cosa Nostra ergriffen habe. Zum Beispiel habe ich ein Sonderdekret erlassen, um Mafiosi, die das Kassationsgericht gerade freigelassen hatte, wieder in den Kerker zu bringen.«

Fünf Stunden nachdem er die gastliche Familie verlassen hatte, klingelte das Telefon in Andreottis Wohnung am Corso Vittorio Emanuele. Die Staatsanwaltschaft von Palermo informierte den ehemaligen Regierungschef, daß sie dem Senat einen mit dem 27. März datierten Antrag zugeleitet habe, gegen ihn ermitteln zu dürfen. Der Grund: Verdacht der Zusammenarbeit mit der Mafia.

Später am Nachmittag betrat Stefano Andreani, Sprecher Andreottis seit dessen Rücktritt als Ministerpräsident im April 1992, den Pressesaal im Palazzo Chigi, dem Sitz der Regierung. Mit düsterer Miene entfaltete er ein Blatt, auf dem in Andreottis kleiner, runder, ordentlicher Handschrift die Mitteilung stand: »Mir ist von der Staatsanwaltschaft Palermo mitgeteilt worden, daß sie eine Ermittlung gegen mich wegen mafioser Tätigkeiten eröffnet hat. Die Nachricht erbittert mich zutiefst, aber sie wundert mich nicht, weil ich in den Zeitungen ja bereits einige dieser absurden Behauptungen der Mafia-Kronzeugen gelesen hatte.«

Eine halbe Stunde später war die sensationelle Meldung bereits um die ganze Welt gerast. Ich hatte mit etlichen italienischen Freunden telefoniert. Alle waren schockiert, niemand war überrascht. Daß Andreotti Schutzpatron der Mafia in Rom sein sollte, hatte ich seit Jahren immer wieder vernommen, sei es bei Recherchen im Süden, sei es in Rom. Selbst die vorsichtige *New York Times* hatte bereits im Herbst des Vorjahres einen Bericht verbreitet, der Aussagen von geständigen Mafiosi zitierte, denen zufolge letztlich Andreotti stets dafür gesorgt habe, daß die Bosse von Cosa Nostra straffrei ausgingen.

»Nun ist es schwieriger geworden, mit Gleichmut auf jene demütigende Vereinfachung zu antworten, die Italiener mit Mafiosi gleichsetzt«, begann am nächsten Morgen ein Leitartikel in einer italienischen Zeitung.

In den seit 1992 aufgeflogenen italienischen Schmiergeldskandalen – monströs genug – war es um institutionalisierte Korruption gegangen, um die systematische Erpressung der Industrie durch Politiker, die sich ihren Einfluß bezahlen ließen, um mit dem Erlös ihre Macht zu zementieren. Illegale Parteienfinanzierung, so mochten sich die Italiener trösten, gab es auch anderswo, in Frankreich, Belgien oder Deutschland.

Jetzt aber war eine ganz andere Qualität der Beschuldigung erreicht worden. Zwar ging es nur um den von der Staatsanwaltschaft Palermo vorgetragenen *Verdacht* gegen Andreotti, mit der Mafia zusammengearbeitet zu haben; auch die staatsanwaltschaftlichen Ermittlungsbescheide, die wenige Tage später wichtigen neapolitanischen Politikern wegen vermuteter Zusammenarbeit mit der Camorra übermittelt wurden, waren keine Schuldsprüche. Doch allein der offiziell vorgetragene Verdacht war schlimm genug – weil er Männer, die an der Spitze des Staates standen, traf, Männer, die das Kommando über die Polizei innehatten, hohe Richter und Bürgermeister großer Städte, Abgeordnete und Minister, die politische Elite der Nation, die nun unter dem konkreten Verdacht stand, mit der Mafia gemeinsame Sache gemacht zu haben.

Eine nicht minder schwerwiegende Beschuldigung gegen Andreotti sprach am 8. Juni ein Dokument der Staatsanwaltschaft Rom aus, in dem der Senat ein weiteres Mal ersucht wurde, die Immunität des Senators auf Lebenszeit aufzuheben: Er habe 1979 die Ermordung des zwielichtigen Enthüllungsjournalisten Mino Pecorelli inspiriert, weil dieser höchst unangenehme Erkenntnisse über Andreotti besaß und diese veröffentlichen wollte. Auch der Mafia-Mord an dem Carabinieri-General Carlo Alberto dalla Chiesa 1982 sei für Andreotti begangen worden. Der frischernannte Polizeipräfekt von Palermo kannte, wie man jetzt weiß, Einzelheiten über den Tod des von den Roten Brigaden 1978 entführten und ermordeten DC-Präsidenten Aldo Moro, die für Andreotti höchst unangenehm waren.

Der tiefe Fall Giulio Andreottis, des bekanntesten Staatsmanns Italiens, löste widersprüchliche Gefühle bei jenen Bürgern aus, die den Umstrittenen seit 1946 Jahr um Jahr und mit ständig wachsender Stimmenzahl ins Parlament geschickt hatten. Daß dunkle Geheimnisse hinter Andreottis maskenhaft unbewegtem Gesicht verborgen sein könnten, ahnten die meisten. Und sie schätzten ihn wohl gerade deshalb.

Der Unergründliche, der Unerreichbare, der alles Lenkende und alles Wissende hatte sich den Italienern als Gestalt eines weltlichen Papstes eingeprägt, dessen ununterbrochene Präsenz im bewegten Wechsel der Regierungskrisen Kontinuität zu verheißen schien.

Siebenmal, insgesamt über 2200 Tage hatte Andreotti als Regierungschef im Palazzo Chigi gesessen. 33mal hat er Italien als Minister gedient, darunter oft in Schlüsselpositionen: als Chef des Verteidigungsministeriums oder als Außenminister. Zugleich sprach der »große, alte Fuchs« (*il volpone*) tief verwurzelte Instinkte der italienischen Bevölkerung an, die sich während jahrhundertelanger Fremdherrschaften in der Kunst des Überlebens geübt hatte. Andreotti wurde zum Symbol für den immerwährenden Sieg der *furbi* in Italien, der Schlauen, die hinter der Maske frommer Wohlanständigkeit und des Gehorsams die Gesetze so lange hin- und herbiegen, bis diese allein dem eigenen Vorteil dienen.

Mit seinen krampfhaft zusammengezogenen Schultern, die sich im Lauf der Jahre zu einem mephistophelischen Buckel verkrümmt haben, drückt Andreotti geradezu physisch abgründiges Verbergen aus. Den schmalen Lippen läßt er knappe, kurze Sätze entfleuchen, manche obskur, viele ironisch. »Schlechtes zu denken ist eine Sünde, aber es trifft meist ins Schwarze«, hat er einmal gesagt. Sein berühmtester Denkspruch lautet: »Die Macht verschleißt nur den, der sie nicht hat.«

Andreotti hat die Methoden und die Prinzipien der einzigen dauerhaften politischen Macht in Italien – des Kirchenstaates – in sich aufgesaugt und auf die säkulare Nachkriegspolitik Italiens übertragen.

Das Ergebnis war ein Herrschaftssystem, dem ein Hauch von gottgewollter Ewigkeit anhaftete. Die Beziehungen zum Vatikan seien der »wahre rote Faden in der Politik Andreottis« gewesen, schrieb *L'Espresso*, auch »seine gewagtesten Entscheidungen wären niemals den Interessen des Heiligen Stuhls zuwidergelaufen«.

Seine Karriere als »Mann des Vatikans« beginnt Giulio Andreotti, geboren 1919, außerordentlich früh: als kleiner Junge. Sein Vater, der Volksschullehrer Alfonso Andreotti, stirbt 1921 an den Folgen einer Kriegsverletzung. Die Ersatzväter, die sich der Jüngste der Familie seitdem gesucht hat, sind Männer der Kirche, weit oben in der Hierarchie, wenn nicht gar an deren Spitze.

In dem kleinen Ort Segni in der Nähe Roms, aus dem die Familie stammt – Andreotti selbst ist in der italienischen Hauptstadt geboren worden –, verbringt der magere, aufgeweckte und schon damals in den Schultern etwas gekrümmte Junge seine langen Sommerferien. Im Ort glauben viele, er sei der »Neffe des Bischofs« – was nicht stimmt. Er benimmt sich nur so. Jede freie Minute verbringt er in der Kathedrale Santa Maria Assunta, schon damals in leitender Position: Er dirigiert die Schar der Ministranten. Für den Gemeindepfarrer überträgt er geduldig die Liste der Taufen, Kommunionen, Eheschließungen und Beerdigungen ins Kirchenregister. »Er war geduldig, methodisch, präzise: ein wahrer Künstler der bürokratischen Routine«, schreibt ein Biograph Andreottis, Massimo Franco.[1] Seine Gewohnheit, jeden Morgen die Acht-Uhr-Messe zu besuchen, ist damals schon wohletabliert. Seine Tante Celeste, bei der er im Sommer immer wohnt, beschwert sich »über den ständigen Gestank von Kirchenkerzen«, der ihrem Neffen anhafte.

Seine Spielgefährten in Segni stammen alle aus dem Priesterseminar des Ortes, das dafür berühmt ist, gute Priester und noch bessere Wurst hervorzubringen. Viele der Jungen in den schwarzen Gewändern, mit denen Andreotti durch die Kastanienwälder der Umgebung streift, werden später hoch in der kirchlichen Hierarchie aufsteigen. Einer von ihnen ist der künftige Erzbischof von Chieti und Präsident der Caritas, Vincenzo Fagiolo, ein anderer, Angelo Felici, soll später Apostolischer Nuntius in Paris und schließlich sogar Kardinal werden.

Kaum ist er siebzehn, zeigt er seinen Freunden stolz eine Ausgabe des *Osservatore Romano*, der offiziellen Tageszeitung des Vatikans, die ihn auf der Titelseite zeigt, zusammen mit ein paar anderen Jungen: bei einer Privataudienz beim Papst.

In Rom wächst Andreotti in jener ungebrochen päpstlichen römischen Bevölkerungsschicht auf, die sich auch fünfzig Jahre nach der Gründung des italienischen Einheitsstaates nicht mit dem Ende des Kirchenstaates abgefunden hat. Die Eroberung Roms durch die Truppen der Piemontesen im Jahr 1870 – bei der eher symbolischen Schlacht an der Porta Pia starben 49 norditalienische und 19 päpstliche Soldaten – wird in diesen Kreisen als tragische Niederlage der Kirche erlebt. Andreottis alte Tante Mariannina, die bei der Schlacht um Rom sechzehn Jahre alt war, erzählt ihrem Neffen immer wieder, daß die Überflutung der Innenstadt durch den Tiber im gleichen Jahr die Strafe Gottes für die piemontesischen Invasoren war. Die Deputierten des Parlaments sind für Tante Mariannina »schlechte Menschen, gottlose Menschen«. Papst Pius IX. hatte in den Augen der alten Frau – und nicht nur in ihren – recht daran getan, sowohl den anmaßenden König des neuen Staates, Vittorio Emanuele, als auch die Regierung und fast das gesamte Parlament zu exkommunizieren.

Auch das emotionelle Leben des jungen Andreotti ist von manichäischem Hell-Dunkel geprägt. Keine wirkliche Verfehlung ist aus seiner Jugend bekannt geworden; erst recht keine Mädchengeschichten oder Flirts. Seine Frau Livia, die er mit 26 Jahren heiratet, erzählt, sie habe gar nicht gemerkt, daß Andreotti um sie geworben habe. Geküßt habe der junge Andreotti nicht einmal seine eigene Mutter. Die Frage eines Journalisten, ob das wirklich wahr sei, hat Andreotti bejaht und erläutert: »Judas hat viel geküßt, und es sieht nicht so aus, als habe der tiefe Gefühle gehabt.« – Eine aufschlußreiche Antwort für einen Mann, dem später von Kronzeugen der Mafia nachgesagt wird, er habe sich von dem Boß der Cosa-Nostra-Bosse, Salvatore Riina, den unter Mitgliedern der Ehrenwerten Gesellschaft traditionellen Begrüßungskuß auf die Wange geben lassen.

In den Jahrzehnten, in denen Andreotti erwachsen wird, ist der Konflikt zwischen den weltlichen und den geistlichen Pflichten eines strenggläubigen italienischen Katholiken im übrigen nicht ausgestanden – trotz der Gründung einer katholischen, vom Vatikan mehr geduldeten als gebilligten Partei, dem Partito Popolare, durch den Priester Don Sturzo im Jahr 1919, trotz des Konkordats mit dem faschistischen Staat im Jahr 1929. Erst als dem Vatikan mit der von Alcide De Gasperi 1943 gegründeten Democrazia Cristiana (DC) gleichsam ein verlängerter Arm zuwächst, kann der Verlust des Kirchenstaats für das päpstliche Lager endlich verschmerzt werden: Ab nun kommandieren wieder Katholiken in Italien, die Richtigen aus der Sicht des Heiligen Stuhls.

Daß dies über Jahrzehnte so bleiben soll, dazu wird Giulio Andreotti entscheidend beitragen.

Als 19jähriger Jurastudent lernt er 1938 De Gasperi in der Bibliothek des Vatikans kennen, auf der Suche nach einem Werk über die Päpstliche Flotte. Ob er denn gar nichts Besseres zu tun habe, fragt ihn der Bibliothekar Alcide De Gasperi, prominenter Vertreter der verbotenen Volkspartei. De Gasperi wurde der Mentor Andreottis und öffnete dem jungen Mann später die innersten Kammern der Macht in der nach dem Krieg neuerstandenen DC.

Zugleich findet der junge Jurist, Präsident der katholischen Universitätsvereinigung FUCI (Federazione Universitaria Cattolica Italiana), persönlichen Zugang zur allerhöchsten Autorität katholischer Christen, dem Papst, Pius XII. Andreotti ist fasziniert von der Figur des Papstes Eugenio Pacelli. »Das Bild eines Papstes, der die Präzision liebte, sich der Rolle bewußt war, die er bekleidete, und dem Ungefähren mit Ungeduld begegnete, entsprach ganz seinen eigenen Idealen. Eugenio Pacelli erwiderte die Verfügbarkeit und die Hingabe des FUCI-Präsidenten, indem er ihm großes Vertrauen entgegenbrachte und ihn mit einer allseits beneideten Vertraulichkeit behandelte.«[2]

Andreotti durfte ohne einen Termin zum Papst kommen. Er setzte sich dann einfach ins Vorzimmer und wartete, bis dieser Zeit für ihn hatte. Die Stunden des Wartens nutzte er, um an seiner Doktorarbeit zum Thema *Das Ziel der Kirchenstrafen und die Persönlichkeit des Delinquenten im Kirchenrecht* zu arbeiten. Hatte er aber eine offizielle Audienz beim Papst, überzog er seine Zeit immer derart, daß sich die Monsignori vom Protokoll regelmäßig über ihn beschwerten. »Das Mündel des Papstes« hieß Andreotti im Vatikan.

Dem Papst wiederum lieferte der junge Jurist ein zuverlässiges, präzises Bild von dem, was in den Jahren vor 1943 in der katholischen Welt Roms vorging. Da gab es zum Beispiel Gruppen von jungen Heißspornen, welche die faktische Koexistenz des Papstes mit dem Faschismus ablehnten und forderten, daß Kommunisten und Katholiken sich zusammentun sollten, um Mussolini zu stürzen. Einige dieser jungen Linkskatholiken hatten sogar Kontakte zur im Untergrund arbeitenden Kommunistischen Partei aufgenommen.

Giulio Andreotti hat eine Zeitlang versucht, den Kontakt zu diesen »Abweichlern« vom rechten katholischen Weg zu halten. Einer von ihnen, Adriano Ossicini (der 1995 Familienminister im Techniker-Kabinett Lamberto Dinis wurde), war sogar sein Freund. Als Ossicini von den Faschisten ins Gefängnis gesperrt wurde, besuchte ihn Andreotti regelmäßig und brachte ihm Kuchen von der Mutter. Doch ein strenges Wort des Papstes, sich künftig solcher »Werke der Barmherzigkeit« für linke Häretiker zu enthalten, beendete Andreottis kurzen Flirt mit der Welt der Linken.

Adriano Ossicini schreibt dem verlorenen Freund am Ende einen hellsichtigen Brief, in dem er begründet, warum er sich der Democrazia Cristiana nie und nimmer anschließen könne: »Du weißt es selbst..., daß die DC in Wahrheit nicht die Erbin des Partito Popolare ist. Sie möchte eine Partei der Macht sein, gestützt auf die Einheit der Katholiken, als Partei aller Katholiken, um das faschistische Regime zu ersetzen, um jeden Umbruch zu vermeiden.«[3]

Erstaunliche, geradezu prophetische Worte.

Als der Krieg zu Ende geht, gehört Giulio Andreotti, 26 Jahre alt, zum innersten Zirkel um Alcide De Gasperi, 64, der im Dezember 1945 Ministerpräsident wird. Zwei Jahre später ernennt er seinen jungen Vertrauten zu seinem Staatssekretär im Amt des Ministerpräsidenten – eine Position genau im Zentrum der Regierungsmacht, die Andreotti sieben Jahre lang behalten wird: die entscheidenden Jahre im Aufbau der Ersten Republik. Andreotti ist in dieser Zeit die rechte Hand des Ministerpräsidenten, De Gasperis persönlicher Verbindungsmann zum Vatikan, er übernimmt delikate Missionen und gilt, noch nicht einmal dreißig Jahre alt, als die Graue Eminenz im engsten Umkreis des Ministerpräsidenten.

Häufig holt er seinen Chef schon gegen sieben Uhr früh zu Hause ab, um ihn zur Messe zu begleiten. Der scharfzüngige Journalist Indro Montanelli schreibt ein wenig später über das fromme Gespann: »De Gasperi und Andreotti gingen gemeinsam zur Messe, und alle glaubten, daß sie das gleiche täten. Aber dem war nicht so. De Gasperi redete in der Kirche mit Gott, Andreotti mit dem Priester.«[4]

Ein Fluidum von Geheimnis, Abgründigkeit und Undurchschaubarkeit umwehte schon damals den jungen Politiker. Niemandem offenbarte sich Andreotti ganz. Selbst sein Mentor De Gasperi sagte von ihm, sein Adlatus sei »vorsichtig wie ein alter Mann«. Für keinen war er je ganz zu fassen. Fast allen Vorwürfen hat er sich stets entwinden können wie ein Salamander, der unbeschadet durchs Feuer wirbelt.

Den skrupellosen Prinzipien Machiavellis genauso verschrieben wie den zuweilen unergründlichen Pfaden der katholischen Kirche und ihrem erbitterten Kampf gegen den Kommunismus, der alle Mittel zu rechtfertigen schien, verband sich der Name Andreotti fast vom Anbeginn seiner Karriere mit den finstersten Kabalen der italienischen Nachkriegsgeschichte. 26mal hatte sich das italienische Parlament mit seinen Intrigen befaßt, ohne daß sich gerichtliche Konsequenzen für ihn ergeben hätten. Viele dunkle Kapitel der italienischen Nachkriegsgeschichte wurden in diesen Anfragen aufgegriffen – immer vergeblich. Da sollte die Rolle Andreottis beim ersten Anschlag der Rechtsterroristen an der Piazza Fontana in Mailand geklärt werden oder seine mögliche Mitwisserschaft am neofaschistischen Putschversuch des Prinzen Borghese im Jahr 1970 oder seine moralische Verantwortlichkeit für den Tod des DC-Politikers Aldo Moro. Jedesmal konnte Andreotti die zuständige Parlamentskommission davon überzeugen, daß er nichts gehört und nichts gesehen hatte, daß er einfach nicht zuständig war.

Meistens kam es nicht einmal zu Anzeigen.

In den sieben Jahren, in denen er dem Verteidigungsministerium vorstand – vom 15. Februar 1959 bis zum 23. Februar 1966 –, ereigneten sich zum Beispiel in seinem Amt wüste Verschwörungen und Rechtsbrüche. Andreotti behauptete, nichts von den subversiven Intrigen, die Männer seines Ministeriums geschmiedet hatten, gewußt zu haben.

So legte in dieser Zeit der militärische Geheimdienst SIFAR (heute SISMI) unter seinem damaligen Chef, General Giovanni De Lorenzo, 157000 Akten über das Privatleben italienischer Bürger an: über ihre Liebesaffären, sexuellen Präferenzen, Bankkonten, Arbeitszeiten und Freizeitgewohnheiten – die gespenstische Sammlung eines Großen Bruders, der durch die Wände blicken kann. Viele dieser Akten sind später im Archiv des Oberverschwörers der P2-Loge, Licio Gelli, wiedergefunden worden.

»Sie haben alles hinter meinem Rücken getan«, wies Andreotti jede politische Verantwortung für diese Spionage an seinen Mitbürgern zurück.

Auch von detailliert ausgearbeiteten Putschplänen De Lorenzos aus dem Jahr 1964 will Andreotti nichts gemerkt haben. Dabei war sogar der Staatspräsident Antonio Segni – der Vater des späteren Wahlrechtsreformers Mario Segni – darüber informiert. Der *Piano Solo* (Plan »Solo«) sah unter anderem vor, Tausende von Linken und anderen Oppositionellen in Handschellen nach Sardinien zu deportieren, nach Kap Marrargiu, wo das geheime Lager der Untergrundarmee Gladio auf sie wartete.

Alles war aufs genaueste geplant: die Besetzung des Quirinals – Sitz des Staatspräsidenten –, des Palazzo Chigi – Sitz des Regierungschefs –, der Polizeipräfekturen, der Radiostationen und des staatlichen Fernsehens RAI. Einige Carabinieri waren für ihre neue Aufgabe als Ersatzjournalisten sogar im Umgang mit dem technischen Gerät von Funk und Fernsehen trainiert worden. Der Plan sollte in Kraft treten, falls in einer neuzubildenden Mitte-Links-Regierung die Linken zu stark geworden wären. Das wurden sie aber nicht. Der Plan »Solo« blieb unverwirklicht.

De Lorenzo habe »das Vertrauen des Verteidigungsministeriums mißbraucht«, reagierte Andreotti kühl, als der Putschplan aufgedeckt wurde.

Desgleichen will Andreotti nichts vom untergründigen Treiben der Geheimloge P2 bemerkt haben, das just in der Zeit, in der er selbst mehrfach Regierungschef war, zwischen 1976 und 1979, voll im Gange war. Dabei hatten zahlreiche Zeugen, die nach der Entdeckung der (unvollständigen) Mitgliederliste im Jahr 1981 vernommen worden waren, beteuert, Andreotti sei sogar der geheime Drahtzieher des Verschwörerklubs gewesen.

»Einige Personen, die wir verhört haben, sprechen von Ihnen als jemandem, der nicht nur über die Existenz der P2 informiert war, sondern der, in gewisser Weise als ›Vater‹ der P2 definiert werden könnte«, hielt ihm die Vorsitzende des parlamentarischen Untersuchungssausschusses, die DC-Abgeordnete Tina Anselmi, bei seiner Vernehmung am 11. November 1982 vor.

Doch Andreotti beteuerte in bewährter Weise, daß er »von der Existenz der Geheimloge P2 erst in den letzten Jahren erfahren« habe, als nämlich »die öffentliche Debatte über sie begonnen hatte und man anfing, von dieser Freimaurerloge zu reden, das heißt, erst in der Zeit nach meiner Regierungstätigkeit«.[5]

Kaum leugnen konnte Andreotti, daß er Licio Gelli kannte. Schließlich war seine private, höchst geheimgehaltene Telefonnummer im Adreßbuch des Großmeisters gefunden worden. Auch hatte er sich mehrfach als Regierungschef mit Gelli getroffen – sowohl im Palazzo Chigi als auch in seinem privaten Büro, damals noch an der Piazza Montecitorio, gegenüber dem Parlament.

Er habe Licio Gelli 1961 in seinem Wahlkreis Frosinone kennengelernt, wo der Logenchef die Matratzenfabrik »Permaflex« betrieb, erzählte Andreotti der Untersuchungskommission. Dann habe er ihn 1973 in Argentinien wiedergesehen – im Haus des Generals Perón, gerade an dem Tag, an dem dieser Präsident der Republik Argentinien geworden war. Was ein kleiner Unternehmer aus der italienischen Provinz an diesem schicksalhaften Tag im privaten Umkreis des künftig mächtigsten Diktators Südamerikas zu suchen haben könnte, hat sich Andreotti nicht gefragt. Ohne sich zu wundern, nahm er auch sehr teure, ausgefallene Weihnachtsgeschenke Gellis entgegen, etwa maßstabsgetreu in Silber nachgebildete Wundermaschinen, die Leonardo Da Vinci erdacht hatte. Er habe sie »umgehend weiterverschenkt«, erklärte Andreotti dem Ausschuß. Eine 1983 erstattete Anzeige im Parlament, die klären sollte, warum Licio Gelli 40000 seiner teuren Permaflex-Matratzen an die italienische Armee verkaufen durfte, versandete wie alle vorhergegangenen Bemühungen, den Unergründlichen juristisch festzunageln.

Zwielichtig sind auch Andreottis langjährige Beziehungen zu Michele Sindona, dem »Geldwäscher der Mafia«. 1969 hatte der DC-Grande feierlich das Band vor dem Tor einer Fabrik zerschnitten, die Sindona in der Nähe von Frosinone eröffnete. Kardinal Paul Marcinkus, der »Bankier Gottes« aus dem Kirchenstaat, der später eine tragende Rolle im Skandal um den betrügerischen Bankrott des »Banco Ambrosiano« spielen sollte, war dabei, desgleichen hohe Vertreter der amerikanischen Botschaft. Sindonas Fabrik, von Andreotti auf den schönen Namen »Patty« getauft, sollte Koffer herstellen. Doch sie nahm aus ungeklärten Gründen die Produktion niemals auf.

In den frühen siebziger Jahren kaufte sich Sindona, selbstverständlich Mitglied der P2, ein internationales Bankenimperium zusammen, das freilich auf wackeligen Füßen stand. Der Zusammenbruch war bereits nahe, da pries ihn Giulio Andreotti noch bei einem großen offiziellen Essen 1973 im New Yorker Hotel Waldorf Astoria als den »Retter der Lira«. Der Autor Sergio Turone fand das bemerkenswert. In seinem Buch über Parteien und Mafia interpretiert er: »Gerade in Hinblick auf den nahenden Sturm wollte Andreotti klarstellen, daß Sindona nicht allein war, daß hinter ihm die DC und der Vatikan standen.« Wahrscheinlich wußte er nicht oder wollte es nicht wissen, daß Sindona »in Sizilien gute Beziehungen zu Mafia-Kreisen unterhielt und daß auch einige seiner amerikanischen Gesprächspartner den Ruf hatten, Mafiosi zu sein«.[6]

Als Andreotti 1976 wieder Regierungschef war, machte er sich – wenngleich im Hintergrund bleibend, vertreten vielmehr durch seine rechte Hand, den DC-Abgeordneten Franco Evangelisti – für einen Plan stark, ein finanzielles Rettungsmanöver für Sindona zu starten. Er übte Druck auf die Justiz und die Banken zugunsten seines Freundes aus. Er stand mit dem mittlerweile flüchtigen Bankrotteur in ständiger Verbindung und war wohl auch von dem (später ausgeführten) Plan zumindest informiert, den Konkursverwalter Sindonas, Ambrosoli, von einem amerikanischen Killer ermorden zu lassen.

Darüber, warum sich Andreotti für den verbrecherischen Finanzjongleur stark machte, gibt es verschiedene Hypothesen. Sindona war lange Bankier der Mafia. Dieser wiederum war Andreotti bereits derart verpflichtet, daß er alles tat, um das Finanzimperium Sindonas zu retten – und damit das Geld der Mafia. Nach einer anderen These hatte auch der Vatikan handfestes Interesse, Sindona nicht untergehen zu lassen. Erzbischof Paul Marcinkus, Chef der Vatikanbank IOR, wußte, daß ein Wunsch von seiten des Kirchenstaats bei Regierungschef Andreotti nicht unerfüllt bleiben würde. »Ohne Andreotti und den Schutz, den er Sindona von 1974 bis 1979 hatte angedeihen lassen, hätte es den Mordfall Ambrosoli nicht gegeben«, sagte Staatsanwalt Guido Viola vom Mailänder Gericht in seiner Anklagerede gegen den Mörder Ambrosolis. Michele Sindona starb 1986 im Gefängnis von Voghera an einer kräftigen Dosis Strychnin in einem Espresso. War es Mord oder Selbstmord? Die Frage ist bis heute nicht geklärt.

Andreotti hatte es sich angewöhnt, alle Anschuldigungen gegen ihn mit einer ironischen Bemerkung abzuschütteln. Manchmal zitierte er seine alte Tante Mariannina, die gesagt haben soll, daß es auch unter den Aposteln einen Judas gegeben habe. Und doch seien sie alle zwölf zu Heiligen geworden.

Der große, der endgültige Sturm in Andreottis Leben braute sich freilich erst zehn Jahre später, 1992, zusammen – in den Monaten nach den Mafia-Morden an Giovanni Falcone und Paolo Borsellino. Nach den schweren Erschütterungen des politischen Gefüges durch die *Mani pulite*-Ermittlungen lösten diese beiden Attentate Schockwellen aus, die bis in die Hochsicherheitstrakte der Gefängnisse wirkten, in denen die ruchlosesten Mafiosi einsaßen. Zwar tranken einige von ihnen Champagner auf die gelungenen Anschläge, doch andere wurden sehr nachdenklich. Und als es sich in den folgenden Wochen und Monaten zeigte, daß der Staat ernstzunehmende Maßnahmen gegen das organisierte Verbrechen ergriff und auch anfing, die *pentiti*, die mit der Justiz kollaborierenden Mafiosi, besser zu schützen, entschlossen sich einige der wichtigsten von ihnen, jetzt politische Zusammenhänge auszuleuchten, die sie bisher verschwiegen hatten.

Tommaso Buscetta zum Beispiel, der seit 1984 mit der Justiz zusammenarbeitete und in den Vereinigten Staaten unter einem Schutzprogramm des FBI lebte. Er hatte sich trotz seines allmählich gewachsenen Vertrauens zu Giovanni Falcone immer geweigert, ihm alles zu erzählen, vor allem, wenn es um die engen Beziehungen großer italienischer Politiker zur Mafia ging. Die Zeit sei nicht reif dafür, hatte er Falcone 1988 gesagt. Was er zu erzählen habe, sei zu gefährlich. Es könnte sie beide zerstören.

Schwer getroffen vom Tod Falcones und Borsellinos, zugleich einigermaßen beeindruckt von den scharfen Maßnahmen des italienischen Staates gegen die Mafia, bekundete Buscetta im Oktober 1992 dem amerikanischen FBI seine Absicht, jetzt endlich auch sein Wissen über die hochstehenden italienischen Politiker preiszugeben, welche den Sieg über die Mafia seit Jahrzehnten verhindert hatten. Aus Italien reisten die wichtigsten Mafia-Fahnder an. Er halte es für seine moralische Pflicht, seinen Beitrag zu den Ermittlungen zu leisten, sagte Tommaso Buscetta am 22. September 1992 in einem Konferenzraum des FBI in Washington. Er glaube, das sei er Giovanni Falcone schuldig, dem er große Bewunderung entgegenbringe für das, was er für die Justiz getan habe. Es könnte die Zeit gekommen sein, daß der Staat die Mafia besiegen könne.

Und dann packte er aus – Namen, Daten, die Verfahrensweisen und Riten des Umgangs von Mafiosi mit den Politikern. »Es ist nicht einfaches Geben und Nehmen, nach der Art: Du bekommst tausend Wählerstimmen und du gibst mir dafür eine bestimmte Sache. Es ist viel subtiler. Man sagt eher: ›*Onorevole*, ich werde etwas für Sie tun, und ich hoffe, Sie werden das nicht vergessen, wenn Sie gewählt worden sind.‹ Und wenn der Mann dann Abgeordneter ist, wird mit ihm in einer Art und Weise geredet, die nichts anderes bedeutet als: Das machst du jetzt! Und der *onorevole* tut es. Immer.«[7] Die Stimmen anderer Kronzeugen ergänzen die Aussagen Buscettas. Gaspare Mutolo, ein hochstehender Mafioso, der seit dem Sommer 1992 mit der Justiz zusammenarbeitet, hatte erkannt, daß der Anfang 1993 verhaftete »Boß der Bosse«, Salvatore Riina, selbst aus dem Gerichtssaal noch verschleierte Botschaften an die Politiker ausschickte. Wie viele andere betrachtete auch Mutolo Giulio Andreotti als obersten Garanten der Mafia – der Mord an Salvo Lima sei auch als »Signal an seinen Chef«, also an Andreotti, zu verstehen gewesen. Der *pentito* Leonardo Messina, inhaftiert in den Vereinigten Staaten, erläuterte den Fahndern, wer in der Regel dafür gesorgt hatte, daß die gegen Mafiosi verhängten Strafen zu »Nichtigkeiten« wurden: »Unsere Sicherheit, daß das so laufen würde, lag in unseren Beziehungen zu Lima und Andreotti; der Berufungsrichter Corrado Carnevale sorgte dann dafür, daß die Angelegenheit am Kassationsgericht in unserem Sinn geregelt wurde.«[8]

Der Antrag der Staatsanwaltschaft Palermo vom 27. März 1993, in dem es um die Aufhebung der parlamentarischen Immunität für den Senator auf Lebenszeit, Giulio Andreotti, geht, stützt sich auf die Aussagen von sechs *pentiti*, nämlich von Leonardo Messina, Gaspare Mutolo, Antonino Calderone, Francesco Marino Mannoia, Baldassarre Di Maggio und Tommaso Buscetta. Alle diese Männer hatten ihre Glaubwürdigkeit vielfach unter Beweis gestellt. Jede Lüge hätte sie tödlich gefährdet, weil diese das Ende ihrer vom Staat garantierten Sicherheit bedeutet hätte. Sie lebten unter scharfer Bewachung an verschiedenen Orten, sie hatten keinerlei Kontakt untereinander. Und doch deckten sich ihre Aussagen in vielen wesentlichen Punkten, vor allem dem wichtigsten, daß Andreotti der Prozeßbereiniger für Cosa Nostra in Rom gewesen sei und daß der Kontakt zu ihm über Salvo Lima, den im März 1992 ermordeten sizilianischen DC-Potentaten, gelaufen sei. Begegnungen zwischen Andreotti und den Bossen von Cosa Nostra in Sizilien hätten meistens bei den berüchtigten Steuerpächtern von Sizilien, den Cousins Ignazio und Nino Salvo, die beide Mafiosi waren, stattgefunden.

Immer wieder beteuerte Andreotti, er habe die Mafia-Cousins niemals kennengelernt – freilich gerade gegen diese Behauptung fanden sich in den folgenden Monaten aufschlußreiche Beweise.

Ein mafianaher Fürstensprößling aus Palermo, Prinz Guiseppe Vanni Calvello di San Vincenzo, erzählte seiner langjährigen Lebensgefährtin Gabriella Ruffo della Scaletta, er habe Andreotti öfter in Sizilien im gepanzerten Auto der Salvo herumfahren sehen; auch sei der Staatsmann auf der Yacht der Salvo-Cousins zu Gast gewesen, die im Hafen von Santa Flavia ankerte, direkt vor dem Grand Hotel Zagarella, das den Mafiosi gehörte.

Kaum war ihm das herausgerutscht, hätte sich der Prinz die Zunge abbeißen können. Prompt klatschte nämlich Gabriella die heiße Nachricht an *L'Espresso* weiter. Worauf sich die Polizei den Prinzen vornahm, dessen Bruder ein verurteilter Mafioso ist. Der Prinz schwor, er habe nichts dergleichen erzählt. Daraufhin konfrontierten ihn die Kommissare mit den Tonbandabschriften von Telefongesprächen, in denen der Prinz auch vor etlichen Freunden mit seinem brisanten Wissen geprahlt hatte.

Millionen von Filmfreunden wissen übrigens, wie es zu Hause im Palazzo Ganci zu Palermo bei dem Mafia-Prinzen aussieht: In dem prunkvollen Gemäuer drehte Luchino Visconti im Jahr 1962 einige wichtige Szenen des Films *Der Leopard* – darunter den großen Ball am Ende des Films, mit jenem langen Walzer, den der Fürst von Salina mit der *gabellotto*-Tochter Angelica tanzt.

Andere Belege für die Verbindungen zwischen Andreotti und den Salvo fanden sich unter weniger exklusiven, gleichwohl äußerst erzählenswerten Umständen. Auf der Suche nach einer fotografischen Dokumentation der Beziehung Andreotti-Salvo schwärmten die Ermittler aus und filzten dabei auch das Archiv des berühmten palermischen Fotografenpaares Letizia Battaglia und Franco Zecchin. Letizia und Franco sind als Fotografen Pioniere im Kampf gegen die Mafia. Als das noch richtig gefährlich war, zogen sie bereits mit aufklärerischen Fotoausstellungen durch sizilianische Dörfer. Letizia Battaglia war die erste Stadträtin der Grünen zu Zeiten des »Frühlings von Palermo« unter Leoluca Orlando Ende der achtziger Jahre. Und ausgerechnet in ihrem Archiv fand sich ein Film aus dem Jahr 1979, den sie heruntergeknipst und abgelegt hatte, weil er ihr damals völlig uninteressant vorgekommen war. Was sie aufgenommen hatte: Fotos von einem Treffen der sizilianischen Christdemokraten im Grand Hotel Zagarella, jenem Treffpunkt von Mafia und politischer Welt in Sizilien, das den Salvo-Cousins gehörte. Eines der Bilder zeigt Giulio Andreotti, wie er mit freundlichem Handschlag einen der beiden berüchtigten Cousins begrüßt.

In Palermo hatte Letizia mir oft genug von dem Verdacht gegen Andreotti erzählt, der seit vielen Jahren in der Stadt umging. Als ich sie das letzte Mal sah, in Catania, wo wir uns für eine Wahlkampf-Reportage trafen, lachte sie und sagte: »Das wäre schon ein Witz, wenn ich den alten Fuchs vor fast fünfzehn Jahren erlegt hätte, ohne es zu wissen.«

Noch viel verworrener, für Außenstehende kaum nachvollziehbar sind die labyrinthischen Verwicklungen des Falles Mino Pecorelli, eines dubiosen Journalisten, der Mitglied der P2 war, den Geheimdiensten nahestand und 1979 von der Mafia ermordet wurde. Die Staatsanwaltschaft Rom (inzwischen Perugia) will nachweisen, daß Giulio Andreotti diesen Mord in Auftrag gegeben hat.

Ich würde den Lesern gern den Gang durch dieses Labyrinth ersparen. Aber wer sich ein Bild von den finsteren Schluchten und den Abgründen dieser Ersten Republik Italiens machen will, dem kann kaum ein besseres Beispiel vorgeführt werden als die vielschichtige Affäre Mino Pecorelli. Und diese wiederum ist nicht ohne den Fall Aldo Moro zu verstehen, der in den Hallen der römischen Macht noch immer unerlöst umgeht wie das Gespenst von Hamlets Vater.

Mit dem Fall Moro nähern wir uns dem unergründlichsten aller Geheimnisse im Nachkriegsitalien. Alle finsteren Kräfte, die unterirdisch die Geschicke der Ersten Republik zu lenken versuchten, sind wahrscheinlich, wie man jetzt zu wissen glaubt, in die Entführung und die Ermordung des DC-Politikers durch die Roten Brigaden verwickelt – die P2, die Geheimarmee Gladio, die Geheimdienste und die Mafia. Unklar sind nach wie vor die Rollen, die Giulio Andreotti, damals Ministerpräsident, und sein Innenminister Francesco Cossiga, der später Staatspräsident wurde, spielten.

Warum mußte Aldo Moro sterben? Ein mögliches Motiv liefert Moros Einstellung zum »historischen Kompromiß«. Das war jene vom PCI-Chef Enrico Berlinguer ab 1973 propagierte Formel für eine gemeinsame Regierung von Christdemokraten und Kommunisten in Italien, eine große Koalition also. Aldo Moro, der eng mit Berlinguer befreundet war, galt als der wichtigste christdemokratische Förderer jenes Plans – eine Ausgeburt der Hölle für alle jene, die seit Jahren mit fundamentalistischer Intensität auf den Antikommunismus eingeschworen waren. Insbesondere für die Vereinigten Staaten war die Idee unerträglich. In brutaler Offenheit hatte Henry Kissinger den italienischen Staatsmann bei einem Besuch in den Vereinigten Staaten im Jahr 1974 – Moro war damals Außenminister – vor dem Projekt gewarnt. Offen bedroht worden war der Chef des italienischen Außenamts bei dem nächtlichen Besuch, den ihm ein amerikanischer Geheimdienstoffizier abgestattet hatte. Der hätte ihm – so bezeugte später Moros Frau Eleonora – klipp und klar erklärt, daß er seinen Plan, alle politischen Kräfte des Landes in einer Koalition zusammenzuführen, aufgeben müsse, andernfalls werde er teuer dafür bezahlen.

Moro mußte verstehen, was gemeint war: kurz vorher hatte der CIA den demokratisch gewählten Präsidenten von Chile, Salvador Allende, einen Sozialisten, stürzen lassen und derart die Terrorherrschaft der Generäle herbeigeführt. Doch Moro und seine Freunde ließen nicht ab von ihrem Plan.

Wenige Tage vor seiner Entführung gewann er die Parlamentarier der DC-Fraktion für die Idee, die gerade stattfindende Regierungskrise durch eine »programmatische Mehrheit« unter Einschluß der PCI zu beenden. Dabei sollten die Kommunisten zwar keine Ministersessel einnehmen, gleichwohl aber einem gemeinsam abgestimmten Regierungsprogramm zustimmen.

Doch am 16. März schlugen die Roten Brigaden zu. Aldo Moro war unterwegs zum Parlament, als sein Auto und das seiner Eskorte in der Via Fani in Rom gestoppt wurde. In einem gnadenlosen Kugelhagel starben fünf Eskortepolizisten, Moro wurde in einen Fiat 128 gezerrt und abtransportiert. 55 Tage später, am 9. Mai 1978, wurde Aldo Moro erschossen im Kofferraum eines roten Renault aufgefunden, den die Attentäter in makabrer Symbolik in der Via Caetani abgestellt hatten – etwa in der Mitte zwischen den Parteizentralen der Christdemokraten und der Kommunisten.

Bei der Aufklärung des Verbrechens gingen die Behörden derart tölpelhaft vor, daß schon an ihrem Versagen deutlich abzulesen ist, daß Aldo Moro in Wahrheit nicht gefunden werden sollte. Die Verfolgung der Entführer begann zu spät. Trotz vielfacher und wichtiger Hinweise aus der Bevölkerung ist Moros Gefängnis nicht aufgespürt worden. Die Telefone der Rotbrigadisten wurden schludrig überwacht, ganz offensichtlich falsche Spuren mit großem Aufwand weiterverfolgt.

Inzwischen wissen wir, daß unter »dem begrenzten Zirkel derjenigen, die an den obersten Spitzen des Staates die zweimonatigen Ermittlungen im Fall Moro leiteten, koordinierten und auswerteten, 57 Männer waren, die auf der 1981 gefundenen Mitgliederliste der Freimaurerloge P2 des Großmeisters Licio Gelli standen«.[9] Bei der Suche nach Moro tagte im Marine-Ministerium ein geheimer Sonderstab, an dessen Sitzungen Licio Gelli teilgenommen haben soll.

Vermutlich hatte der zweifelhafte Enthüllungsjournalist Pecorelli recht, als er in seiner Geheimdienstpostille *OP, Osservatore Politico*, bereits am 2. Mai 1978 geschrieben hatte: »Die Gefangennahme Moros stellt eine der größten politischen Unternehmungen dar, die in den vergangenen Jahrzehnten in einem industrialisierten Land, das dem westlichen System eingegliedert ist, durchgezogen wurde. Das Hauptziel war ohne Zweifel, die PCI wieder von der Macht fernzuhalten, der sie bedenklich nahe gekommen war, fast bis zur direkten Teilnahme an der Regierung.«

Mit anderen Worten: Auch die Entführung Moros könnte zu den aus dem Untergrund gesteuerten Verbrechen des Staatsterrorismus gehören, jener »Strategie der Spannung«, die um jeden Preis – auch mit Mord – verhindern sollte, daß die Kommunisten in Italien an die Macht kamen.

In zwanzig bewegenden Briefen an seine Familie, an seine politischen Freunde, sogar an Papst Paul VI., hat Moro darum gefleht, auf die Forderungen der Roten Brigaden, nämlich gefangene Terroristen freizulassen, einzugehen, um sein Leben zu retten. Doch die Hardliner, zu denen auch Giulio Andreotti zählte, setzten sich durch.

Giulio Andreotti führte sie an. Vordergründige politische Motive – etwa Ablehnung des compromesso storico – können seine unbarmherzige Haltung nicht bestimmt haben. Andreotti war durchaus bereit, mit der PCI zusammenzuarbeiten, wenn auch in für die Alliierten akzeptableren Grenzen als Moro. Die Wahrheit scheint vielmehr in dem Memorandum auf, das Moro hinterlassen hat. Der DC-Präsident, dessen politische Karriere gemeinsam mit Andreotti in der katholischen Studentenpolitik begonnen hatte, wußte zuviel über Giulio Andreotti. Etliches spricht er in seinen den Roten Brigaden diktierten Texten auch an: etwa die mögliche Beteiligung der DC und das Mitwissen Andreottis an dem Anschlag auf die Gewerkschafterdemonstration in Brescia 1974, Andreottis Beziehungen zu Michele Sindona und vieles mehr. Eine Veröffentlichung hätte Andreotti ruiniert.

Auch Moros Urteil über den Charakter seines Parteifreunds hätte Andreotti damals weitaus mehr geschadet als jetzt, da ihm der Prozeß gemacht wird. Moro schrieb, Andreotti sei »ein kalter Regisseur, ohne Zweifel an seinem Tun, ohne Herz, ohne einen Funken menschlichen Mitleids: das ist der Onorevole Andreotti, dem gegenüber die anderen nur gehorsame Ausführende waren... Was bedeutet der Schmerz einer langjährigen Ehefrau, die Zerstörung einer Familie, die unabwendbare Gegenreaktion der Christdemokraten für einen Mann, der die Macht erobert hat, um Böses zu tun, so wie er immer in seinem Leben nur Böses getan hat. Nichts bedeutet das für Andreotti...«

Diese in begreiflicher Verzweiflung niedergelegten Worte reduzieren die Vielschichtigkeit des Menschen Andreotti auf das Zerrbild einer Inkarnation des Bösen. Freilich fällt es schwer, entsprechend lichte Seiten an ihm zu entdecken. Einem Kind, das nach dem Erdbeben von 1980 mit seinen Eltern zehn Jahre in einer Wellblechbaracke lebte und ihm einen Brief mit der Bitte um Hilfe geschrieben hatte, antwortete er nicht. Ein Bettler vor der römischen Kirche, in der Andreotti sonntags den Gottesdienst besuchte, konnte dagegen immer auf einen Zehntausend-Lire-Schein des Onorevole rechnen. Das unterstreicht freilich nur das Doppelgesicht dieses Mannes, der nach außen ein Musterkatholik war, ohne – erkennbar wenigstens – sich in christlicher Barmherzigkeit zu üben.

Von Andreotti selbst wird keinerlei brauchbare Auskunft zu erwarten sein. Alle Aussagen, die er nach staatsanwaltlich erhobenen Anschuldigungen über sich gemacht hat, belegen nichts anderes als seine virtuose Kunst des Ausweichens und Verschleierns.

Ich meine allerdings, daß Italiener sich vielleicht fragen sollten, wie Andreotti in ihr politisches Umfeld paßt. Ist es vernünftig, ihn als Inkarnation des Bösen auszugrenzen und die italienische Gesellschaft auf diese Weise zu exkulpieren? Repräsentierte Andreotti nicht vielmehr Fehlentwicklungen in der italienischen Nachkriegsgeschichte, an denen viele, viele andere beteiligt waren? Wie muß eine Demokratie beschaffen sein, der es nicht gelingt, trotz immer erneuter Versuche, einen Staatsmann dingfest zu machen, der eine heimliche Gegenwelt lenkt? Wer profitierte davon, Andreotti immer wieder von der Angel zu lassen? Wer hat ihn gedeckt? Fragen solchen Gewichts können Auslandskorrespondenten allenfalls anpeilen. Die Antworten müssen Italiener finden.

Giulio Andreottis kleine, wächserne Hand schien noch schlaffer in der meinen zu liegen als bei unserer ersten Begegnung. Auch war er in der Zwischenzeit sehr viel weniger geworden. Im wahrsten Sinne des Wortes. Er hatte gut zehn Kilo abgenommen und wirkte noch gebeugter, noch mehr in sich zusammengezogen als sonst. Und er war mir nicht mehr unheimlich. Fast tat er mir leid. Den Termin zu bekommen war nun nicht mehr schwierig gewesen. Kein Wunder: Andreotti nutzte jetzt, im Sommer 1993, jede Gelegenheit, sich in den Medien zu rechtfertigen. Wenn er im Fernsehen auftrat, wirkten seine von dicken Brillengläsern vergrößerten Augen starr vor Angst. So schien es mir jedenfalls.

Ich traf Andreotti im Palazzo Giustiniani, einem Renaissance-Gebäude, in dem der Präsident des Senats und die wichtigsten Senatoren ihre Büros haben. Seines hatte eine gewaltige Vorhalle, die in ein kleineres Sekretariat mündete, das in sein ziemlich kleines Eckzimmer führte. Mir fiel ein Fresko an der Decke auf, es war dem Thema des Überflusses gewidmet. In der Mitte des Bildes vergoß ein goldlockiger Knabe einen Strom von Münzen aus einem Füllhorn, der ins Nirgendwo fiel – wie so manche der *tangenti*, die an den Parteikassen vorbei in private Taschen geflossen sind. Ich dachte an die verarmte Democrazia Cristiana, die Partei Andreottis. Sie hatte am Tag vor dem Interview zum letzten Mal unter diesem Namen getagt. Die Partei, die fast ein halbes Jahrhundert lang die Geschicke Italiens bestimmt hatte, wollte sich auflösen und unter ihrem Vorkriegsnamen »Partito Popolare«, Volkspartei, neu konstituieren. Um die Kosten der Zusammenkunft zu decken, war in der Vorhalle des Saals ein Opferstock aufgestellt worden.

»Wer hat denn die riesigen Summen eingesteckt, die auch Ihre, ja fast in erster Linie Ihre Partei illegal kassiert hat?« fragte ich Andreotti. »Es gibt ein italienisches Sprichwort«, antwortete er mir. »Wenn es um Geld oder um Wunder geht, dann glaube immer nur die Hälfte von der Hälfte.«

Mino Martinazzoli, Vorsitzender der Partei, seit im Herbst 1992 Arnaldo Forlani abgetreten war, hatte mich am Vortag mit der Bemerkung beeindruckt, daß die DC sich im Grunde bei den Italienern entschuldigen müßte.

»Fühlen Sie sich angesprochen«, wollte ich von Andreotti wissen, der mit seiner Antwort, wie vorauszusehen war, meilenweit an der Frage vorbeisegelte. »Was Martinazzoli gesagt hat, stimmt«, wich er aus. »Es hat zuviel Korruption gegeben, es hat in Einzelfällen Fehlverhalten gegeben. Aber dabei darf nicht die positive Rolle der DC in der italienischen Geschichte der Nachkriegszeit vergessen werden. Immerhin hat sie Italien und damit die westliche Welt vor dem Kommunismus gerettet.« Natürlich hätte ich jetzt sagen sollen: »Das habe ich Sie nicht gefragt. Ich wollte wissen, ob Sie, wie Martinazzoli, einen Grund sehen, sich bei den Italienern entschuldigen zu müssen.«

Eigentlich wollte ich auch noch wissen: Wie fühlen Sie sich? Wie leben Sie mit den Vorwürfen, die gegen Sie erhoben worden sind? Aber ich wußte, auch dieser Frage würde er ausweichen, sie in bewährter Form in seiner wirbelnden Redemaschine zu einem großen Ballen Zuckerwatte verarbeiten, an der es nichts zu kauen gibt, von der nichts bleibt.

Unbeteiligt arbeitete ich nun meinen Fragenkatalog ab und erhielt all die wenig erinnernswerten Aussagen, die ich erwartet hatte. Aber ich prägte mir Andreottis Anblick ein. Ich werde ihn nicht vergessen, diesen alten Mann, in seiner schlotternden Strickjacke vor den steifen, pompösen Samtvorhängen seines Büros. Während er mit mir sprach, drehte er nervös einen Bleistift zwischen den Fingern. Und plötzlich fiel mir Andreottis berühmtester Spruch ein: »Die Macht verschleißt nur den, der sie nicht hat.« Nicht ohne Anteilnahme erkannte ich: Vor mir saß ein verschlissener Mann.

Eine unzerstörbare Freundschaft: Mafia und Politik

Im grellen Licht des Vormittags wirkt der lieblos zubetonierte Platz vor dem Rathaus von San Luca abweisend, fast bedrohlich. Kein Baum spendet Schatten. Niemand nutzt die Bänke. Am Rande des Platzes sitzt reglos eine magere Frau hinter einem wackligen Campingtisch.

Seitlich neben ihr, in etwa 50 Meter Entfernung, haben sich in kleinen Gruppen Bewohner von San Luca aufgebaut, schwarzgekleidete Frauen, ein paar alte Männer mit Schiebermützen auf dem Kopf, junge Leute. Sie starren die Fremde an. Unbewegt schaut diese zurück, den Blick verborgen hinter den großen, schwarzen Gläsern ihrer Sonnenbrille.

»Wie erträgt sie das nur?« denke ich. »Die wissen es doch. Die wissen doch, wer ihren Sohn gefangenhält. Einer von den Jungs gehört vielleicht zu den Bewachern. Eine von den Frauen kocht ihm vielleicht hin und wieder etwas, und mindestens einer dieser Alten kennt jedes Detail der Entführung. Und alle, alle halten dicht.«

Ich war seit ein paar Tagen mit Angela Casella unterwegs, einer 43jährigen Frau aus Padua, deren 19jähriger Sohn Cesare von der kalabrischen Verbrecherorganisation 'Ndrangheta entführt worden war – anderthalb Jahre zuvor. Seitdem hatten die Gangster wenig von sich hören lassen. Etwa ein Jahr nach der Entführung war ein Polaroid-Foto von dem Jungen bei der Familie angekommen. Ein zerrupfter Bart umrahmte das Kindergesicht. Um den Hals trug der Junge ein schwarzes Band aus Eisen, an dem eine schwere Kette hing.

Die Verbrecher hatten zunächst eine Milliarde Lire Lösegeld verlangt, damals 1,4 Millionen Mark. Cesares Vater, Leiter der örtlichen Citroën-Vertretung, brauchte sieben Monate, bis er mit allerlei Krediten und Freundesgaben das Geld zusammenhatte. Die Gangster strichen es kaltblütig ein und verlangten zwei weitere Milliarden. Das überstieg alle Möglichkeiten der Familie. Ein Viertel der geforderten Summe konnten sich die Casellas noch leihen. Angela nahm das Geld, reiste nach Kalabrien, wo die Entführer vermutet wurden, und verkündete, sie werde ohne ihren Sohn nicht heimkehren. Sie übernachtete in einem Zelt, fastete und versprach, sie werde sich zu Tode hungern, wenn es ihr nicht gelänge, ihren Sohn zu befreien. Wer sie kennengelernt hat, konnte nicht umhin, ihr zu glauben. *Madre Coraggio*, Mutter Courage, hieß Angela Casella in der italienischen Presse.

Fröstelnd stand sie an einem Junimorgen des Jahres 1989 auf der weiten, kahlen Kuppe eines Berges im Aspromonte, dem wilden Bergland im Herzen Kalabriens, und blickte auf zum Christus von Zervò. Der hing am Gipfelkreuz und zeigte außer seinen verblichenen Wundmalen eine neue, zeitgenössische Verletzung. Unbekannte hatten ihm mitten ins Herz geschossen – als hätten sie selbst noch am Gekreuzigten vorführen wollen, wer in dieser gottverlassenen Gegend der Herr war.

Um das Kreuz heult der Wind. Ganz in der Nähe steht die Ruine eines Bauernhauses, das seit Jahrzehnten verfällt. An diesem unheimlichen Ort haben seit jeher verängstigte Menschen Unbekannten Lösegeld übergeben, um ihre Angehörigen aus den Fängen der 'Ndrangheta freizukaufen, jener Verbrecherorganisation, die in Kalabrien mit ähnlicher Brutalität und ähnlichen Methoden herrscht wie Cosa Nostra in Sizilien oder die Camorra in und um Neapel.

Irgendwo in der unwegsamen Wildnis des Aspromonte hält man Angelas Sohn gefangen, in einer Höhle verborgen, vielleicht auch in einer laubbedeckten Grube – wenn er nicht längst tot ist. Wie soll man das wissen? Die Gangster schweigen seit fünf Monaten. Ob sie ihr Lösegeld in dem Bauernhaus deponieren wolle, fragt sie einer aus dem Trupp der Journalisten, der sie seit Tagen begleitet. Sie schüttelt den Kopf. Dumme Frage. Wir wissen alle, daß sie auf ihrer nun schon zehntägigen Wanderschaft durch die abgelegenen Bergdörfer des Aspromonte nichts, keinen Ton von den Entführern gehört hat.

Wenig später trifft unsere kleine Karawane – *Madre Coraggios* verzweifelte Pilgerfahrt ist zum Medienspektakel geworden – in San Luca ein, einem Bergdorf mit 4500 Einwohnern und einem sehr zweifelhaften Ruf. Zahlreiche Männer aus dem Ort sind wegen Mordes, Rauschgifthandels, Erpressung oder wegen Teilnahme an Entführungen verurteilt worden.

Zwei junge Männer, beide aus San Luca, wurden verhaftet, weil sie Scheine aus der ersten Lösegeldzahlung der Familie Casella in Umlauf gebracht hatten. Allerdings konnte ihnen nicht nachgewiesen werden, bei Cesares Entführung mitgemacht zu haben. Sie mußten freigelassen werden. Und als sich neue Indizien gegen sie ergaben, waren die beiden längst untergetaucht.

Etwa zehn Minuten lang dauert die schweigende Konfrontation zwischen den Bewohnern des Dorfes und Angela Casella. Dann löst sich eine der schwarzgekleideten Frauen aus dem Pulk der Zuschauer, geht über den leeren Platz zu der blonden Frau aus dem Norden und setzt in krakeliger Schrift ihren Namen unter den Appell Angela Casellas an die Entführer. Andere Frauen folgen dem Beispiel der ersten. Eine kommt und umarmt *Madre Coraggio*. Am Tag darauf steht in der Turiner *Stampa*, Angela Casella sei es gelungen, »die Härte der Frauen von San Luca zu durchbrechen«.

Ich will etwas mehr über das verrufene Dorf wissen und kehre mit dem Fotografen Carlo Paone am nächsten Vormittag nach San Luca zurück, das zwischen kargen, trockenen Hügeln am Rand des Aspromonte liegt. Wir gehen zuerst ins Rathaus und bitten um eine Audienz beim Bürgermeister. Große Verblüffung unter den unrasierten Gestalten, die da in verschiedenen rauchgefüllten Räumen herumsitzen. Schließlich die Antwort: »Geht nicht, der Bürgermeister ist nicht da.« – »Gut«, sage ich freundlich, »aber vielleicht sollte der Bürgermeister wissen, daß *wir* da sind.« Etwas ratlos wandern wir durch die Gassen in der Nähe des Rathauses. Ich versuche mit ein paar jungen Leuten ins Gespräch zu kommen, aber die murmeln verlegene Ausreden und verschwinden.

Doch schließlich tritt ein alter Mann, gut über siebzig, auf uns zu. Er trägt einen etwas abgeschabten, ausgebeulten Anzug mit Weste, stützt sich auf einen Spazierstock, den ein Elfenbeingriff ziert, ein Duft von Rasierwasser weht ihm voraus. Er habe von uns gehört, sagt er, und er sei gern bereit, die ausländische Presse über San Luca zu informieren, damit die Weltöffentlichkeit endlich einmal objektiv über das zu Unrecht verleumdete Dorf belehrt werde.

Er führt uns durch den Ort, der wie eine Vorstadtsiedlung aussieht: eine Ansammlung moderner Zementbauten, die planlos über staubtrockene, ockerfarbene Hügel ausgekippt wurden. Die Fenster der staatlichen Mittelschule sind allesamt eingeschlagen. Für die Schulabgänger dieses Jahres gibt es keinen einzigen Arbeitsplatz in der Gegend. Die wenigen Stellen, die in der staatlichen Forstwirtschaft zu vergeben sind, wurden von der Regierung in Rom um die Hälfte reduziert: »*Das* sind die wahren Probleme von San Luca«, beteuert unser Begleiter, »mit dem verschwundenen Jungen aus dem Norden haben wir nichts zu tun.«

Dahinter, etwas höher gelegen, verkommt eine malerische, mittelalterliche Altstadt, die nach einem Erdrutsch im Jahr 1972 von den meisten Bewohnern verlassen wurde.

Da und dort leben aber hinter den bröckelnden Mauern doch noch Menschen. Manchmal wird schnell ein Fenster geschlossen, wenn wir uns nähern. Einige Leute grüßen unseren Begleiter ehrerbietig, und der winkt huldreich zurück. Am Rande des Dorfes, vor einem Haus, das zur Hälfte eingestürzt ist, finden wir eine Frau, die im Freien auf einem altmodischen Gasherd kocht. Ein merkwürdiges Bild. Der Fotograf knipst begeistert. Die Frau will im Haus verschwinden, aber unser Freund nötigt sie, uns zu begrüßen. Er bittet sie, uns eine Erfrischung zu reichen. Sie gehorcht, wenn auch nicht sehr freudig. Während wir ein Stückchen Schafskäse essen und einen Schluck Wein dazu trinken, öffnet sich die Tür eines Stalles. Ein junger Mann steckt den Kopf heraus, sieht den alten Mann, der uns hergebracht hat, dann mustert er uns, flucht und verschwindet wieder. »Guten Abend, Bruno«, ruft ihm der Alte nach, und es klingt fast höhnisch.

Bevor wir uns verabschieden, will ich den Namen unserer Gastgeberin notieren. Sie erstarrt, zögert eine Sekunde. Als ich ihren Namen höre, fährt es mir wie ein Blitz durch den Kopf: So hieß doch einer der jungen Männer aus dem Dorf, der mit Scheinen aus dem Lösegeld der Casellas erwischt worden war. Mir wird unbehaglich zumute. Warum sind wir zu dieser Frau geführt worden? Warum werden wir überhaupt wie Trophäen durch die Stadt geleitet? Irgendwie kommt es mir vor, als seien wir, der Fotograf und ich, Statisten in einem komplizierten Spiel geworden, das wir beide nicht durchschauen. Ich dränge zum Aufbruch.

Aber unser Freund besteht darauf, daß wir noch eine kleine Fotoausstellung im Rathaus bewundern, die San Luca im vorigen Jahrhundert zeigt. Frauen in karierten Baumwollkleidern, die am Fluß ihre Wäsche waschen, mißtrauisch in die Kamera blikkend. Jungen mit geschorenen Köpfen, in schlecht sitzenden schwarzen Anzügen, hinter ihnen ein Mensch mit einem gewaltigen Schnurrbart, der ihr Lehrer gewesen sein muß. Und immer wieder: Männer mit Äxten und Sägen beim Fällen der riesigen

Nadelbäume des Aspromonte, beim Zersägen und beim Verladen der Stämme.

»Die Leute hatten ihre Arbeit, sie hatten ihren Stolz«, erklärt der Alte. »Und sie hatten die 'Ndrangheta. Wissen Sie überhaupt, was das Wort früher bedeutete?« – »Irgend so was wie Mannhaftigkeit«, antworte ich. »Jawohl«, ruft unser Begleiter geradezu begeistert aus, »richtig! Im Ausland weiß man Bescheid! Anders als in Italien! Jawohl, die 'Ndrangheta war eine Art von wohltätigem Verein von Ehrenmännern, die sich zur Unterstützung der Armen, zur Verteidigung der einfachen Leute, gegen die blutsaugerischen Grundherren und die fremden Besatzer zusammengeschlossen hatten. Sie hat Solidarität geschaffen, christliche Werte geschützt. Wenn sich Arme an die 'Ndrangheta wandten, konnten sie mit Unterstützung rechnen. Schreiben Sie das! Und schreiben Sie, daß es die 'Ndrangheta heute nicht mehr gibt. Leider. Leider.«

Zurück im Hotel im nahegelegenen Locri, erzähle ich einem italienischen Kollegen von unserem Abenteuer und zeige ihm den Namen des Mannes, der uns herumgeführt hat. Er lächelt. »So heißt eine der bekanntesten *'ndrine* (Mafia-Familien) aus der Gegend«, sagt er. »Waren wir in Gefahr?« frage ich ihn leicht verstört. Er lacht wieder. »Ihr nicht. Es war eine reine Machtdemonstration gegenüber der Frau und ihrem Sohn, die einem anderen Clan angehören. So in dem Sinn: Heute führe ich ausländische Journalisten zu euch, morgen bringe ich die Carabinieri. In Gefahr war bei diesem Spiel allenfalls er selbst.«

Italienische Mysterien. Ich will gerade in mein Zimmer gehen, als mich die Hotelbesitzerin zur Rezeption ruft. Neben ihr steht ein außerordentlich finster blickender Mann. »Ihr habt heute nachmittag meine Frau fotografiert«, sagt er ohne lange Vorrede. »Das paßt mir nicht. Geben Sie mir den Film.« Ich stottere: »Der Fotograf ist schon weg, die Filme hat er alle mitgenommen.« Der Mann: »Ich komme morgen früh wieder. Dann will ich den Film haben.« Er geht. Die Besitzerin schaut mich an, dann sagt sie: »Den Film rücken Sie besser raus. Der hat nicht gescherzt.« Der Fotograf war natürlich noch nicht weg. Doch am nächsten Morgen sind wir sehr zeitig aufgebrochen. Mitsamt unseren Filmen.

Cesare Casella hat noch ein gutes halbes Jahr in seinem unterirdischen Verlies aushalten müssen, bevor ihn seine Entführer freiließen. Sie stammten alle aus San Luca.

Auf dem Rückweg fahren wir durch das dürre Hügelland am Fuß des Aspromonte, und überall haben Mafiosi ihren Herrschaftsanspruch demonstriert. Das Ortsschild von Platì ist von Gewehrsalven durchlöchert wie ein Sieb. Kaum noch lesbar vor Einschüssen ist auch das Schild der Carabinieri in diesem Nest. Selbst die Fassade der Kirche von Locri haben die Gangster nicht verschont, und das ist nicht die einzige Kirche in der Gegend, die mutwillig derart zugerichtet wurde.

Einige Kilometer weiter, in Africo, versperrt uns eine Kuhherde den Weg, die Tiere hatten sich auf der schmalen, löchrigen Asphaltstraße niedergelassen. Einige Kühe tun sich in einem Garten der Siedlung gütlich, andere verspeisen zarte Ölbaumsetzlinge. Mit düsterem Gesicht, aber tatenlos, sieht ihnen ein Bauer zu. »Der Mann kann nichts tun, denn das sind die ›Heiligen Kühe‹«, erklärt mir Carlo, der Fotograf. »Sie gehören irgendwelchen Clans aus der Gegend. Manchmal dienen sie den Flüchtigen zur Ernährung, auch ein schwunghafter Schwarzhandel wird mit ihrem Fleisch getrieben. Diese völlig unbewachten Kuhherden richten in den Dörfern manchmal furchtbare Schäden an, aber niemand kann es wagen, sie zu verscheuchen.«

Ich habe im Lauf der Jahre vielerlei Symbole der Gewalt gesehen, mit denen die Mafia der Bevölkerung zeigen will, daß sie die Herrschaft ausübt. Verbrannte Fabriken oder Bars, deren Besitzer die Schutzgeldzahlungen verweigert hatten, oder ausgebrannte Autos vor den Häusern von Mafia-Gegnern.

Aber diese Rinderherden, die niedertrampeln oder auffressen, was Dorfbewohner mühsam angebaut haben, und die dennoch unantastbar sind wie die Bosse selbst, die erzählen nicht minder eindrucksvoll davon, was die Bewohner des Mezzogiorno auszuhalten haben.

Aber was ist eigentlich die Mafia?

Immer wieder tauchen neue, oft widersprüchliche Einsichten über die innere Organisation dieser Verbrecherverbindung auf, die den Süden Italiens krakenartig umschlingt. Selbst kundige Experten müssen ständig ihre Thesen revidieren.

Schon der Begriff »Mafia« ist ungenau. Dahinter verbergen sich unterschiedliche Ausbildungen eines organisierten Verbrechertums, das sich im südlichen Italien in verschiedenen Gestalten seit dem ersten Drittel des vorigen Jahrhunderts entwickelt hat: die sizilianische Mafia, die Camorra in und um Neapel, die

'Ndrangheta in Kalabrien und die – relativ neue – Sacra Corona Unita in Apulien. Wie Cosa Nostra funktioniert, hat der große Kämpfer gegen die Mafia, Paolo Borsellino in einem Brief wie folgt beschrieben.

»Die Mafia übt über das Territorium dieselbe Souveränität aus, wie sie der Staat ausübt oder ausüben sollte. Cosa Nostra versucht sich den gesamten Reichtum, der auf einem bestimmten Territorium produziert wird, anzueignen. Sie tut das, indem sie Schutzgeld erhebt oder indem sie sich öffentliche Aufträge sichert. Zugleich übt sie gewisse Funktionen aus, die äußerlich denen der Justiz, der öffentlichen Ordnung, der Arbeitsbeschaffung ähneln – und die selbstverständlich eigentlich nur vom Staat geleistet werden dürfen. Die Produktion und der Handel mit Drogen sind, obwohl sie Cosa Nostra enorme finanzielle Mittel einbringen, die vorher undenkbar waren, gleichsam Nebenprodukte dieses Systems und nicht unerläßlich für seinen Bestand. Den unvermeidlichen Konflikt mit dem Staat – Cosa Nostra herrscht über das gleiche Territorium und übt die gleichen Funktionen aus – löst die Verbrecherorganisation, indem sie den Staat von innen beeinflußt, das heißt, durch Infiltration seiner Organe.«[1]

Borsellino schrieb diesen Brief am Sonntag, dem 19. Juli 1992, am frühen Morgen, zwölf Stunden bevor er von einer Autobombe zerrissen wurde, die Cosa Nostra vor seinem Haus deponiert hatte.

Die Nähe von krimineller und staatlicher Macht hat eine lange Vorgeschichte in Italien. Ohne eine tiefverwurzelte Zustimmung in der Bevölkerung wäre sie undenkbar. In einem langen Interview mit meiner französischen Kollegin Marcelle Padovani hat der 1990 gestorbene sizilianische Schriftsteller Leonardo Sciascia von den Werten gesprochen, welche die Bewohner Siziliens mit einer Verbrecherorganisation teilten, der sie den Beinamen »Ehrenwerte Gesellschaft« gegeben hatten.

Ihm sei einmal eine jener Gedenkpostkarten in die Hände gefallen, berichtete Sciascia, mit denen Familien gestorbenen Angehörigen ein wortreiches Denkmal setzen. In diesem Fall hieß der Tote Francesco Di Cristina und war ein Mafioso. Unter ein schönes Foto aus der Blüte seiner Jahre hatte die Familie folgenden Lobgesang über ihn gesetzt: »Er war ein Feind jeder Ungerechtigkeit und zeigte in Worten und Taten, daß seine Mafia nicht Verbrechertum war, sondern Respekt des Gesetzes der Ehre, Verteidigung jeden Rechtes, Größe der Seele. Er war die Liebe.«[2]

Siebzehn Jahre nach der Veröffentlichung des Gedenkkärtchens – das inzwischen ein begehrtes Sammlerobjekt unter Mafiakennern ist – wurde der Sohn Di Cristinas, Giuseppe, zu Grabe getragen. Er hatte den Beruf eines Wirtschaftsprüfers ausgeübt, und auch er war ein prominentes Mitglied der »Ehrenwerten Gesellschaft« gewesen. Er hatte im Gefängnis gesessen und war wenige Tage nach seiner Entlassung unter ungeklärten Umständen ermordet worden. Etwa die Hälfte der Bevölkerung Riesis, 10000 Menschen, folgten dem Trauergeleit. Die Schulen und Büros blieben leer, die Läden senkten ihre Rolläden für die Dauer des Begräbnisses, und der Verkehr stand stundenlang still, während sich der Trauerzug durch die Stadt bewegte.

Weil aber der Mord an dem Wirtschaftsprüfer noch ungeklärt war, hatte auch die Polizei an den Feierlichkeiten teilgenommen und eifrig fotografiert. 48 Bürger erhielten wenig später auch eine Strafanzeige von der Stadt. Die Empfänger waren freilich nicht etwa die Mitglieder der »Ehrenwerten Gesellschaft«, die vollständig auf dem Begräbnis vertreten waren. Den staatlichen Strafzettel erhielten vielmehr Beamte, Lehrer, der Schuldirektor und Postbeamte, die für das Begräbnis ihre Posten verlassen hatten – »Unterbrechung des öffentlichen Dienstes« hieß das Delikt, für das sie sich verantworten mußten.

Der Kommentar Sciascias: »Das Betragen der Bevölkerung von Riesi kann nur eine Erklärung haben: Die Polizei, der Staat, das Gesetz des Staates existierte nicht gemessen an der Realität dieser Beerdigung. Für die Bürger von Riesi war diese Feierlichkeit ein Teil ihres Lebens, ein Teil ihrer Art und Weise, zu sein, ein Teil des einzigen Gesetzes, der Moral der sozialen Ordnung, das sie kannten.«[3]

Heute ist solcher Konsens vielfältig gebrochen. Eine seit Anfang der achtziger Jahre gewachsene Anti-Mafia-Bewegung hat das Prinzip der *omertà*, des komplizenhaften Schweigens, gebrochen. Witwen von Mafia-Opfern – auch von Mafiosi – wurden zu Mitarbeitern der Justiz. Kaufleute und Unternehmer haben sich gegen den Terror der Schutzgelderpressung zusammengeschlossen.

Doch dieser Widerstand bleibt die Haltung einer Minderheit.

Noch heute geschieht es, daß Frauen gegen die Verhaftung eines Bosses protestieren: Er habe für Sicherheit und Arbeit in der Gegend gesorgt. Junge Leute wenden sich an die Bosse, wenn ihnen das Moped gestohlen wurde. Wenn einer der großen Mafia-Bosse zu Grabe getragen wird, kann das Begräbnisgeleit immer noch – wie 1967 – auf Stunden den Verkehr lahmlegen. Und oft genug noch marschieren auch die Honoratioren der Stadt im Zug der Trauernden mit.

Ebenso alt wie die Mafia selbst ist das Zusammenspiel der »Ehrenwerten Gesellschaft« mit den Stützen der Politik – die *uomini d'onore*, die Ehrenmänner, begannen ihre Karriere im unmittelbaren Umfeld der politischen Macht.

In Sizilien hatte der *gabellotto*, der Großpächter, den abwesenden aristokratischen Großgrundbesitzer zunächst vertreten. Dieser zog das angenehme Nichtstun im städtischen Palast der ländlichen Einöde Siziliens vor, während sein *gabellotto* mit brutaler Unterdrückung dafür sorgte, daß die Bauern weiter schufteten. Bald waren die *gabellotti* so mächtig geworden, daß sie den Grundbesitzern ihre Bedingungen diktieren konnten. Wer sich widersetzte, wurde mit Mafia-Methoden dazu gezwungen, sich dem Diktat der neuen Herren zu fügen. Da wurden Ernten zerstört, das Vieh vergiftet und die Orangenhaine verwüstet.

Schon im jungen Einheitsstaat Italien übernahmen Mafiosi seit 1861 die Dienste, welche ihre Nachfahren über hundert Jahre später auch für die Christdemokraten besorgen sollten: Sie kontrollierten die Wahlen.

»Sofort nach der Vereinigung Italiens wurde der mafiose *gabellotto* zum örtlichen Kontrolleur und zum Beschaffer für Stimmen im nationalen Parlament«, schreibt der Soziologe Carlo Tullio-Altan. »Das erhielt ihm die Macht in seinem Dorf. Die allgemeinen Wahlen aber wurden mit einer schweren Hypothek belastet. Die Kandidaten, für die sich der *gabellotto* einsetzte, wurden seine politischen Schuldner und mußten sich revanchieren, ob sie wollten oder nicht.«[4]

Diese Zusammenarbeit zu gegenseitigem Nutzen zwischen Mafia und Politik hat sich praktisch bis in die Gegenwart erhalten. Der Faschismus brachte eine kurze und keineswegs komplette Unterbrechung des Zusammenspiels. Polizeipräfekt Cesare Mori trieb Mafiosi und Nicht-Mafiosi zu Tausenden in sizilianischen Dörfern zusammen und verbannte sie ohne Federlesens auf einsame Inseln. Diese strenge Anti-Mafia-Linie des Mussolini-Regimes währte nur bis 1929. Danach gab es auch zwischen Faschisten und Mafia so manche freundschaftliche Verbindung. Gleichwohl gaben sich Mafiosi nach dem Zweiten Weltkrieg als Verfolgte der Faschisten aus und qualifizierten sich damit zur politischen Mitarbeit in Italiens Nachkriegs-Demokratie.

In einem legendenumwobenen Zusammenspiel mit dem amerikanischen Geheimdienst CIA hatte Cosa Nostra die Landung der Amerikaner in Sizilien im Sommer 1943 vorbereitet. Sie wurde mit zahlreichen Bürgermeisterposten dafür belohnt.

Im sizilianischen Dörfchen Villalba riefen die Amerikaner unter grenzenlosem Jubel der Bevölkerung den berühmten Boß Don Calogero Vizzini zum Bürgermeister aus. Spruchbänder wurden geschwenkt: »Es lebe die Mafia, es lebe Don Calogero!« Die Lebensgemeinschaft von Mafia und Politik war aufs neue besiegelt. Der nach 1945 bald ausbrechende globale Kampf gegen den Kommunismus erhob die kriminellen Wahlstimmenbeschaffer sogar in den Rang von Bundesgenossen in einem Heiligen Krieg. Bald wurden sie auch zu Geschäftspartnern.

Die 1953 gegründete Cassa per il Mezzogiorno war ein gigantisches Entwicklungsprogramm, das mit dem Bau von Straßen und anderen Infrastrukturen die südlichen Regionen Italiens fördern sollte. Aber die staatlichen Gelder versickerten im kapillaren Netzwerk, das seit jeher in Sizilien Mafia und Politiker der Regierungsparteien verband.

Die Entwicklung des Südens blieb aus. Statt dessen erblühte eine vom organisierten Verbrechen verseuchte Bauindustrie. Viele der mafiosen Bauunternehmen existierten nur auf dem Papier. Ihre Aufgabe war es lediglich, den Auftrag an Land zu ziehen. Sobald der Vorschuß von zwanzig Prozent der Bausumme aus Rom bezahlt worden war, lösten sich die Firmenattrappen auf.

Die schlimmsten Wunden hat der Aufstieg der modernen Mafia in Palermo, der Hauptstadt Siziliens, hinterlassen.

Fassungslos wanderte ich 1989 bei meinem ersten Besuch in Palermo durch die modrig riechenden Gassen der Altstadt. Die sizilianische Hauptstadt ist am Ende des Zweiten Weltkriegs von den Amerikanern bombardiert worden. Doch die schlimmsten Ruinenlandschaften sind erst seit 1945 entstanden. Durch systematische Vernachlässigung der Altstadt sorgte die Stadtverwaltung dafür, daß viele der Bewohner allmählich wegzogen. Die Mafia half bei der Räumung. Erst brannte eine Bar, dann wieder ein Restaurant. Die verschlüsselten Todesbotschaften von Cosa Nostra überzeugten die Übriggebliebenen davon, daß ein Umzug ihnen guttun würde.

Vor allem im Norden der Stadt gelang Cosa Nostra der *Sacco di Palermo*, die Plünderung Palermos. Eine Schlüsselfigur dabei war der christdemokratische Politiker Salvo Lima, Bürgermeister von Palermo in den Jahren 1958-1966, der berüchtigte Statthalter Andreottis in Sizilien. Ihm arbeitete Vito Ciancimino zu, der Stadtrat für das Bauwesen und für kurze Zeit selbst Bürgermeister von Palermo war. Ciancimino ist inzwischen als Mafioso verurteilt worden.

Unter seiner Anweisung spuckte der Stadtrat im Tempo von Gewehrsalven Baugenehmigungen aus – einmal gleich 2500 in einer einzigen Nacht. Von den 4200 Genehmigungen, die Ciancimino insgesamt erteilen ließ, lauteten 3300 auf immer dieselben Namen: Der eine gehörte einem Straßenhändler, der nächste einem Nachtwächter, zwei weitere gehörten Maurern. Diese mittellosen Bauherren wußten natürlich allesamt nichts von ihrem Glück.

Das gewaltige Kapital, das sich durch den Bauboom in den Kassen von Cosa Nostra ansammelte, mußte investiert werden. Seit den siebziger Jahren stieg die Verbrecherorganisation im großen Stil ins internationale Rauschgiftgeschäft ein. Cosa Nostra spezialisierte sich auf die Herstellung von Heroin. Das tauschte sie später gegen Kokain aus Lateinamerika aus, um den europäischen Markt mit der neuen Modedroge für die Reichen versorgen zu können. Die Ströme von schmutzigem Geld mußten nun gewaschen und investiert werden. Die Zahl der Bankfilialen in Sizilien vermehrte sich in den siebziger Jahren um vierhundert Prozent.

Längst hat sich Cosa Nostra über ganz Italien verbreitet. In Mailand saßen Anfang der neunziger Jahre rund 1700 Mafia-Verbrecher ein, in Palermo nur 400. Ähnlich ausgebreitet haben sich Camorra und 'Ndrangheta. Immer wichtiger ist seit der Öffnung der Märkte im ehemaligen Ostblock das Waffengeschäft geworden. Bomben, Granaten, Panzer und Hubschrauber werden verschoben, desgleichen Nuklearmaterial für Atomwaffen. Unter zahllosen Mafiaorganisationen anderer Länder stellen die

Italiener inzwischen weder das größte noch das mächtigste Kontingent. In Italien aber bilden die Clans des organisierten Verbrechens noch immer eine furchterregende Ballung krimineller Macht. Und trotz ihrer weltweiten Ausbreitung haben sie ihre »archaische Herrschaft über das Territorium«, von der Paolo Borsellino sprach, keineswegs aufgegeben.

Wie solche Herrschaft im Alltag im Süden Italiens funktioniert, habe ich in Misterbianco gesehen, einem sizilianischen Städtchen von 35 000 Einwohnern am Fuß des Ätna.

In dem Ort war 1990 der Vorsitzende der dortigen Christdemokraten, der Stadtrat für Bauwesen, Paolo Arena, von Killern der Mafia ermordet worden. Auf einer Sondersitzung des Gemeinderates, einberufen zu seinem Gedenken, wurde der Tote mit schwülstigem Lob überhäuft.

Plötzlich erhob sich ein gewisser Antonino Di Guardo, Vertreter der exkommunistischen Partei, der Demokratischen Linken, der für kurze Zeit auch Bürgermeister der Kleinstadt unter dem Ätna gewesen war. »Ihr seid elende Heuchler«, rief Di Guardo in die unbehagliche Stille. »Ihr wißt doch genau, wer Paolo Arena war. Er war eng mit den Bossen aus Catania befreundet und hat der Mafia bei uns Tür und Tor geöffnet.«

Die Wohltaten des mafiosen Politikers zeigte mir Di Guardo ein paar Wochen später persönlich. Wir kurvten auf ungepflasterten Straßen durch eine gesichtslose Ansammlung moderner Flachbauten aus Beton. »Eine Baugenehmigung hat hier kein einziges Haus, die ganze Stadt ist ein illegaler Steinhaufen«, erklärte mir Di Guardo. Wo sich Vertiefungen zwischen zwei Straßen ergaben, hatten die Bewohner ihre privaten Mülldeponien eröffnet. Höher gelegen, am Rand der Stadt, erhoben sich auf leblosem schwarzen Lavagestein die orientalisch-verkitschten Villen der Reichen von Misterbianco. »Alles mit schmutzigem Geld gebaut«, erläuterte Di Guardo. »Misterbianco hat nichts, womit jemand reich werden könnte – es sei denn, er versteht, die Kassen des Staates anzuzapfen.«

Der Stadtrat Paolo Arena konnte das gut. Unter seiner weisen Herrschaft ist in Misterbianco aus öffentlichen Mitteln eine Mülldeponie für dreizehn Gemeinden der Umgebung gebaut worden. Sie wird nicht benutzt, weil keine Zufahrtsstraßen eingeplant worden waren. Ein riesiges Methangaswerk in Misterbianco, das eine Großstadt versorgen könnte, wird nicht in Betrieb genommen. Nach vielen Jahren sind immer noch keine Leitungen in die Häuser der Stadt gelegt worden.

Und schließlich die neue Mittelschule von Misterbianco, die eine verwickelte Geschichte hat. Nino Di Guardo, der ein halbes Jahr Bürgermeister von Misterbianco war, hatte dafür gesorgt, daß sie gebaut wurde. Das Gebäude war fertig, aber es wurde nicht eröffnet. Ein Freund der Mafia hatte Di Guardo im Amt des Bürgermeisters abgelöst. Weiterhin wurden die Schüler in privaten Wohnungen unterrichtet, welche die Gemeinde für Wuchergebühren von Mitgliedern der »Ehrenwerten Gesellschaft« anmietete.

Di Guardo setzte die Eröffnung der Schule schließlich mit einem öffentlichen Hungerstreik durch. Wenige Tage nach der Einweihung wurde die Schule in Brand gesteckt. Das lieferte den Vorwand, einen Wachdienst anzustellen, dessen Mitglieder einer einschlägig bekannten Cosa-Nostra-Familie angehörten und entsprechend gut bezahlt wurden. Nur paßten die Wächter offenbar nicht ordentlich auf. Nach und nach verschwanden die elektrischen Schreibmaschinen, Computer und Fotokopierer aus der Schule. Natürlich mußte Ersatz besorgt werden. Der Schuldirektor wußte, wo er einzukaufen hatte. Die Firma, die die neuen Geräte lieferte, verlangte das Dreifache des üblichen Ladenpreises und bekam das Geld auch.

Nino Di Guardo hat die Mißstände im Ort beim Innenministerium angezeigt. Der Gemeinderat wurde aufgelöst, wegen »Infiltration durch die Mafia«.

Nino Di Guardo ist 1993 mit 70 Prozent der Stimmen erneut zum Bürgermeister von Misterbianco gewählt worden. Aber Cosa Nostra gab zu verstehen, daß ihr das nicht gefiel. Zwei Anschläge sind auf das Gebäude des Gemeinderats verübt worden, und Nino Di Guardo hat sich daran gewöhnt, dann und wann eine Patronenhülse auf seiner Schwelle zu finden – eine Drohung der Mafia.

Aber wer von der Mafia in Italien spricht, muß auch von den Männern und Frauen reden, die unter dem Einsatz ihres Lebens gegen sie kämpfen. Zu den eindrucksvollsten Männern, die ich in fünf Jahren Korrespondententätigkeit in Italien kennengelernt habe, zählt Paolo Borsellino, Staatsanwalt in Palermo. Sein Leben belegt exemplarisch die Entschlossenheit einer kleinen Kriegerkaste von Richtern und Staatsanwälten in Italien, die nicht zulassen wollen, daß die Mafia gewinnt.

Wann er kam oder ging, erfuhr niemand außer seiner bewaffneten Eskorte und selbst die nur im letzten Moment. Sich mit ihm im Hotel in Palermo verabreden hieß warten – manchmal stundenlang. Irgendwann klingelte dann das Telefon. Eine Männerstimme kündigte an: »Der Herr Staatsanwalt wird gleich eintreffen.« Sekunden später der nächste Anruf: »Der Herr Staatsanwalt wartet in der Lobby auf Sie.«

Im Erdgeschoß des Hotel Excelsior lauerte vor dem Aufzug ein Bewaffneter mit der Maschinenpistole im Anschlag. Zwei weitere bewachten den Eingang, ein vierter sicherte den Korridor. In einem Salon gegenüber der Rezeption, flankiert von zwei weiteren Wächtern, fand ich Paolo Borsellino, den großen Mafiajäger, locker gegen einen Kamin gelehnt, rosig im Gesicht und völlig entspannt, als ginge ihn das bedrohliche Spektakel um ihn herum überhaupt nichts an. Er war ein mittelgroßer Mann Anfang Fünfzig und sah korrekt aus wie ein preußischer Oberlandesgerichtspräsident. Seine Haare waren straff nach hinten gekämmt, der graue Schnurrbart war präzis geschnitten, der Anzug saß makellos.

Paolo Emanuele Borsellino, geboren am 19. Januar 1940, mittleres von drei Geschwistern, wächst in Palermos Altstadtviertel Magione auf. Im geräumigen Stadthaus einer Adelsfamilie bewohnen die Borsellinos den zweiten Stock, zehn Zimmer mit Fresken an den Decken und handgemalten bunten Kacheln auf den Fußböden. Die Eltern arbeiten beide in der nahegelegenen Apotheke, die der Familie seit drei Generation gehört. Nur hundert Meter entfernt wohnt Giovanni Falcone, ein Jahr älter als Paolo. Die beiden spielen Fußball und Pingpong miteinander, sie nehmen an den gleichen Aktivitäten der Jugendgruppe ihrer Kirche teil. Und so beginnt eine Freundschaft während zweier geradezu parallel verlaufender Leben, die viele Jahrzehnte später von zwei Sprengstoffanschlägen der Mafia beendet werden sollte.

Im Hause Borsellino wird die Landung der Alliierten in Sizilien keineswegs freudig begrüßt. Die Borsellinos hatten jene Prinzipien des italienischen Faschismus hochgehalten, die sich aus unverdächtigen Bürgertugenden ableiten: Respekt vor dem Gesetz und vor dem Staat, Liebe zur Familie, zum Vaterland. Paolo wird später Mitglied der neofaschistischen Studentenbewegung und mit dem Movimento Sociale Italiano (MSI), der 1946 gegründeten neofaschistischen Partei, sympathisieren. »Ich bin Monarchist«, entgegnet er Leuten knapp, die ihn nach seiner politischen Gesinnung fragen.

Der Vater stirbt 1962. Als ältester Sohn wird Paolo Familienoberhaupt und muß nun sein Jurastudium im Eiltempo durchziehen, weil es an Geld mangelt. Er promoviert mit 25 Jahren und absolviert die ersten Stationen seiner Karriere im Staatsdienst in kleinen sizilianischen Städten. 1968 heiratet er Agnese Piraino, eine Tochter des Oberlandesgerichtspräsidenten von Palermo. Drei Kinder werden geboren. Die berufliche Laufbahn Borsellinos führt in den vorgesehenen kleinen Schritten nach oben. Als Chef der Präfektur in der westsizilianischen Hafenstadt Mazara del Vallo lernt Borsellino in den siebziger Jahren zum ersten Mal die blutige Herrschaft von Mafia-Clans kennen; die gesamte Umgebung wird von den berüchtigten Corleonesi dominiert. Zum entschiedenen Kämpfer gegen die Mafia aber wird Borsellino im Jahr 1980.

Er ist zu diesem Zeitpunkt bereits Ermittlungsrichter in Palermo. Sein Zimmer im Justizgebäude trägt die Nummer 64. Nebenan, Zimmer Nr. 65, arbeitet Giovanni Falcone, der Freund aus der Kindheit, auch er ist nach verschiedenen Stationen einer Justiz-Karriere nach Palermo zurückgekehrt.

Am 4. Mai 1980 wird in der kleinen Stadt Monreale nahe der sizilianischen Hauptstadt Palermo der Carabinieri-Offizier Emanuele Basile von der Mafia umgebracht, ein Kollege und Freund Borsellinos. Zusammen hatten sie gerade an einer großen Ermittlung über die Rauschgiftgeschäfte eines Schwagers des berüchtigten Bosses Salvatore Riina gearbeitet.

»Zum ersten Mal hatte Cosa Nostra in meiner unmittelbaren Umgebung gemordet«, erinnerte sich Borsellino, als ich in seinem Büro im Justizgebäude von Palermo vor ihm saß. »Das war ein Wendepunkt in meinem Leben.« Der Richter schwor sich, den Mord nicht ungesühnt zu lassen. »Damals, Anfang der achtziger Jahre«, sagt er nachdenklich, »ist in der Justiz überhaupt erst ein Verständnis dafür erwacht, was diese Verbrecherorganisation eigentlich ist, wie sie funktioniert, wie gegen sie ermittelt werden muß. Von unserem heutigen Wissen waren wir damals freilich weit entfernt.«

Auch die Lebensgewohnheiten Borsellinos ändern sich nun dramatisch. Der Mord an Emanuele Basile war auch als Warnung an den Ermittlungsrichter von Palermo gedacht. Seit dem 5. Mai 1980 steht Borsellino unter Eskortenbewachung. Er fährt in gepanzerten Autos, denen Polizeiwagen mit jaulenden Sirenen auf den Straßen den Weg bahnen. Ohne seine Leibwächter, die kugelsichere Westen tragen, darf er sich nicht mehr in der Öffentlichkeit zeigen. Mit Besuchen von Konzerten, Kino und Theater ist es vorbei. Abende bei Freunden müssen unter Geheimhaltung organisiert werden. Besuche in Restaurants werden zu nervenaufreibenden Aktionen, bei denen die Männer von der Eskorte erst sämtliche Räume durchsuchen müssen. Während der Fahnder endlich speisen kann, liegt, unter der Tischdecke verborgen, eine Maschinenpistole auf seinem Schoß. Drohungen treffen ein. Einmal liegt eine Patronenhülse auf der Schwelle, dann wieder findet sich ein Briefchen im Postkasten oder ein Zettel, auf den jemand einen Sarg gekritzelt hat.

Borsellino versucht die Botschaften Cosa Nostras nicht allzu ernst zu nehmen. »Wen Cosa Nostra umbringen will, den tötet sie, dem schickt sie vorher keine Briefe«, erklärt er mir. Doch dann und wann, so gibt er zu, packt auch ihn das nackte Grauen – dann nämlich, wenn seine Kinder bedroht werden. »Passen Sie auf Ihre Tochter auf, sie ist in schlechter Gesellschaft«, heißt es in einer anonymen Nachricht, die er lange nicht vergessen kann.

Im Justizgebäude wächst seit 1982 der Anti-Mafia-Pool zusammen, eine Gruppe von Ermittlern, die sich unter ständiger Lebensgefahr ausschließlich mit Cosa Nostra befassen. Ihr Chef ist der Leitende Ermittlungsrichter Rocco Chinnici, ein klarsichtiger, entschlossener Mann.

Die Männer arbeiten auf einem abgeschlossenen Korridor des Justizgebäudes, im »Bunker« – hinter doppelten Stahltüren, verstärkten Mauern und Panzerglas, bewacht von komplizierter Elektronik und schwerbewaffneten Polizisten. Zum ersten Mal wird ernsthaft, flächendeckend und in enger Kooperation gegen Cosa Nostra ermittelt, ohne vor den Mächtigen in der Gesellschaft haltzumachen, die diese decken und protegieren. Und das ist der entscheidende Punkt: Der Pool von Palermo nimmt jene düstere Grauzone ins Visier, in der Mafiosi und Politiker ununterscheidbar werden.

So macht sich das Team auf die Spur der zwielichtigen Cousins Ignazio und Nino Salvo aus Salemi bei Palermo, die seit zwanzig Jahren für den Staat die Steuern in der Region eintrieben und dabei sehr reich geworden waren. Ihre Nähe zu Cosa Nostra war notorisch. In ihrem Luxushotel Zagarella, im Hafen von Santa Flavia, trafen sich die führenden Christdemokraten Siziliens immer wieder mit den Bossen der Mafia. Eines Tages wurde auch Giulio Andreotti im vertrauten Gespräch mit einem der Salvo-Cousins fotografiert – ein wichtiger Baustein in der Beweiskette gegen den prominentesten Staatsmann, dem Protektion der Mafia angelastet werden sollte. Gegen beide Salvo-Cousins wurde nach den Ermittlungen des Pools Anklage erhoben.

Im politischen Establishment Palermos wächst allmählich der Unmut über die »Sheriffs« im Justizgebäude.

Am 4. August 1983 wird der Chef des Teams, Rocco Chinnici, durch eine Autobombe getötet, die vor seinem Wohnhaus detoniert. Mit dem obersten Ermittlungsrichter sterben die zwei Eskorte-Beamten, die ihn begleiten, und der Portier des Hauses. Das Auto mit der tödlichen Ladung Tritol war wenige Sekunden vor der Ankunft Chinnicis direkt vor dem Haus – vor dem striktes Halteverbot herrschte – abgestellt worden. Jemand aus dem Justizpalast muß den Mördern von Cosa Nostra Bescheid gesagt haben, wann der Richter eintreffen würde.

Der Tod Chinnicis gerät zum Trauma für die Familie Borsellino. Der Ermittler war den Kindern verbunden, als sei er ein enger Verwandter. Häufig erschien er unangemeldet bei der Familie zu Besuch. Was es bedeutet, im Schatten ständiger tödlicher Bedrohungen aufzuwachsen, hat Manfredi Borsellino, der Sohn des Fahnders, nach dem Tod seines Vaters beklemmend eindrucksvoll erzählt: »Unsere Erinnerungen sind erfüllt von schrecklichen Mordfällen, die uns schmerzten und uns immer wieder die Ferien verdarben. Fast alle Kollegen und Freunde meines Vaters sind im Sommer getötet worden. Während andere Kinder sich auf eine unbeschwerte Zeit am Meer freuen konnten, stieg in uns, zu Beginn der Sommerpause, eine schreckliche Beklemmung auf: Wen würde es dieses Mal treffen? Wann würden sie uns den Vater nehmen?«[5]

Der Pool arbeitet weiter. Um den Horror abzuschütteln, der sie täglich begleitet, verfallen die Eingeschlossenen auf makabre Spiele. Sie schreiben sich gegenseitig Nachrufe oder verlangen barsch die Schlüssel zu den Tresoren der Kollegen – »damit wir an die Dokumente rankönnen, wenn sie dich umgelegt haben«.

Ab 1984 erreichen die Ermittlungen eine ganz neue Ebene. Giovanni Falcone und seinem Kollegen von der Polizei, Gianni De Gennaro, gelingt es, einen in Brasilien verhafteten Boß aus Palermo, Tommaso Buscetta, zur Zusammenarbeit mit der Justiz zu bewegen. Dieser hatte im Mafia-Krieg zwischen den Clans aus Palermo und denen aus dem Städtchen Corleone, 58 Kilometer südlich von Palermo, zwei seiner Söhne und zahlreiche Verwandte verloren. Buscetta kennt die innere Struktur von Cosa Nostra und gibt sein Wissen in allen Einzelheiten an die Ermittler weiter. Zum ersten Mal können diese wirklich verstehen, wer der Feind ist, den sie seit Jahren bekämpfen. Neu ist vor allem die von Buscetta vermittelte Einsicht, daß Cosa Nostra tatsächlich eine Geheimgesellschaft mit klar definierter Organisation ist. Auf diese Weise wird es später möglich, gegen Mafiosi schon allein aufgrund ihrer Mitgliedschaft in der Cosa Nostra Anklage zu erheben.

Die Zusammenarbeit mit den *pentiti*, den Reumütigen, wird zu einer der wichtigsten Waffen der Justiz im Kampf gegen die Mafia. Entscheidend dabei ist, daß es den Fahndern gelingt, ein tragfähiges, menschliches Verhältnis zu den Mafiosi aufzubauen, die sich entschließen, das Lager zu wechseln.

In einem einzigartigen dokumentarischen Bericht, den Giovanni Falcone zusammen mit Marcelle Padovani über seine Erfahrungen mit der Mafia geschrieben hat, heißt es: »Und warum trauen die *pentiti* mir? Sie wissen, welchen Respekt ich für die Seelenqual habe, die mit ihrem Seitenwechsel verbunden ist. Sie wissen, daß ich sie nicht hereinlege. In mir haben sie jemanden vor sich, der dieselbe Luft geatmet hat wie sie und ihre Sprache spricht. Aber die Kommunikation läuft nicht nur über die Sprache. Ich kenne mich in der sizilianischen Seele aus. Eine Veränderung im Tonfall, ein Augenaufschlag läßt mich manchmal mehr verstehen als lange Reden.«[7]

Nach Buscetta entschließen sich weitere verhaftete Bosse von Cosa Nostra – Antonino Calderone, Salvatore Contorno, Francesco Marino Mannoia und andere – dazu, mit der Justiz gegen die Mafia zu kooperieren. Allein durch die Aussagen von Buscetta und Calderone können an die fünfhundert Mafiosi festgenommen werden. Im »Bunker« von Palermo zeichnen sich allmählich die Konturen für einen gigantischen Prozeß gegen Cosa Nostra ab. Der Pool verfaßt eine Anklageschrift, die mitsamt der Dokumentation 8607 Seiten umfaßt, ein monumentales Werk über die sizilianische Verbrecherorganisation in den siebziger und achtziger Jahren.

Vor dem Beginn des Prozesses türmen sich merkwürdige Hindernisse auf: Ein Gerichtssaal mit höchsten Sicherheitsvorkehrungen soll gebaut werden, aber zunächst findet sich kein Bauunternehmen in Palermo, das bereit ist, die Arbeiten auszuführen. Bei der Installation des Telefonsystems kommt es zu mysteriösen Pannen. Die Computer werden erst in allerletzter Minute geliefert. Fast platzt der Eröffnungstermin, weil sich in der Bevölkerung Palermos nicht genug Mutige finden, die es wagen, als Geschworene zu dienen. Gleichwohl beginnt am 10. Februar 1986 der erste Abschnitt des »Maxi-Prozesses« gegen 456 Angeklagte, überwiegend Angehörige der Clans aus dem Zentrum Palermos. (Ein zweiter Abschnitt, der später beginnt, richtet sich gegen Mafiosi aus den Provinzen Siziliens; ein dritter verhandelt gegen Angeklagte aus dem bürgerlichen Umfeld der Mafia, so gegen den ehemaligen Stadtrat für das Bauwesen von Palermo, Vito Ciancimino.)

Nach 347 Sitzungstagen endet Abschnitt eins des »Maxi-Prozesses« am 16. Dezember 1987. 18 Angeklagte werden zu lebenslänglicher Haft verurteilt, über 327 Personen werden insgesamt 2665 Jahre und sechs Monate Gefängnis verhängt – ein Triumph für die Kläger.

Aber die Euphorie über den Sieg verfliegt schnell. In Prozessen der zweiten Instanz werden viele der Urteile gegen die Mafiosi wieder aufgehoben, andere verschaffen sich Freiheit durch ärztliche Gutachten, die sie für haftunfähig erklären.

»Wie konnte dieser große Sieg so schnell verschenkt werden?« frage ich Paolo Borsellino, als ich ihm im Justizpalast von Palermo gegenübersitze. Er zündet sich eine neue Zigarette an, blickt lange durch die Fensterscheiben aus gepanzertem Glas auf den grauen Winterhimmel und antwortet schließlich:

»Wir sind allesamt einer gefährlichen Illusion erlegen. Irgendwie glaubten wir, daß mit ein paar Jahren intensiver Ermittlungen Cosa Nostra erledigt werden könnte. Aber wir haben gelernt, daß es nicht reicht, die Mafiosi zu finden und zu verurteilen. Für jeden Mafioso, der im Gefängnis sitzt, wächst draußen ein neuer heran. Wir müssen an die historischen Wurzeln herankommen, in denen zugleich die wahren Gründe ihrer Dauerhaftigkeit liegen: Die Mafia braucht die Nähe zur politischen Macht, obwohl sie zu dieser in Konkurrenz steht. Es ist eine komplizierte, dialektische Beziehung, die sich immer wieder reproduziert hat. Weder stürmt die Mafia mit ihren Kalaschnikows die Rathäuser und Gerichtsgebäude, noch zieht der Staat in den Krieg gegen seine unrechtmäßigen Konkurrenten. Die Mafia entzieht sich dem offenen Konflikt, indem sie das Gewebe des Staates an entscheidenden Stellen infiltriert. Sie gewinnt Politiker, Verwaltungsbeamte, oft auch Vertreter der Justiz und der Polizei für sich. Sie beeinflußt den Staatsapparat von innen, so daß er ihr gefügig wird.«

So konnte es geschehen, daß am Kassationsgericht von Rom ein Richter namens Corrado Carnevale saß, der als »Urteilsmörder« bekannt war, weil er die Verurteilungen von Mafiosi wegen angeblicher technischer Mängel der Verfahren immer wieder aufhob.

An einem Frühlingstag des Jahres 1992, etwa drei Monate vor seiner Ermordung, warte ich in seiner Wohnung in Palermo auf Borsellino. Er verspätet sich reichlich. Ich habe Zeit, mich umzuschauen in einem vollgestellten Salon der palermischen Mittelklasse. Borsellinos Frau, Agnese, eine stille, freundliche Frau, leistet mir Gesellschaft und erläutert mir die Familien-Memorabilia, mit denen der Raum über und über dekoriert ist. Das kleine Gebetbuch mit dem abgeschabten Einband aus Seide etwa, das in einem Vitrinen-Tisch vor dem Sofa liegt, stammt von ihrer Großmutter. Sie benutzte es seit dem Tag ihrer Erstkommunion. Der Korallenschmuck daneben ist ein Erbe von Agneses Mutter. Ein Onkel des Staatsanwalts, der Militärarzt war und an Mussolinis Abessinien-Feldzug teigenommen hat, brachte die Elfenbeinbrosche mit. Seine Säbel schmücken die Wände neben Familienportraits in schweren Schildpatt-Rahmen.

Hinter den Häkelgardinen erstreckte sich bis zum Horizont die Einödlandschaft aus Ziegeln und Beton, die sich nach dem *sacco* von Palermo über die niedergerissenen Villen und Parks der Gegend ausgebreitet hatten. Auch zu Hause hatte Paolo Borsellino also immer ein Stück von dem vor Augen, was der Pakt zwischen der Mafia und Politikern in Palermo angerichtet hatte.

Er trifft gegen 22 Uhr ein, immer noch rosig im Gesicht und

nicht sichtlich erschöpft. Mit einem Whisky, an dem er sehr langsam nippt, läßt er sich in einem der mächtigen Sessel nieder.

»Was sind Ihre Belohnungen in einem beruflichen Leben, das Ihnen so viele Einschränkungen auferlegt?« frage ich ihn.

Und Borsellino erzählt die Geschichte von einem *pentito*, den er vor Jahren wegen unglaublich brutaler Verbrechen verhört hatte. »Er stammte fast aus dem gleichen Viertel wie ich, aber seine Sprache war derart roh und primitiv, daß ich ihn kaum verstehen konnte. Aber im Lauf unserer vielen Begegnungen merkte ich, wie der Mann sich veränderte.« Bisher sei Macht für diesen Mann immer nur mit Gewalt und Brutalität verbunden gewesen. »Aber nun erlebte er in mir einen Mann, der offenkundig auch Macht hatte, sogar Macht über sein eigenes Leben, und der hatte ganz andere Werte, die nichts mit Gewalt zu tun hatten. Das hat ihn verändert.«

Kürzlich sei er in dem Gefängnis gewesen, in dem der *pentito* inzwischen einsitzt. Er habe ihn rufen lassen, um ein paar Schritte mit ihm auf dem Korridor auf und ab zu gehen. »Sie können sich gar nicht vorstellen, wie sich der Mann gefreut hat. Es war ein Fest für ihn – und auf diese Weise auch für mich.«

»Ihr Leben kann jeden Tag zu Ende sein. Haben Sie keine Angst?«

»Ich habe immer mit einiger Gelassenheit akzeptiert, daß ich eines Tages bei meiner Arbeit draufgehen könnte.«

»Und wie lebt Ihre Familie mit dem ständigen Ausnahmezustand?«

»Ich versuche alles, damit meine Frau und meine Kinder so normal wie möglich leben können. Das ist mir meistens gelungen. Leider nicht immer.«

Der Mafia-Fahnder erzählt es nur zögerlich: Im August 1983 mußten Giovanni Falcone und Paolo Borsellino samt ihren Familien überstürzt auf die einsame Gefängnisinsel Asinara geschafft werden. Pläne von Cosa Nostra für ein Attentat auf die beiden Ermittler, die gerade die Anklageschrift für den »Maxi-Prozeß« verfaßten, waren ruchbar geworden. Die beiden jüngeren Borsellino-Kinder nahmen die plötzliche Verlagerung ihrer Ferien in den Schatten eines Hochsicherheitsgefängnisses nicht weiter tragisch. Die Älteste legte sich ins Bett, zog die Decke über den Kopf und verweigerte die Nahrung. Sie konnte den Druck der Bedrohung nicht mehr aushalten: die bewaffneten Eskortepolizisten, die jetzt auch die Kinder auf Schritt und Tritt begleiten mußten. Die dramatischen Abfahrten und Ankünfte ihres Vaters, die vom Geheul der Polizeisirenen untermalt waren. Die Angst bei jedem morgendlichen Abschied des Vaters. Die Angst beim nächtlichen Warten auf ihn.

Es hat Jahre gedauert, bis die Tochter Borsellinos von ihrer Anorexie geheilt war. Vor allem ihr zuliebe ließ sich Borsellino als Leitender Staatsanwalt nach Marsala, in den Westen Siziliens, versetzen. Da lebte er zwar auch mit einer schwerbewaffneten Eskorte, aber seine Tochter brauchte sie nicht jeden Tag zu sehen. Wenn er am Wochenende nach Hause kam, fuhr er sein gepanzertes Auto meistens selbst.

Wir haben uns inzwischen in Borsellinos Arbeitszimmer niedergelassen. An den Wänden sind Dokumente aus der Familiengeschichte, Gesetzestexte, historische Zeitungsausschnitte ausgestellt. Von Bücherborden hängen meterhohe Rittergestalten in metallischer Rüstung, *pupi siciliani*, aus dem traditionellen sizilianischen Puppenspiel. Allem Anschein nach liegt Borsellino viel an seiner sizilianischen Herkunft.

»Sie kennen doch sicher das Buch *Der Leopard* von Giuseppe Tomasi di Lampedusa«, sagte er. »Und Sie erinnern sich vielleicht an die Szene, in der der Fürst von Salina zusammen mit einem Admiral der englischen Flotte von der Terrasse seines Hauses in Palermo aus die Ankunft Garibaldis beobachtet. ›Was wollen die denn hier?‹ fragt der Engländer, und der Fürst antwortet: ›Sie wollen uns gute Manieren beibringen. Aber das wird ihnen nicht gelingen. Weil wir Götter sind.‹ «

Für ihn sei diese Antwort Salinas die Essenz und zugleich das Problem des sizilianischen Wesens. Weil alles perfekt ist, muß nichts verbessert werden. Auch der Verfall hat seine Schönheit. Götter müssen sich nicht verändern.

Mit dunklem Schlag zeigt die Standuhr an, daß es zwei Uhr morgens geworden ist. Ich bitte Borsellino, mir ein Taxi zu bestellen, aber er will nichts davon wissen. Wir fahren mit dem Aufzug ins Untergeschoß, überqueren einen unbeleuchteten Hof und betreten die Garage, in der ein gepanzerter Fiat Croma wartet. Mir ist ein bißchen mulmig zumute. Aber Borsellino lacht: »So viel Geduld bringt selbst die Mafia nicht auf. Sie wird schon nicht warten, ob ich irgendwann einmal um zwei Uhr morgens diesen Hof überquere, um eine deutsche Journalistin ins Hotel zu fahren.« Er dreht für mich die Scheiben seines Autos herunter. Sie sind vier Zentimeter dick. »Auch das wird mir nicht helfen«, sagt Borsellino. »Wen die Mafia kriegen will, den bekommt sie am Ende auch.«

Im Hotel Excelsior sitzt der Direktor noch über seinen Kassenbüchern. »War das nicht der Richter Borsellino, der Sie hierher gefahren hat?« fragt er mich. »Der Mann ist wohl von Sinnen, nachts ohne Eskorte durch Palermo zu kutschieren.«

»Er weiß schon, was er tut«, gebe ich zurück.

Im Juli 1992 fand ich mich weit entfernt vom Schauplatz der italienischen Dramen: Mit meiner damals zehnjährigen Tochter Karoline hatte ich die ihr seit langem versprochene Reise nach Kalifornien unternommen. Am Abend des 19. Juli kehrten wir nach einer mehrtägigen Bergwanderung erschöpft, braungebrannt und gutgelaunt in das Haus meiner Schulfreundin Becky in Berkeley zurück. Sie begrüßte mich mit den Worten: »They killed Judge Borsellino.«

So endeten unvermittelt die Ferien. Während ich unsere Sachen zusammensuchte, liefen mir die Tränen übers Gesicht. Karoline half mir stumm beim Kofferpacken. Aber als wir am nächsten Morgen über die Rocky Mountains in Richtung Osten flogen, sagte sie plötzlich: »Ich hasse die Mafia.« Und ich entgegnete ihr: »Es ist ja nicht nur die Mafia.«

Während sich weit unter mir die gleichmäßigen Felder der Großen Ebene ausbreiteten, sah ich die dramatischen italienischen Ereignisse des Jahres 1992 wie ein verschlungenes orientalisches Ornament vor mir, dessen Linien vielfach untereinander verbunden waren, ohne preiszugeben, nach welchem System.

Mit ihren Ermittlungen gegen die Korruption hatten seit dem Frühjahr die Richter in Mailand und bald auch anderswo mit der Demontage eines politischen Systems begonnen, das über ein halbes Jahrhundert lang scheinbar unantastbar gewesen war. Die Mafia war ein Teil dieses Systems gewesen. Jetzt wollte sie sich von einem Machtkartell lösen, das ihr keinen Schutz mehr bot.

Am 12. März 1992 wurde in Mondello, einem Badeort in der Nähe Palermos, der DC-Politiker Salvo Lima ermordet, der Statthalter Andreottis in Sizilien, der auch in offiziellen Dokumenten immer wieder als der politische Schutzherr von Cosa Nostra bezeichnet worden war. Doch in Rom hatte sich seit 1991 der Wind gedreht – nicht zuletzt durch den Einfluß Giovanni Falcones. Eine zentrale Staatsanwaltschaft für den Kampf gegen die Mafia, die *superprocura*, war gegründet worden. Falcone sollte ihr Chef werden. Pläne einer zentralen Ermittlungsbehörde für Mafiaverbrechen standen dicht vor der Verwirklichung. Gleichzeitig hatte Giovanni Falcone dafür gesorgt, daß am Kassationsgericht nicht mehr Corrado Carnevale, der berüchtigte »Urteilsmörder«, das letzte Wort in Mafia-Prozessen haben sollte. Und so kam es, daß am 30. Januar 1992 die harten Urteile des »Maxi-Prozesses« in letzter Instanz bestätigt wurden – ein Schlag ohnegleichen für Cosa Nostra. Eine ihrer Lebensadern war getroffen – nämlich die faktische Straffreiheit, die sie bisher genossen hatte.

Salvo Lima hatte diese Entwicklung nicht aufhalten können. Dafür mußte er sterben. Nun war Giovanni Falcone dran.

Am 23. Mai 1992, um 17.58 Uhr, explodierte unter einer Autobahnbrücke bei der Abfahrt Capaci, zwischen dem palermischen Flughafen Punta Raisi und der Hauptstadt, eine infernalische Bombe. Per Fernsteuerung wurde sie in dem Moment gezündet, als Giovanni Falcone und seine Frau Francesca Morvillo mit ihrer Eskorte die Brücke passierten. Das erste Auto, in dem drei Polizisten saßen, wurde von der Wucht der Explosion in einen Orangenhain neben der Autobahn geschleudert; alle drei Insassen waren sofort tot. Giovanni Falcone, der am Steuer saß, überlebte die Fahrt ins städtische Krankenhaus um 20 Minuten.

Paolo Borsellino hatte beim Friseur von dem Attentat erfahren und war mit seiner Tochter Lucia ins Krankenhaus geeilt. Er verschwand hinter der Glastür der Notaufnahme, und Lucia kam es vor, als sei ihr Vater sehr lange weggeblieben. Als er zurückkam – und das geschah nur ein paar Minuten später –, schien er ihr um Jahre gealtert zu sein. Giovanni Falcone war um 18.47 Uhr, 50 Minuten nach dem Anschlag, in den Armen Paolo Borsellinos gestorben.

54 Tage später tötete die Mafia auch seinen Freund Paolo Borsellino. An einem heißen Sonntagnachmittag, am 19. Juli 1992, um 16.55 Uhr, hält der gepanzerte Fiat Croma Borsellinos vor dem zehnstöckigen Appartementhaus in der Via Mariano D'Amelio, in dem Borsellinos Schwester und seine Mutter wohnen. Zwei anderen Polizeiwagen entsteigen die Mitglieder der Eskorte, darunter Emanuela Loi, die erste Frau, die jemals in Italien diesen gefährlichen Dienst versehen hat. Borsellino, die unver-

meidliche Dunhill in der Hand, klingelt und meldet sich über die Sprechanlage: »Mama, ich bin's, Paolo.« Im gleichen Moment explodiert unter einem direkt vor der Haustür geparkten Seat Ibiza eine Ladung von vierzig Kilogramm »Semtex«, ein Plastiksprengstoff, der 450 Kilogramm Tritol entspricht. Zusammen mit Borsellino sterben Emanuela Loi, Walter Cusina, Claudio Traina, Vicenzo Li Muli und Agostino Catalano, seine jungen Leibwächter. Borsellino hatte sich von seiner Mutter verabschieden wollen. Am nächsten Morgen hätte er in Mannheim erneut einen Häftling von Cosa Nostra, Gioacchino Schembri, verhören sollen, der wichtige Informationen über den Mord an dem jungen Agrigenter Ermittlungsrichter Rosario Livatino weiterzugeben hatte. Wie die Killer Livatinos stammte Schembri aus Palma di Montechiaro, der Stadt des *Leoparden*. Am Abend dieses Tages legt sich Lucia Borsellino in die flache Kuhle, die ihr Vater beim Mittagsschlaf in seinem Bett hinterlassen hatte. Das war, so hat sie erzählt, ihre letzte Möglichkeit, ihrem Vater noch einmal nahe zu sein.

Als ich am Dienstag, dem 21. Juli, in Palermo eintraf, brodelte Aufruhr in den Straßen. Barrikaden versperrten den Zugang zum Normannendom, in dem das Staatsbegräbnis für die Mitglieder der Eskorte stattfinden sollte – für Paolo Borsellino, den unverbrüchlich treuen Staatsdiener, hatte seine Familie die Totenfeier des Staates abgelehnt, der ihn nicht ausreichend geschützt hatte. Schon ein scharf durchgesetzes Halteverbot vor dem Haus seiner Mutter hätte wenigstens diesen Anschlag verhindern können.

Polizisten mit Schäferhunden patrouillierten durch die Straßen, um aufgebrachte Bewohner der Stadt in Schach zu halten, denen der Zugang zum Normannendom verwehrt wurde. Wasserwerfer lauerten in Nebenstraßen. In einer Entscheidung, die an Kurzsichtigkeit und Arroganz nicht zu übertreffen war, hatte der Polizeipräfekt der Bevölkerung den Zutritt zum Dom, die Teilnahme an der Trauerfeier verweigert – als sei die Bevölkerung von Palermo das Sicherheitsproblem und nicht die Mafia.

Verborgen in einem dichten Kokon aus Polizistenkörpern bewegten sich Italiens höchste Würdenträger, Staatspräsident Scalfaro, Ministerpräsident Amato und Polizeichef Vincenzo Parisi, die wenigen Schritte aus ihren Autos in den Dom. Ein Hagel von Geldmünzen und Glasscherben flog in ihre Richtung, wer sich nahe genug wähnte, spuckte, drohende Fäuste bedrängten die Politiker. »Schakale, Mörder, seid ihr!« schrie man ihnen nach. »Ihr Schufte, ihr Verräter! Warum seid ihr nicht tot?«

»Ich habe schon so viele Begräbnisse von Opfern der Mafia miterlebt und auch wütende Mengen«, sollte Nando dalla Chiesa, der Sohn des ebenfalls von der Mafia ermordeten Carabinieri-Generals und Präfekten von Palermo, Carlo Alberto dalla Chiesa, später erzählen, »aber bei dem Begräbnis der Eskorte von Borsellino hatte ich das Gefühl, daß wir jetzt nur einen Schritt, einen winzigen Schritt von einem Aufstand entfernt waren«.[8]

Zu dem Aufstand ist es nicht gekommen, und der Volkszorn hat sich gelegt. Italien bleibt, wie Don Fabrizio, der Fürst von Salina, im Roman *Der Leopard* sagt, »das Land der gütlichen Übereinkünfte«. Doch immerhin entschlossen sich die Verantwortlichen in Italien nach dem Tod der beiden Staatsanwälte zu durchgreifenden Maßnahmen im Kampf gegen die Mafia.

Als erstes deportierte die italienische Regierung die ruchlosesten der gefangenen Mafia-Bosse auf einsame Inseln im Mittelmeer. Jetzt war es aus mit dem fidelen Leben in halboffenen Kerkern, das den Mafiosi die Weiterführung ihrer Geschäfte ungehindert ermöglicht hatte. Ein neues Anti-Mafia-Gesetz erweiterte die Möglichkeiten der Ermittler, Verdächtige auszuspähen. Seither kann auch Vermögen von Mafiosi leichter beschlagnahmt werden, Kronzeugen wurden goldene Brücken gebaut, vor allem aber wurde der Schutz für sie und ihre Familien entscheidend verstärkt.

Springflutartig stieg seitdem die Zahl der Mafiosi an, die bereit waren, mit der Justiz zusammenzuarbeiten, und das wiederum führte zu spektakulären Verhaftungserfolgen. Kaum sechs Wochen nach dem Tod Borsellinos gelang es, innerhalb von elf Tagen drei Top-Mafiosi zu verhaften, und im Januar 1993 gelang den Fahndern ein wahrhaft sensationeller Fang: An einem Freitag morgen wurde in Palermo Salvatore (»Totò«) Riina, 62, verhaftet.

Der kleine, rundliche Mann, der sich bei seiner Festnahme wie ein bescheidenes, etwas tumbes Bäuerlein gab, ist einer der blutrünstigsten Mafiagangster der Nachkriegszeit. Er soll über 150 Morde begangen haben, etliche davon eigenhändig. In den achtziger Jahren hatte Riina eine blutige Diktatur über Cosa Nostra errichtet. Um seine Herrschaft zu sichern, entsandte Riina persönliche Botschafter in die Cosa-Nostra-Familien, Spione gleichsam, die jeden töten ließen, der sich dem obersten Boß widersetzte. Doch seine Diktatur, so sagte mir der Mafia-Soziologe Pino Arlacchi damals, »widersprach dem inneren Ordnungsprinzip von Cosa Nostra, das trotz des vertikalen Aufbaus der Organisation den Clans Autonomie in ihren eigenen Territorien ließ«.

Der Unmut in der Truppe über Riinas Selbstherrlichkeit wuchs zu potentieller Meuterei heran, als er seinen Untergebenen immer leichtfertiger Morde befahl, ohne nach alter Sitte dafür zu sorgen, daß die Killer straffrei ausgingen. »Mafiosi wollen risikolos morden«, sagte Arlacchi. »Aber unter Totò Riina wurden viele seiner Leute zu lebenslangem Zuchthaus verurteilt – und so hat er selbst die Überläufer herangezüchtet, deren Aussagen ihm dann zum Verhängnis wurden.«

Am Ende verriet ein Fahrer Riinas, wo der meistgesuchte Mafioso Italiens steckte, der fast ein Vierteljahrhundert lang in Palermo wie unter einer Tarnkappe gelebt hatte: geschützt durch eine dichte mafiose Subkultur und – wie man jetzt weiß – durch so manchen Gönner bei der Polizei.

Im Sommer 1993 begann eine neue Bombenserie, eine Fortsetzung jener unheimlichen, nie gänzlich aufgeklärten und selten gesühnten Anschläge auf unbeteiligte Menschen. Am 14. Mai explodierte in der Via Fauro im römischen Stadtteil Parioli eine Autobombe, die offensichtlich dem bekannten Talk-Master Maurizio Costanzo gegolten hatte, ihn aber verfehlte. Am 27. Mai ging in der Nähe der Uffizien in Florenz nachts eine Autobombe hoch, die fünf Menschen tötete und 29 verletzte. Unschätzbare Kunstwerke wurden in Italiens wichtigster Gemäldegalerie zerstört. Am 27. Juli explodierten fast gleichzeitig in Mailand und Rom drei Bomben. Die Bombe in Mailand tötete fünf Menschen. In Rom wurde die traditionsreiche Bischofskirche San Giovanni in Laterano von einer Bombe beschädigt, desgleichen San Gregorio in Velabro in der Nähe des Kapitols.

War das die Antwort der Mafia auf die Reise des Papstes nach Sizilien, bei der er scharf wie niemals zuvor gegen die Mafia Stellung genommen hatte? Den Bomben des Sommers 1993 folgten keine Bekennerbriefe, aber es leuchtete ein, eine Reaktion der Mafia zu vermuten, die vom Staat die Rücknahme der scharfen neuen Anti-Mafia-Bestimmungen erzwingen wollte. Diese These ist von den Ermittlungen inzwischen bestätigt worden. Cosa Nostra hatte die Bombenanschläge geplant und ausgeführt.

Doch auch bekannte alte Seilschaften waren wieder dabei.

Da gab es nämlich einige sehr überzeugende Indizien für eine Beteiligung von Männern aus den Reihen des italienischen Geheimdienstes. Wieder einmal war also die düstere Allianz zwischen Männern, die als Geheimdienstleute eigentlich Italiens Demokratie schützen sollten, und Mafia-Verbrechern, welche die Demokratie bedrohten, offenkundig geworden.

Und wieder einmal war der Zeitpunkt interessant: Die Bomben sollten *auch* destabilisieren, sie sollten Furcht und Verunsicherung unter eine Bevölkerung streuen, die den Wandel, der in Italien begonnen hatte, weitgehend unterstützte. Insofern richteten sich die Bomben auch gegen *Mani pulite*, die große Säuberungsaktion, die in Mailand begonnen hatte.

Eine aufsehenerregende Bestätigung für die These von der Beteiligung der Geheimdienste an den Bombenanschlägen lieferte Ende des Jahres 1993 Staatspräsident Oscar Luigi Scalfaro. Verhaftete Geheimdienstleute hatten ihn bezichtigt, auch er habe Monat für Monat Geld aus den Kassen des italienischen Geheimdienstes SISDE bezogen. Eine leidenschaftliche Verteidigungsrede, die über alle drei Sender ausgestrahlt wurde, begann Scalfaro mit den Worten: »Erst versuchen sie es mit Bomben und jetzt mit infamen Verleumdungen gegen den obersten Repräsentanten des Staates.«

Die Mafia aber wartete die politischen Stürme ab, die in Rom tobten, und harrte besserer Zeiten. Auf die sie nicht lange warten mußte.

Lega Nord – Der Aufstand aus dem Norden

Knapp fünf Minuten lang war Walter Vitali, Linksdemokrat und Bürgermeister von Bologna, auf dem Kongreß der Regionalbewegung Lega Nord wohlgelitten. Freundlich schüttelte ihm Marco Formentini, erster Bürgermeister der Lega in Mailand nach dem großen Schmiergeldskandal im Februar 1994, die Hand. Sachte Wogen von Applaus erhoben sich aus dem Publikum, als Vitali hinter das Rednerpult trat.

Aber um 11. 45 Uhr endete die Harmonie mit einem Donnerschlag. Vitali hatte es gewagt, vor 2000 Angehörigen jener Protestbewegung, die den reichen Norden Italiens von seinem ausgebluteten Süden staatlich separieren will, das Wort »Solidarität« zu gebrauchen.

»Das Prinzip der regionalen Autonomie darf uns nicht von der Pflicht zur Solidarität entbinden«, hatte der junge Bürgermeister gesagt, »die Regionen Emilia-Romagna und die Lombardei zählen zu den reichsten des Kontinents, Kalabrien und die Basilikata zu den ärmsten. Ohne die Solidarität der reichen Regionen gegenüber den armen geht es nicht.«

Aber das war im tosenden Protestgebrüll der Lega-Anhänger kaum noch zu hören. Gellende Pfiffe, Beleidigungen – »Hau ab hier, du Kommunist« –, drohend geschwungene Fäuste, ein paar besonders Erboste wollten, so schien es, das Podium stürmen.

Fassungslos stand Vitali hinter seinem Pult und versuchte ein paar Mal in seiner Rede fortzufahren. Vergeblich. Vor dem Zorn der entfesselten Lega-Delegierten mußte der Bürgermeister von Bologna schließlich von seinen eigenen Polizisten bewahrt werden. Sie umringten ihn und führten ihn in ein Ankleidezimmer, wo er eine halbe Stunde ausharren mußte, bis der Tumult im Saal sich gelegt hatte. An diesem Morgen des 6. Februar 1994 in Bologna offenbarte die Lega Nord erstmals in aller Deutlichkeit, was in der Tiefe ihrer Seele brodelt.

Die Rolle dieser Regionalbewegung beim dramatischen Zusammenbruch des korrupten Parteienregimes Anfang der neunziger Jahre kann kaum unterschätzt werden. Der Soziologe Ilvo Diamanti schrieb 1992 in der ersten umfassenden Studie zu diesem Phänomen: »Die Bewegung der autonomen Ligen, die schließlich zur Lega Nord zusammenwuchs, war die wichtigste

Neuheit im politischen System Italiens.« Sie bildete »die bedeutendste Ursache von Bewegung und Veränderung in der politischen Orientierung und dem Wahlverhalten der italienischen Gesellschaft in der letzten Dekade der Ersten Republik«.[1]

Durch ihren Vormarsch in den nördlichen Breiten Italiens bis zu den Wahlen vom 5. April 1992 hatte die Lega Nord die Christdemokraten in der Lombardei praktisch entmachtet. Dadurch schuf sie den Freiraum für das Vorgehen der Mailänder Richter. Zum ersten Mal konnte die Justiz gegen die Korruption durchgreifen, ohne aus Rom gestoppt zu werden. Nun entstand ein Zahnradeffekt zwischen den Enthüllungen über *Tangentopoli* und dem Wachstum der Lega Nord, die auf diese Weise zum Motor der dramatischen Veränderungen Italiens in den Jahren 1992 bis 1994 wurde.

Ohne den »Wind aus dem Norden« (*Vento dal Nord*) – so der Titel einer 1992 erschienen Autobiographie des charismatischen Lega-Führers Umberto Bossi –, hätte es keine Revolution der Richter in Italien gegeben. Doch zugleich setzte die Bewegung zentrifugale Kräfte in Italien frei, die einem Land mit schwach ausgeprägter Einheitstradition höchst gefährlich werden konnten.

Immer wieder nämlich haben Bossi und seine Anhänger Pläne propagiert, die eine Sezession des hochentwickelten und reichen Nordens vom ausgepoverten Süden des Landes anstrebten. So ging es um die Gründung einer »Republik des Nordens«, die von ebenjenem Ertrag leben würde, den ihre Bürger erwirtschaften – ohne an den Süden Abgaben leisten zu müssen. Dann wieder wollte die Lega die Aufteilung des Landes in Makro-Regionen, eine im Norden, die andere im Zentrum, die dritte im Süden – eine Idee, für die sich besonders der später ausgetretene Ideologe der Bewegung, der Staatsrechtsprofessor Gianfranco Miglio, begeisterte. Schließlich versuchte die Nordliga ihre Abspaltungspläne auch unter dem Schlagwort der »Föderalisierung« Italiens, der Umwandlung des Landes in eine lockere Föderation von Bundesstaaten, zu verkaufen.

Der berühmte italienische Journalist Giorgio Bocca, der in vielem die Nordliga schätzte, wußte, was dies in Wahrheit bedeutet hätte: »Ein Bundesstaat ist möglich zwischen Gleichen oder Kompatiblen, zwischen Völkern, Nationen oder Regionen, die ähnliche Kulturen, Probleme und Strukturen haben – aber nicht in einem derartig gespaltenen Land wie dem unsrigen. Bei uns würde Föderation nichts anderes als Sezession bedeuten.«[2]

Aus der heftigen Abneigung vieler Norditaliener gegen ihre Landsleute im Süden, die sie *terroni*, Erdfresser, nennen, war in den frühen achtziger Jahren die Lega-Bewegung entstanden. Damals tauchten in der norditalienischen Region Veneto vor den allgemeinen Wahlen des Jahres 1983 ziemlich bösartige Parolen an den Mauern von Dörfern und Städten auf: »Vorwärts, Ätna, tu deine Pflicht!« oder »Nur voran, Vesuv!« und »Rom ist der Krebs von Italien«. Urheber dieser markigen Sprüche war eine kleine Bewegung, die sich »Lega Veneta« nannte und die Identität einer venetischen Nation, ihrer Sprache und ihrer Kultur wiederherstellen wollte. Der Gedanke fand offensichtlich Anklang. Immerhin vier Prozent der Wähler in Venetien gaben der neuen Bewegung ihre Stimme, die fortan mit einem Abgeordneten und einem Senator im römischen Parlament vertreten sein sollte.

In der zweiten Periode ihrer Entwicklung, ab 1986, verlagerte sich der Schwerpunkt der Ligen-Bewegung in die Lombardei. Es waren Jahre einer wachsenden Wirtschaftskrise, steigender Absatzschwierigkeiten für die Produkte des norditalienischen Fleißes und zunehmenden Steuerdrucks – eine Krise, die unter anderem auch die lange schwelenden Ressentiments zwischen dem Norden und dem Süden Italiens in immer häßlicheren Zwischenfällen zum Vorschein brachte. Besonders auffällig war das bei Fußballspielen.

Wenn etwa der SSC Napoli in Städten des Nordens spielte, mußte er rassistische Anfeindungen hinnehmen, die weit schlimmer wirkten als der formlose Urhaß, den Hooligans aller Nationen über den jeweiligen Gegner ausschütten. Im aufgeklärten Mailand wurde der Verein aus Neapel mit Spruchbändern begrüßt wie: »Was Hitler mit den Juden gemacht hat, wäre auch das Richtige für Napoli« oder »Keine Tierversuche – nehmen wir Neapolitaner«.

Diese Ausbrüche von Haß zwischen Nord und Süd unter den Fußballfans aber waren nur ein Symptom unter vielen für den Vorhang aus Zorn und Verdächtigungen, der sich zwischen beide Landesteile gesenkt hatte.

In Venetien wurde 1990 ein 14jähriger, dessen Familie aus dem Süden stammt, von seinen Klassenkameraden an einen Baum gefesselt und gefoltert. Mit einem Messer ritzten die Kna-

Das »geheime Einverständnis zwischen Mafia und Politikern« sei das »größte interne Problem Italiens«, hieß es in einem Geheimdienstbericht aus dem Jahr 1990.

Die vom »Kraken« erdrosselte Wirtschaft im Mezzogiorno spiegelt sich noch heute in ökonomischen Daten, die ein dramatisches Bild vom Ungleichgewicht der wirtschaftlichen Entwicklung zwischen Nord und Süd in Italien zeichnen. 1993 lag die Arbeitslosigkeit im Mezzogiorno bei 24,1 Prozent, im Zentrum und im Norden des Landes hingegen bei 9,5 Prozent. 20,8 Prozent der Bevölkerung des Mezzogiorno leben unterhalb der amtlichen Armutsgrenze, nur 6,7 Prozent hingegen in den nördlichen Breiten Italiens.

Das Bruttosozialprodukt des Südens blieb in den vergangenen zwei Jahrzehnten unverändert niedrig – es stellte 1970 58,4 Prozent des nördlichen BSP dar, und 1992 lag es bei 58,9 Prozent.

Eine Untersuchung der Agnelli-Stiftung, der Parteilichkeit für die Ligen nicht vorgeworfen werden kann, errechnete 1991, daß jeder Lombarde dem Staat jedes Jahr 2385000 Lire mehr gibt, als er in Form von staatlichen Leistungen zurückbekommt. Die Bewohner der Emilia-Romagna schenken dem Staat 1826000 Lire ohne entsprechende Gegenleistung, die Piemontesen 1100000 Lire, die Bürger des Veneto 826000 Lire. Dagegen erhalten die Bewohner der Regionen Molise und Lukanien pro Kopf im Jahr sieben Millionen Lire mehr vom Staat, als sie ihm zukommen lassen, sechs Millionen kassieren die Bewohner Kalabriens, viereinhalb Millionen die Sarden.

Daß die dicksten Staatsgelder an hochentwickelte nördliche, sogar autonome Regionen wie Südtirol oder das Aostatal gehen – das steht auch im Bericht der Agnelli-Stiftung –, paßt freilich nicht ganz in das Bild vom ausgebeuteten Norden, das den Zorn so vieler Norditaliener entfacht hat. Die nördlichen Regionen hatten außerdem zunächst vom Zustrom der Einwanderer aus dem Mezzogiorno massiv profitiert. Ihr Wirtschaftswunder wäre ohne diese »Gastarbeiter« gar nicht möglich gewesen. Und viele der berüchtigten »Kathedralen in der Wüste«, nie fertig gewordene Industrieanlagen, sind von nördlichen Unternehmen gebaut worden. Örtliche Arbeitskräfte wurden dabei meist nur auf unterster Ebene beschäftigt.

Doch das paßt nicht ins Weltbild der Ligen. Seit mehr als einem Jahrzehnt bedient man sich immer des gleichen Symbolbildes für die italienischen Zustände: Da sitzt im Norden eine gesunde, kraftige Henne, die goldene Eier legt. Vor ihrem Nest steht eine tückisch grinsende, fette Bäuerin aus dem Süden, welche einen Korb aufhält und die kostbaren Produkte des Nordens klaut. In Worten: *Roma ladrona, la Lega non perdona* (Diebisches Rom, die Lega verzeiht nicht.)

Bei meinem ersten Ausflug in die Gefilde der nördlichen Bürgerempörung war ich im Herbst 1989 nach Bergamo gefahren, um mir von den Männern der Lombardischen Lega ihren Zorn auf den Süden erklären zu lassen.

Manche Norditaliener führten sich den südlichen Bewohnern Italiens gegenüber wie Angehörige einer Herrenrasse auf, bemerkte ich. Das Gegenteil sei der Fall, wies mich der Pressesprecher der Lombardischen Lega von Bergamo zurecht, die Bewohner des Nordens seien vom Süden kolonialisiert worden, sie lebten geradezu unter einem Besatzungsregime der *terroni* – ein Ausdruck, den die Lega-Funktionäre damals noch unbefangen benutzten.

»Schauen Sie sich doch den Staatsapparat an«, hielt mir einer der Männer entgegen. »In der Justiz, bei der Polizei, im Schuldienst – alles Leute aus dem Süden.«

Statistisch mag er da sogar recht haben. In den christdemokratischen Regierungen spielten seit jeher Politiker aus dem Mezzogiorno eine wichtige Rolle, und die Traditionen des Klientelismus hatten inzwischen viele Jahrzehnte lang dafür gesorgt, daß das südliche Italien im Staatsapparat tatsächlich überrepräsentiert war.

»Wie sollte ein *terroni*-Richter in der Lage sein, hier bei uns Recht zu sprechen? Wir haben unser eigenes Wertesystem in der Lombardei«, empörte sich ein Lega-Sprecher.

»Und wie komme ich dazu, meine Kinder von *terroni* unterrichten zu lassen«, ergänzte sein Kollege. »Lombardisch sollen sie lernen, nicht diesen primitiven sizilianischen Dialekt. Diese Lehrer haben keine Ahnung von unserer Geschichte, unseren Traditionen, sie können nicht einmal ein Gedicht auf lombardisch vortragen, geschweige denn, es verstehen.«

Ein lombardisches Gedicht hing am schwarzen Brett im Korridor des Lega-Büros. Ich konnte es, ohne Lombardin zu sein, sehr gut verstehen. Es war eine obszöne, rassistische Tirade auf die Untermenschen aus dem Süden.

Gleichwohl war der Anti-Meridionalismus immer nur Teil einer politisch-emotionellen Stimmung, welche die Sprengkraft der Ligen ausmachte. Mindestens ebensosehr hat der unverhohlene Raubbau am Gemeinwohl, den die Regierenden jahrzehntelang dreist betrieben, die Bürgerempörung im Norden geschürt.

»Der italienische Staat, so wie er jetzt aufgebaut ist, gehört einer Politikerklasse, welche die Italiener ausgeplündert hat. Der Staat ist in den Händen einer Räuberbande«, hat mir Umberto Bossi, der Chef der Lega Nord, einmal in einem Interview erklärt. »Die Spannungen zwischen dem Norden und dem Süden haben nicht wir geschaffen. Vierzig Jahre Parteienherrschaft haben die Zweiteilung des Landes verschärft, weil Rom den Süden völlig von staatlichen Geldern abhängig gemacht hat.«

»Der eigentliche Hemmschuh für die Entwicklung des Südens ist doch die Mafia«, hielt ich ihm entgegen, und er antwortete: »Sie wissen doch selbst, daß die politische Klasse im Süden praktisch identisch mit der Mafia ist. Ich bin auch sicher, daß die Vorwürfe gegen Giulio Andreotti stimmen – einfach deshalb, weil die Mafia im Innern der Christdemokratischen Partei saß. Das ist schlichtweg eine Folge des Abkommens zwischen DC und der Mafia, die gegen Geld die Wählerstimmen lieferte.«

Das war alles in allem eine etwas vereinfachte Sicht. Doch angesichts der bestürzenden Erkenntnisse, welche die Staatsanwälte in Palermo, Rom und Neapel über die Verfilzung zwischen Regierung und Mafia gesammelt hatten, konnte ich Bossi kaum beschuldigen, mir Schauermärchen aufgetischt zu haben.

Umberto Bossi, Jahrgang 1941, beruflich erfolglos, hatte Ende der siebziger Jahre – im Alter von fast vierzig Jahren – endlich eine Berufung für sich entdeckt: die Pflege der lombardischen Heimat, ihres Dialekts, ihrer politischen Unabhängigkeit.

Bis dahin war ihm keine Karriere so recht geglückt. Bossi stammt aus Cassano Magnano, einem Dorf in der Nähe der lombardischen Provinzhauptstadt Varese. Sein Vater Ambrosio war Kleinbauer und Gelegenheitsarbeiter. Nach einem Unfall, den er verschuldet hatte, mußte er sein Fleckchen Land verkaufen und wurde Angestellter einer kleinen Textilfabrik. Die Mutter fand einen Job als Portiersfrau bei der gleichen Firma. Umberto verließ die Schule nach der mittleren Reife (das Abitur sollte er später in Abendkursen nachholen) und jobbte erst in einer Reinigung, dann bei einem Automobilklub. Er träumte davon, Schlagersänger zu werden. So vergingen im Flug die Jahre, in denen andere ihr berufliches Leben aufbauen. Umberto hatte inzwischen wenigstens – im Fernkurs – eine Ausbildung als Elektrotechniker absolviert. Seiner Verlobten Gigliola erzählte er, daß er Medizin studiere. Ein fiktiver Abschluß wurde gefeiert, dann eine angebliche Anstellung in der Universitätsklinik von Padua. Dort brachte Gigliola, inzwischen mit Umberto verheiratet, 1977 einen Sohn zur Welt. Als die Verwandten eintrafen und nach der Frau von Dr. Bossi fragten, flog die Flunkerei auf. Wohl gäbe es eine Frau Bossi auf der Geburtsstation, doch deren Mann sei mitnichten ein Arzt.

Die Ehe scheiterte bald. Umberto schlug sich als Journalist durch und fand eine Gruppe von Gleichgesinnten, die sich für lokale Traditionen und Kultur begeisterten. Er begann die Arbeit an einem Lexikon des lombardischen Dialekts. Seine Führerqualitäten entwickelten sich, sein rhetorisches Talent auch. Nach einer kurzen Verbindung zur Union Valdôtaine, einem Regionalbund des Aosta-Tals, gründete Bossi 1979 seinen eigenen Verein: die Unolpa (Unione nord-occidentale laghi per l'autonomia). Das Symbol, von Bossi entworfen, war ein Boot; das etwas bizarre politische Ziel der Unolpa war unter anderem, die Autonomie der Städte Varese und Como von der Lombardei zu erstreiten.

1982 gründeten Bossi und seine Freunde (zu denen schon damals der spätere Innenminister der ersten Regierung Berlusconi, Roberto Maroni, und der Minister für Institutionelle Reformen im gleichen Kabinett, Francesco Speroni, zählten) die Lega Autonomista Lombarda, die 1984 in Lega Lombarda (Lombardische Liga) umbenannt wurde. Der neue Name ist erst zwei Jahre später notariell beglaubigt worden.

Das historische Vorbild war die Lombardische Liga des Mittelalters, zu der sich die fünf größten Städte der Lombardei gegen das Vormachtstreben des römisch-deutschen Kaisers Friedrich Barbarossa zusammengeschlossen hatten. Der »Schwur von Pontida« im April 1167 bestätigte den Bund. Bei Legnano errang die Liga 1176 einen Sieg über Barbarossa, dessen Reichspolitik ihren modernen Nachfolgern als Vorform des geschmähten römischen Zentralismus gilt.

Ein Geniestreich gelang Bossi, als er obendrein eine zündende historische Integrationsfigur für seine Bewegung entdeckte: den wackeren Ritter Alberto Da Giussano. Ob dieser wirklich gelebt hat, läßt sich kaum endgültig klären. Die Legende sagt jedenfalls, daß Alberto mit seiner *Compagnia del Carroccio* dem Heer des Kaisers Barbarossa bei Legnano den entscheidenden Schlag versetzte.

Wehrhaft sein Schwert reckend, führte jener Alberto nun auch die moderne Lombardenliga an. (In identischer Gestalt, einem Denkmal in Legnano nachgebildet, hatte der brave Ritter sich vorher auch schon als Markenzeichen für eine Fahrradfabrik aus dem Ort verdient gemacht.) Giussanos hölzerner Schlachtwagen, der *carroccio*, hat sich als Kürzel für den Namen der Bossi-Bewegung eingebürgert. Jedes Frühjahr, wenn sich der Tag des Sieges von Legnano jährt, sammeln sich bis heute begeisterte Legisten im Tal von Pontida, um in mittelalterlichen Ritterhemden, mit hölzernen Schwertern, flatternden Fahnen und etlichen leicht erschreckbaren Pferden das Kampfgetümmel der Schlacht von Legnano nachzuspielen.

»Freiheit für die Lombardei« lautete Bossis Schlachtruf in den frühen Jahren. »Wir haben ein grundlegendes gemeinsames Interesse, und das ist die Befreiung der Lombardei von der gefräßigen, alles erstickenden Vorherrschaft der zentralistischen Regierung in Rom«, hieß es im Gründungsaufruf der Lega Autonomista Lombarda im Jahr 1982. »Die Lombardei ist weder eine Kuh zum Melken noch ein besetztes Territorium, das von fremden Bürokraten beherrscht wird... Die Lombardei denkt nicht daran, Rom in den Bankrott zu folgen... und den Schweiß ihrer Söhne, den Arbeitseifer ihrer Bevölkerung und die Identität ihres Volkes auf dem Altar der römischen Mißwirtschaft zu opfern.«

Doch Umberto Bossi wußte bereits, daß heimatbündlerische Folklore und ein noch so kämpferischer Regionalpatriotismus nicht ausreichten, um eine politische Bewegung zu tragen, die mitreden wollte. Anfang 1991 schloß er daher unter seiner strammen Führung die autonomistischen Ligen des Veneto und des Piemont und ähnliche Bewegungen zusammen, die derweil in Ligurien, der Emilia-Romagna und in der Toskana entstanden waren. »Lega Nord« wurde das neue Gebilde genannt, eine »Republik des Nordens« war nun das erträumte Ziel.

Wo immer ihre Anhänger zusammenkamen, spielten sie sich vor, daß ihr norditalienischer Idealstaat schon Wirklichkeit sei. Schnell wurde eine eigene Währung erdacht, die »Lega« im Wert von 1000 Lire, unterzeichnet von Bossi, verfügbar in pastellfarbenen Scheinen ebenso wie in Fünfer- und Einser-Münzen, die auf Veranstaltungen der Bewegung reißend Absatz fand. Auf T-Shirts, Uhren, Tüchern und Fahnen waren die Grenzen der »Republik des Nordens« eingezeichnet, ein Lega-Duftwasser »Dur« wurde kreiert. »Dur« (von *duro* – hart) bezog sich auf jenen »Harten«, den Lega-Männer angeblich pausenlos in ihrer Hose spüren. Auch eine Süßigkeit gleichen Namens, sehr vage an ein männliches Glied erinnernd, fand Anklang und Absatz im Volk der Lega.

Solch gemeinschaftsstiftender Schnickschnack blüht besonders in solchen Bewegungen, deren Mitglieder in Wahrheit wenig Mitspracherecht haben. Umberto Bossi führte denn auch ein straffes, fast diktatorisches Regiment über das von ihm geschaffene Einheitsgebilde, das eher einer kommunistischen Kaderpartei als einer demokratischen Basisbewegung glich. Versuche, ihn zu stürzen, sind bisher immer gescheitert.

Längst blickte Bossi auch weiter als seine eigenen Truppen, die sich an der Vision einer Republik des Nordens berauschten. Er hatte eine tiefsitzende Bürgerempörung ausgemacht, die regionale Grenzen sprengte und sich durch alle Bevölkerungsschichten zog: Das war der Protest gegen ein abgewirtschaftetes Parteienregime, das die Bürger nicht mehr mit Wohltaten bestechen konnte, weil die Staatsfinanzen ruiniert waren, der Protest gegen ein Regime, dessen Kumpanei mit dem organisierten Verbrechertum auch schon vor der Entdeckung von *Tangentopoli* immer offenkundiger geworden und dem nach dem Fall der Berliner Mauer nun auch das ideologische Feigenblatt abhanden gekommen war.

Umberto Bossi und seine Bewegung verliehen diesem Protest im Norden Italiens eine Stimme – und so begann der Siegeszug der Lega Nord.

Die Wahlen vom 5. April 1992 kamen wie ein Erdbeben über die politische Landschaft Italiens. Mit 29,7 Prozent sanken die Christdemokraten zum ersten Mal seit knapp fünf Jahrzehnten unter die Dreißigprozentmarke. Von 0,5 Prozent auf landesweit 8,7 Prozent kletterte dagegen die Lega Nord, die nun 25 Senatoren und 55 Abgeordnete ins römische Parlament entsenden konnte. Sie war innerhalb von fünf Jahren zur viertstärksten politischen Kraft Italiens geworden.

Noch dramatischer war das Bild im Norden. Dort erreichte die Lega fast 19 Prozent der Stimmen, während die Christdemokraten in den nördlichen Regionen Italiens nur noch 24 Prozent der Wähler für sich gewinnen konnten. Die Sozialisten waren auf 11,9 Prozent abgesackt – und all dies, noch bevor die Mailänder Ermittlungsrichter mit ihrer Aktion *Mani pulite* so richtig losgelegt hatten. Das Wahlergebnis schuf ihnen freie Bahn.

Kein Zweifel: Der »Wind aus dem Norden« war wieder einmal dabei, Italiens politische Landschaft kräftig aufzurühren. Schon dieser Buchtitel verkündete einen gewaltigen historischen Anspruch.

Als »Wind aus dem Norden« hatte 1945 der Sozialistenchef Pietro Nenni die »Comitati di Liberazione Nazionale« bezeichnet, jene Einheitsfront der Widerstandsbewegung, in der Christdemokraten, Kommunisten, Sozialisten und ein paar kleine laizistische Parteien gemeinsam gegen die deutsche Besetzung gekämpft hatten. Mit diesem vom Linken Nenni geborgten Schlagwort verkündete Bossi in seinem Buch ein Programm: Die Lega würde Italien vom Regime der römischen Parteien befreien, so wie die Widerstandsbewegung den Faschismus in Italien besiegt hatte – so jedenfalls der sie umgebende Mythos. Der beachtliche Wahlerfolg vom 5. April 1992 war, so schien es damals, ein erster Schritt auf einem noch ziemlich langen Weg.

Jetzt erst erkannten die politischen Auguren Italiens, daß die Bewegung aus dem Norden mit ihren Ritterspielen und ihrem rauhstimmigen Volkstribun an der Spitze ernstzunehmen sei.

Wie häufig brachte die Jesuitenzeitschrift *Civiltà Cattolica* das Problem auf den Punkt. »Die politischen Beobachter haben sich bisher auf die eher folkloristische Seite der Liga beschränkt«, schrieb der politische Analytiker des Blattes, Pater Giuseppe De Rosa, S. J., »und das hat dazu geführt, daß dem politischen und sozialen Hintergrund des Phänomens nicht jene Beachtung geschenkt wurde, die es verdient hätte. Es ist nämlich eine Tatsache, daß es in jenem Teil des Landes, der über den höchsten Entwicklungsstandard verfügt, zu einer Rebellion gekommen ist, die einen großen Teil der Mittelklasse erfaßt hat. Eine Mittelklasse, die ihren Wohlstand gefährdet sieht, und zwar durch eine korrupte und mafiose Politikerklasse, die dem Norden seinen Reichtum wegnahm, um ihn in den Süden zu transferieren – nicht aber zum Wohl der Bevölkerung, sondern, um die Klientel bei Laune zu halten und um sich ihre Wählerstimmen zu sichern.«[3]

In drei Etappen, so ermittelte 1992 das italienische Sozialforschungsinstitut CENSIS, war die Anhängerschaft der Lega gewachsen. Entstanden war die Bewegung Anfang der achtziger Jahre in sozialen Randgruppen – zu denen Bossi selbst ursprünglich gehört hatte. Nach dem Schwinden des früher übermächtigen Einflusses der katholischen Kirche und ihrer Partei, der Democrazia Cristiana, fanden viele Menschen am unteren Ende der ökonomischen Skala eine neue Orientierung im heilen Mikrokosmos von Heimat und Region und der Ablehnung alles Fremden, seien es die *terroni*, seien es die Einwanderer aus der Dritten Welt. In dem Maß aber, in dem die Bossi-Bewegung ihre Kampfansage gegen den unfähigen, zentralistischen römischen Parteienstaat verstärkte, mehrte sich auch die Zustimmung für sie unter kleinen und mittelständischen Unternehmern und Handwerkern, die in besonderem Maß von der staatlichen Bürokratie verfolgt wurden. Sie hatten eine Unzahl verschiedener Steuern zu zahlen – etwa auf Tiefkühltruhen, Rolläden oder Blumengefäße auf den Bürgersteigen vor ihren Geschäften. Alle diese Abgaben waren zu verschiedenen Zeitpunkten im Jahr fällig, und die Finanzpolizei sorgte mit quälender Akribie dafür, daß jeder Ladeninhaber jederzeit die entsprechende Quittung vorweisen konnte. Steuerhinterziehung war so gut wie unmöglich. Da sammelte sich nur noch ohnmächtiger Zorn – den die Lega mit zündenden Parolen von Steuerrevolte und Steuerstreik für sich kanalisieren konnte.

In einer dritten Phase gewann die Lega Anhänger, die man zunächst nicht bei ihr erwartet hätte: Arbeiter und Gewerkschafter, die nach dem Ende des Kommunismus eine neue Orientierung suchten und sich in der grundsätzlichen Systemkritik eines Umberto Bossi wiedererkennen konnten.

Aber auch in oberen Schichten der Mittelklasse fand die Lega zunehmend Freunde. Zahlreiche leitende Angestellte, mittlere Unternehmer und Geschäftsleute sahen nun in der Lega die einzige zukunftsträchtige Alternative zum heruntergekommenen System der römischen Parteien, die sie, nicht zu Unrecht, für den Niedergang der italienischen Wirtschaft verantwortlich machten; sie wußten, daß in Rom jetzt neue, kompetente Leute ans Ruder kommen müßten, die nicht unbedingt Politiker zu sein brauchten. Je weniger diese Männer und Frauen der Zukunft mit den Politikern von einst zu tun gehabt hätten – um so besser.

Irgendwann im Herbst 1993 saß ich mit Raimondo Fassa, dem wenige Monate zuvor gewählten Bürgermeister der Lega Nord von Varese, in seinem Stammlokal beim Mittagessen. Wir aßen deftig Lombardisches und tranken einen besonderen Tropfen dazu, den Fassa sorgfältig aus der Weinliste gewählt hatte. Fassa, Jahrgang 1950, ist ein Altphilologe, der am humanistischen Gymnasium von Varese gelehrt hat und seine Freizeit mit Vorliebe in der Bibliothek des Philosophischen Instituts der Jesuiten auf den Hügeln über der Stadt verbringt.

Und als wir so ins Plaudern kamen, fiel dem jungen Bürgermeister ein Sonett des italienischen Dichters Francesco Petrarca (1304-1374) ein, das er sogleich zitieren mußte. Sein Vortrag rührte ihn selbst so sehr, daß in seinem linken Augenwinkel eine kleine Träne glitzerte.

So hatte ich mir einen Bürgermeister der Nordliga allerdings nicht vorgestellt. Die rabaukenhaften Regionalpatrioten und ihr vom Kettenrauchen und vielem Brüllen stets heiserer Chef, der rüpelhafte Umberto Bossi, hatten sich im Lauf ihrer kurzen und erstaunlichen politischen Geschichte nicht gerade durch Feingeist hervorgetan.

Raimondo Fassa dagegen beherrscht nicht einmal den lombardischen Dialekt, der früher unerläßlich für den echten *lumbard* aus Bossis Bewegung war. Nach dem Mittagessen schlenderten wir zum Rathaus. Fassa führte mich zu einem kleinen, verborgenen Teich im Park, in den anmutig ein Wasserfall rieselte. »Den Wasserfall habe ich instand setzen lassen, fast als erste Amtshandlung«, erklärte mir Fassa. Stolz wie verzauberte Prinzen schwebten zwei schneeweiße Schwäne vorbei. Fassa: »Die hätte ich notfalls aus meiner Tasche bezahlt.«

Nicht nur, daß er selbst dem Klischee vom proletarischen Lega-Macho, das Bossi selbst kultiviert hatte, überhaupt nicht entsprach. Auch die Leute in seiner Umgebung stammten nicht aus dem Tal von Pontida und waren in Ritterverkleidung schlicht unvorstellbar. Es waren Yuppies, unabhängige Geschäftsleute aus Varese, erkennbar erfolgreich, smart gekleidet und immerzu mit ihrem Funktelefon zugange.

»Wie kommt ihr denn mit euren fahnenschwingenden Brüdern zurecht, die an die Republik des Nordens glauben, Bossi verherrlichen und sich am liebsten auf Lombardisch verständigen?« fragte ich einen der Lega-Yuppies, der Besitzer von zwei florierenden Textilgeschäften in Varese war.

Der lachte. »Die haben wir doch nur vorgeschickt, die Leute

aus dem Wald von Pontida«, antwortete er. »Die eigentliche Lega – das sind wir!«

Aber darin täuschte er sich. Darin täuschten sich viele – auch Umberto Bossi und sein Führungsstab.

Pontida, im Juni 1994. Die Lega Nord ist in Koalition mit Silvio Berlusconi und seiner Forza-Italia-Bewegung und der neofaschistischen Alleanza Nazionale zur Regierungspartei aufgestiegen. Die wallenden Banner der Lega-Bewegten füllen den Himmel. Kräftige Männer, leicht breitbeinig aufgestellt, stützen die langen, biegsamen Stäbe, an denen die Fahnen flattern, auf ihren Hüften. Auf weißem Grund das rote Kreuz und der wehrhafte Ritter Alberto Da Giussano: das Banner der Lega Nord. Den Markuslöwen führt die Lega Venetiens im Wappen, die Krone eines schon lange untergegangenen Großherzogtums schmückt die Flagge der Lega Toskana. So sind sie alle vertreten mit Symbolen einstiger Autonomie – die Lega von Ligurien, die der Emilia-Romagna, die von Piemont. Wer sich mitten unter die Bannerträger stellt, wähnt sich als Teil einer Armee, die unaufhaltsam voranschreitet.

Aber der Eindruck täuscht. Es reicht, ein paar Schritte zurückzutreten. Dann wird sichtbar, daß die große Wiese halb leer ist. Einstmals erstreckte sich die Menge auf die beiden Hänge, die das Tal begrenzen. Jetzt breiten sich dort oben ein paar vereinzelte Grüppchen aus, die Spruchbänder ausgelegt haben. »Die Lega bleibt unabhängig« oder auch nur »Bossi, Bossi, Bossi«, heißt es darauf.

An die vierzigtausend Teilnehmer zählte die Polizei beim letzten Treffen von Pontida, das im April 1994, vor dem Eintritt der Lega in die Berlusconi-Regierung, stattfand. Sieben- bis zehntausend Menschen sind dieses Mal gekommen, »wenn wir großzügig zählen«, meint ein Carabiniere.

Aber besitzt die Nordliga nun nicht Macht wie niemals zuvor in ihrer knapp fünfzehnjährigen Geschichte? Auf dem Podium sind diesmal zwei Minister der neuen Regierung aus der Bossi-Bewegung zu bewundern: Roberto Maroni, Herr über den Viminale, das Innenministerium, und Francesco Speroni, Minister für Institutionelle Reformen, der genau an der richtigen Stelle sitzt, um das wichtigste Projekt der Lega, die Umwandlung Italiens in einen föderalistischen Bundesstaat, voranzutreiben. Auch Irene Pivetti, die 31jährige Parlamentspräsidentin, die – welch Triumph für die Frauen Italiens – den dritthöchsten Posten in der Republik bekleidet, steht im unvermeidlich pastellfarbenen Kostümchen vorn auf der Bühne. Wie die Leute sie lieben! Und wie sie gerührt ist, diese merkwürdige Person, die ihrem eigenen Geschlecht so fern ist, daß sie als Amtsperson von sich selbst immer im Maskulin spricht: »Ich habe mich gefragt, ob es richtig wäre, wenn der Präsident der Deputiertenkammer zu euch nach Pontida käme. Aber die Antwort war ja und abermals ja. Denn dieser Präsident der Abgeordnetenkammer ist in Pontida geboren und das vergißt er niemals.« Dann versagt ihm die weiblich helle Stimme, dem »Präsidenten« Irene Pivetti.

Umberto Bossi spricht staatsmännisch getragen. »Nimm die Krawatte ab, Umberto!« ruft ihm jemand aus der Menge zu. Aber er reagiert nicht auf den Zwischenruf, sondern fährt fort, über die mißliche Lage der Lega in einer Koalition zu reflektieren, die ihr Regierungsmacht und kurz darauf die schlimmste Niederlage der Bewegung seit ihren frühen Anfängen bescherte: nur 6,7 Prozent der Stimmen bei den Europawahlen am 12. Juni 1994. Berlusconis Forza Italia dagegen errang triumphale 30,8 Prozent der Stimmen.

In einem gedämpften Ton, der völlig ungewohnt an ihm ist, bekennt Bossi: »Man hat mir gesagt, es sei falsch gewesen, Berlusconi derart anzugreifen, wie ich das getan habe. Ich aber bestehe darauf: Ich habe mich allenfalls in der Form geirrt, nicht aber im Inhalt.«

Jetzt dreht er auf, steigert das Volumen seiner rauhen Stimme, bis er schon fast beim gewohnten Brüllton angekommen ist. Er streckt den Arm nach vorn und akzentuiert mit ausgestrecktem Zeigefinger seine Sätze. So kennen wir ihn, den Volkstribun.

»Wir wissen, daß hinter Forza Italia das alte Regime der fünf Parteien steckt und daß die Lega sich niemals, niemals gänzlich mit diesen Leute einlassen kann. Die Umarmung Berlusconis kann für uns tödlich sein. Eine politische Bewegung kann ihre Zweige mit einer anderen verschränken, um sich zu stärken. Aber niemals, niemals darf sie ihre Wurzeln mit der anderen Bewegung vermischen: Daran würde sie sterben.«

Apokalyptische Töne. Bossi weiß, wovon er spricht. Seine Zuhörer auch. Im Wahlbündnis mit Forza Italia hat die Lega etwa ein Drittel ihrer Wähler verloren. Und jetzt hat sich vor ihm der harte Kern der Bewegung versammelt.

Hier schnarren keine Funktelefone. Hier trägt niemand Armani-Anzüge. Vor der glühend heißen Junisonne schützen aus Zeitungspapier gefaltete Helme. Auch das an den vier Ecken geknotete Taschentuch versieht den Dienst des modischen Strohhutes, den die Forza-Italia-Leute im Freien bevorzugen. Hier in Pontida sind Turnhose und Unterhemd die bevorzugte Tracht der Männer. Da hängt manchem ein netter Bierbauch übers Bündchen, und vielen der Lega-Damen sind die Radlerhosen entschieden zu eng. Aber wen stört das schon. Zusammensein zählt. Es gibt Rippchen und Bier im großen Zelt neben der Tribüne. Die Yuppies sind der Bewegung abhanden gekommen. Scharenweise sind sie zu Forza Italia übergelaufen – in die verlockende Videowelt des Silvio Berlusconi.

Doch unter den Militanten hier in Pontida ist der Kampfgeist ungebrochen. Ein Hüne aus Varese, der Lega-Hochburg, trägt ein frisch erworbenes T-Shirt über seinem gewaltigen Bauch. Es zeigt Umberto Bossi, der mit den Köpfen seiner Koalitionspartner, Gianfranco Fini und Silvio Berlusconi, Fußball spielt. »Wir können jederzeit wieder aus dieser Regierung aussteigen«, sagt der Mann. »Am Ende bleibt uns immer noch die Republik des Nordens. Die können wir selber aufmachen. Dafür brauchen wir niemanden aus Rom.«

Ohne die Lega Nord hätte es keine Revolution der Richter, keine Aufdeckung von *Tangentopoli* gegeben. Und ohne Umberto Bossi wäre die Regierung Silvio Berlusconis länger an der Macht geblieben, mit wer weiß welchen Folgen für die Demokratie in Italien. Zugleich aber bleibt die Lega Nord eine Gefahr für die Einheit des Landes.

Neofaschismus – Der Phönix aus der Asche

Am 9. Novenber 1992 glänzt ein wolkenloser Himmel über der östlichen Adria, die Luft ist mild. Bei leichter südlicher Brise gleitet eine italienische Segeljacht, Kennzeichen TS 2704 D, behende auf die istrische Küste zu. Um 14.23 Uhr überfährt sie die unsichtbare Grenze, die italienische Gewässer von den slowenischen trennt. Noch eine halbe Meile weit dringt das Boot in slowenisches Hoheitsgebiet vor, dann dreht es bei. Die Segel flattern schlaff. Das Ziel des heimlichen Ausflugs ist erreicht.

In Eile und immer auf Ausschau nach der slowenischen Küstenwache, beginnen die Männer der Mannschaft ihre merkwürdige Mission. Sie schleudern Wasserflaschen vom Schiff, die mit Klebeband in den italienischen Farben rot-weiß-grün umwickelt sind. Auf dem weißen Abschnitt der Trikolore steht die bedrohliche Botschaft: »Istrien, Dalmatien, Fiume – wir kehren zurück.« In ihrem Innern tragen die Flaschen ein patriotisches Grußwort an die Nachfahren jener Italiener, die zurückgeblieben waren, als nach dem Zweiten Weltkrieg die adriatischen Küstengebiete an das damalige Jugoslawien abgetreten werden mußten. Zu den eifrigsten Werfern der Flaschenpost zählt an jenem Novembernachmittag Gianfranco Fini, 40, Vorsitzender des neofaschistischen Movimento Sociale Italiano, MSI. Als alle 200 Flaschen im Wasser dümpeln und träge auf die istrische Küste zutreiben, übergibt Fini den Gewässern Sloweniens zum guten Abschluß der Aktion – die er erdacht und zu der er die Presse geladen hat – noch einen prächtigen Strauß weißer und roter Rosen. Umhüllt von frischem grünen Farn, versinkt er langsam, langsam im durchsichtigen Wasser.

Wie hübsch sah das aus. Gleichwohl schwebte um den politischen Ulk des MSI-Vorsitzenden allerlei nicht ganz friedlicher Nebensinn. »Wir werden zurückkehren«, dieser Slogan beschwor den Geist der sogenannten italienischen *Irredenta*: Diese wollte seit dem Ende des vorigen Jahrhunderts die italienischsprachigen Gebiete Österreich-Ungarns, die *terre irredenti*, die unerlösten Gebiete, dem neuen Nationalstaat Italien eingliedern. Der Druck dieser nationalistischen Bewegung bewirkte 1915 den Eintritt Italiens in den Weltkrieg, wo es an der Seite Frankreichs, Englands und Rußlands gegen Österreich und Deutschland kämpfte.

Von demselben Geist beflügelt, fühlte sich auch der italienische Poet Gabriele D'Annunzio, der seine Heldenträume von sich selbst immer wieder mit der politischen Wirklichkeit verwechselte, als er im September 1919 mit einem Häuflein Freischärler die Hafenstadt Rijeka – Fiume – kurzfristig besetzte. Es war ein törichter, aber folgenreicher Privatkrieg, in dem viele Mussolinis Marsch auf Rom vorweggenommen sehen.

Gianfranco Fini antwortete nicht, aber er lächelte zustimmend und selbstzufrieden, als einer der Journalisten an Bord ihn fragte, ob seine heimliche Mission in slowenische Gewässer und der Abwurf der Flaschenpost ein wenig auch an die Geste D'Annunzios erinnern sollten.

Daß »wir eine neue *Irredenta* eröffnen müssen«, hatte der Neofaschistenchef im übrigen bereits im Vorjahr auf einer lärmenden Massendemonstration in Triest verkündet. Und kaum hatten sich 1991 Slowenien und Kroatien aus dem zerfallenden Staatsgebilde des kommunistischen Marschalls Tito gelöst, war Fini nach Belgrad gereist, um den Herrschern Restjugoslawiens umgehend die italienischen Ansprüche auf die adriatischen Küstengebiete vorzutragen.

Doch nur 16 Monate später bekam die irredentistische Flaschenpost noch einen viel umfassenderen Sinn. Aus der neofaschistischen Botschaft »Wir werden zurückkehren« wurde eine Vollzugsmeldung: »Wir sind zurückgekehrt.« Im Dreibund mit Silvio Berlusconis Politprodukt Forza Italia und Umberto Bossis Regionalbewegung Lega Nord hatten Gianfranco Finis Neofaschisten, nunmehr im moderat getünchten Gewand der Alleanza Nazionale, die Wahlen vom 27./28. März 1994 gewonnen. Und wenig später unterschrieben im Quirinal unter dem wenig begeisterten Blick des Staatspräsidenten Oscar Luigi Scalfaro fünf Minister von Finis Nationalallianz ihre Ernennungsurkunden. Zum ersten Mal in der Geschichte der Nachkriegszeit hatten Vertreter einer Partei, die dem Faschismus nie wirklich abgeschworen hatte, Regierungsämter übernommen.

Die Aufregung in der westlichen Welt war groß. In einem noch nie dagewesenen Schritt nahm das Europäische Parlament eine von den Sozialisten eingebrachte Resolution an, nach der »die Europäische Gemeinschaft dem Präsidenten Italiens sehr klar sagen sollte, daß seine Regierung den Grundsätzen treu bleiben müsse, auf denen die Gemeinschaft gegründet worden war«. In einer Balkenüberschrift meldete die *New York Times*, daß in Italien »nach fünfzig Jahren wieder Faschisten an die Regierung gekommen«[1] seien. Der englische *Daily Telegraph* erklärte seinen Lesern, daß die Nationalallianz »erst vor kurzem auf der noch warmen Glut der MSI« gegründet worden sei. »Sie verkündet den Tod des Faschismus«, hieß es darin, »aber sie weigert sich, ihn zu begraben.«[2]

Ich fand manche der ausländischen Kommentare überzogen, und geradezu heuchlerisch schien mir das Argument, es könne dem amerikanischen Präsidenten Clinton nicht zugemutet werden, am 50. Jahrestag der Befreiung Italiens vom Faschismus möglicherweise einem neofaschistischen Minister die Hand geben zu müssen. Immerhin haben amerikanische und andere Präsidenten sich selten davor gescheut, Hände von fragwürdigen Figuren zu schütteln, wenn es in ihr Konzept von Realpolitik paßte. Gleichwohl bemühte ich mich, so ich Gelegenheit dazu bekam, Italienern zu erklären, worin für die westlichen Freunde Italiens das Skandalon läge.

»Viele dieser Länder haben unter großen Opfern gegen den Faschismus gekämpft, der als das Gegenteil der Demokratie verstanden wurde. Daher sehen Westeuropäer die Regierungsverantwortung von Faschisten, Neo- oder Postfaschisten in Italien als Aufkündigung eines Grundsatzes der Europäischen Gemeinschaft«, sagte ich zum Beispiel in der Fernsehsendung *Milano, Italia*. Das Publikum zu meiner Linken, Anhänger des Reformpolitikers Mario Segni, applaudierte wild, das Publikum zu meiner Rechten dagegen, gestellt von Anhängern der Berlusconi-Bewegung Forza Italia, bedachte mich mit wilden Buhrufen.

Nach der Sendung umringten mich ein paar Leute von Forza Italia und attackierten meine Äußerungen in einer Schärfe, in einem beleidigenden Ton (»Wir ahnten nicht, wie einfältig ihr ausländischen Journalisten seid«) und mit einer Intoleranz (»Wenn es euch hier nicht gefällt, dann zieht doch ab«), daß mir ganz bange wurde. Ich war solche Töne in Italien einfach nicht gewohnt.

Gewiß: Wie die meisten meiner italienischen Freunde glaubte ich nicht, daß mit dem Aufstieg der Neofaschisten zur Regierungsmacht eine Wiedergeburt des Faschismus in Italien beginnen könnte. Besorgniserregend fand ich vielmehr die Mischung von rechten Tendenzen unter den neuen Machthabern Italiens. Daß der Regierungschef Silvio Berlusconi Widerspruch nicht gewohnt war und auch nicht wünschte, daß er Opposition nur dann zu dulden bereit war, wenn sie seine Vorhaben loyal unterstützte, hatte sich bereits in den ersten Wochen seiner Regierung gezeigt. Berlusconi zeigte ausgesprochen autoritäre Neigungen. Diesen Mann nun im Bündnis mit rabiaten Rechten zu erleben, konnte in der Tat bedenklich stimmen für die Zukunft der Demokratie in Italien.

Auch das soziale Klima in Italien hatte sich geändert. Ich erinnere mich an die Wahlnacht vom 27./28. März 1994. Auf der Piazza del Popolo in Rom tobten im Siegesrausch neofaschistische Jugendliche, viele in schwarzen Lederklamotten und mit rasierten Köpfen. Immer wieder streckten sie ihren rechten Arm zum römischen Gruß der Faschisten nach oben. *Viva Mussolini, viva il fascismo!* oder auch »Sieg Heil!« dröhnten sie. Wer diese Begeisterung nicht teilte, wurde von den Jugendlichen bedrohlich umringt. Im Sprechchor schrien sie: »Wer nicht hochspringt, ist ein Kommunist.« Und dann sprangen die Jungfaschisten, einander an den Händen fassend, in die Höhe. In ihrer Mitte stand, verlegen und wie festgenagelt, ein regloser Mensch, der nun im Chor als *comunista, comunista* verhöhnt wurde.

Zahlreiche fremdenfeindliche und neonazistische Übergriffe, die sich Anfang der neunziger Jahre im Land ereigneten, zeigten zunächst nur, daß Italien dabei war, mit rechtsradikalen Exzessen es anderen europäischen Ländern gleichzutun. Da flogen Brandsätze in römische Ausländerheime oder es wurden im römischen Ghetto, wo die älteste jüdische Gemeinde lebt, Fensterläden mit antisemitischen Parolen beschmiert. Neofaschistische Jugendliche überfielen Niederlassungen der Exkommunisten. Auf den Straßen wurden Jugendliche, die sich weigerten, MSI-Flugblätter anzunehmen, mit Prügeln bedroht.

In Deutschland ist ganz gewiß viel Schlimmeres geschehen. Gleichwohl gewann die Entwicklung in Italien ein völlig anderes Gewicht, seitdem eine Partei an der Regierung beteiligt war, deren Chef, Gianfranco Fini, den Duce zum größten Staatsmann des Jahrhunderts erklärt hatte.

Die MSI war fast fünf Jahrzehnte lang eine Konstante in der bewegten politischen Landschaft Italiens gewesen: Ihr charismatischer Führer, Giorgio Almirante, der 18 Jahre lang, von 1969 bis 1987, die Geschicke der MSI lenkte, hatte ihr auch bei politischen Gegnern Respekt verschafft.

Almirante gehörte einer kleinen Gruppe von glühend überzeugten Faschisten an, die Ende 1946 in Rom die MSI gründeten. Unter Mussolini war Almirante Staatssekretär im Propagandaministerium gewesen, als Geschäftsführer der Zeitschrift *Die Verteidigung der Rasse* verbreitete er ganz dem Geist der Zeit entsprechendes Gedankengut. Almirante war ein genialer Redekünstler, dem es später während seiner 18jährigen Herrschaft über die Partei spielend gelang, in Rom große Plätze wie die Piazza Venezia oder die Piazza Navona bis auf den letzten Fußbreit mit Menschen zu füllen.

Ein weiterer Gründer der MSI war der spätere Vorsitzende Arturo Michelini, ein hoher Funktionär und Kämpfer der Republik von Salò, des Marionettenregimes von Hitlers Gnaden, das Mussolini nach seinem Sturz 1943 in Norditalien errichtete.

Das Ziel dieser Bewegung der Unbelehrbaren war »die Rückkehr zu den idealistischen Ursprüngen des Faschismus«, zum »korporativen Ständestaat Mussolinis« wie auch der Kampf »gegen die internationale Plutokratie unter der Vorherrschaft der Vereinigten Staaten« und gegen die »kommunistische Weltverschwörung«, wie es in frühen Veröffentlichungen hieß.

Als wirksames Symbol hatten sich die Sozialbewegten eine rot-weiß-grüne Flamme erdacht, die aus einem schwarzen Rechteck emporloderte – als sei es der Sarg Mussolinis.

Das berührte offenbar nicht wenige Italiener im Innersten ihres Herzens. Zwar war der scheinbar so imponierend mächtige Apparat des faschistischen Staates nach der militärischen Niederlage Italiens und dem Waffenstillstand vom 8. September 1943 in sich zusammengefallen wie ein Kartenhaus. Im Handumdrehen entleerten sich die Gebäude der Partei, der Milizen, der faschistischen Gewerkschaften und Gruppierungen – so als hätte Mussolini seine Diktatur ohne Mannschaft gesteuert.

Gleichsam über Nacht verschwanden Symbole des Regimes, wie zum Beispiel das altrömische Liktorenbündel (*fascio*), von öffentlichen Fassaden. Sie wurden großteils weggemeißelt, übertüncht und herausgebrochen.

Und nach außen praktizierten viele Italiener ihre über Jahrhunderte eingeübte Kunst der Anpassung an neue Verhältnisse. Eine Dokumentarfilmszene, die amerikanische Militärkameraleute bei ihrer Ankunft in Italien gedreht hatten und die im Frühjahr 1994 in der eindrucksvollen TV-Serie *Combat Film* ausgestrahlt wurde, faßt den Fahnenwechsel der Bevölkerung symbolhaft zusammen:

In Bologna marschieren am 25. April 1945 die siegreichen kommunistischen Partisanen ein. Am Straßenrand sieht man applaudierende Menschenmengen, viele feiern die einziehenden Widerstandskämpfer mit dem international gängigen Gruß der Arbeiterbewegung, der geballten Faust. Inmitten dieser Masse von Fäusten aber entdeckt der amerikanische Kameramann einen stramm erhobenen rechten Arm – den faschistischen Gruß. Ein aufrechter Getreuer? Ein Unentwegter? Keineswegs. Jemand aus der Partisanenschar ruft dem Menschen, der noch auf römische Art grüßt, etwas zu. Und folgsam rollt sich vor unseren Augen die starr ausgestreckte Hand des Mannes an der Straße zur geballten Arbeiterfaust zusammen – Zeitenwende nach der Art des *Leoparden:* Alles verändern, damit alles so bleibt, wie es ist.

Nicht alle hatten freilich den Wechsel mit solcher Anpassungsgabe vollzogen. Zwischen den überzeugtesten Anhängern des faschistischen Regimes und den Partisanen des Widerstands, zu denen neben den Kommunisten auch Christdemokraten zählten, tobte in den Jahren 1943-45 ein furchtbarer Bruderkrieg, dessen Wunden bis heute nicht verheilt sind. Aus Kämpfern in jenem Bürgerkrieg rekrutierten sich die wichtigsten Funktionäre der neofaschistischen Partei MSI in Italien. Viele von ihnen, zum Beispiel Mirko Tremaglia, inzwischen Vorsitzender des außenpolitischen Ausschusses der Deputiertenkammer, geben auch noch heute in der MSI-Nachfolgeorganisation Alleanza Nazionale den Ton an.

Praktisch seit ihrer Gründung prallten im Innern der Partei gegensätzliche, wenn nicht gar unvereinbare Positionen aufeinander. Sollte sich die MSI wie alle anderen Parteien in das System demokratischer Spielregeln einfügen und nach Erweiterung ihrer Macht durch den Gewinn von Wählerstimmen streben? Oder befand sich die Bewegung in den ersten Phasen einer neuen Revolution, in der es galt, durch demonstrative Aktionen und terroristische Anschläge die bewaffnete Erhebung gegen das aufgezwungene demokratische Regime vorzubereiten?

Die unverändert systemfeindliche Position des radikalen Flügels formulierte eine Parteitagsrede aus dem Jahr 1962: »Es hat oft Versuche gegegeben, sich in das System einzugliedern und den Eindruck zu erwecken, daß die MSI wenigstens in Zukunft an die Demokratie glauben würde. Aber das entspricht weder dem Wunsch noch dem Stil der Partei.«[3]

Die Mehrheit in der MSI folgte freilich zweifellos dem ersten Weg, dem legalistischen. Das hieß aber nicht, daß sie bereit gewesen wäre, dem Faschismus abzuschwören. Im Gegenteil. Die wirklichen Hardliner, zu denen auch Giorgio Almirante zählte, hatten die Demokratie lediglich als Methode, nicht aber als Wert akzeptiert.

Und noch zehn Jahre später, 1987, auf dem XV. Parteikongreß, auf dem Giorgio Almirante nach 18 Jahren den Vorsitz der Partei an seinen jungen Kronprinzen Gianfranco Fini, damals 35, abgab, bestätigte ein Parteitagsbeschluß »die Kontinuität mit unseren Wurzeln, die man nicht auf ein historisches Zeugnis begrenzen kann«.

Kommentar des Politologen Piero Ignazi: »Das Bekenntnis zum historischen Faschismus war die Mittelachse der Politik des neuen Parteivorsitzenden Gianfranco Fini.«[4] Der Druck, sich ernsthaft zu ändern oder den Faschismus in Frage zu stellen, war offenkundig in den ersten zwei Jahrzehnten der MSI-Existenz nicht besonders stark gewesen.

Die Bewegung hatte ihr getreues Wählerpotential. In der zersplitterten Parteienlandschaft Italiens konnte sie sich mit ihren durchschnittlich sechs Prozent der Stimmen immerhin als viertstärkste politische Kraft etablieren.

Die Basis der Partei lag immer im Süden Italiens – zu ihren Anhängern zählten dort ehemalige Funktionäre des faschistischen Staates, unzufriedene Kleinbürger, Exmonarchisten und andere Ewiggestrige. Doch auch unter staatstreuen Honoratiorenfamilien fand die MSI Beifall.

Schließlich hatte der Süden Italiens bei der Volksabstimmung über die künftige Verfassung des Landes am 2. Juni 1946 überwältigend für die Monarchie gestimmt. Die Regionen im Zentrum und im Norden bevorzugten mit gleicher Entschiedenheit die Republik, deren Anhänger mit 54,2 Prozent gewannen.

Im Süden aber hatte sich, so schien es, nichts geändert. Alles sei so, wie es unter dem Faschismus war; die politischen Strukturen und der Staatsapparat hätten sich nicht geändert, und die Macht bliebe in den Händen derselben wenigen Familien, erklärte nach dem Volksentscheid der bedeutende linke Politiker und Widerstandskämpfer Giorgio Amendola.

Faschismus und Monarchie appellierten im Süden Italiens an die gleichen Wünsche einer Bevölkerung, die sich über Jahrhunderte hinweg daran gewöhnt hatte, von der Obrigkeit mit Arbeit, Unterstützung und – wenn gewählt wurde – mit Geschenken versorgt zu werden.

Im Norden Italiens dagegen, wo die Resistenza gekämpft hatte, stieß die neofaschistische Partei auf erbitterten Widerstand. Es gab Krawalle bei jeder Wahlveranstaltung. Nördlich der Region Latium gelang es ihr nicht, örtliche Kandidaten für den Senat aufzutreiben. Die sechs Abgeordneten und der eine Senator, den die MSI durch die Wahlen im April 1947 gewinnen konnte, stammten alle aus dem Mezzogiorno Italiens.

Im Parlament gewöhnte man sich schnell an die alten Kameraden. Sie erschienen zuweilen im faschistischen Schwarzhemd zu den Sitzungen des Hohen Hauses, grüßten sich zackig mit dem hochgestreckten rechten Arm. Niemand warf sie hinaus. Obwohl sie im Kranz der italienischen Parteien »außerhalb des Verfassungsbogens« standen, durften sie sogar in einigen Fällen als Mehrheitsbeschaffer dienen.

So wurde der Christdemokrat Antonio Segni, der Vater des heutigen Reformpolitikers Mario Segni, im Jahr 1959 mit den Stimmen der MSI zum Ministerpräsidenten gewählt. Als Antonio Segni dann 1962 für das Amt des Staatspräsidenten kandidierte, verhalfen ihm wiederum die Neofaschisten zum Sieg.

Einen Höhepunkt parlamentarischer Macht hatte die MSI im Jahr 1960 erreicht, als sie im April dem rechten Christdemokraten Fernando Tambroni half, die Vertrauensabstimmung für das Amt des Regierungschefs zu gewinnen. Ein Hauch von neuer Legitimität umwehte die Neofaschisten. Prompt beschlossen sie in ihrem Übermut, ihren Parteikongreß ausgerechnet in Genua, einem Zentrum der Resistenza, abzuhalten. Tagungsort sollte das Theater Santa Margherita sein – wenige Schritte von einer Gedenkstätte für Genuas gefallene Widerstandskämpfer entfernt. Und mehr noch: Vorsitzender des Kongresses sollte Carlo Emanuele Basile sein, während der Nazi-Besetzung Genuas berüchtigter Polizeipräfekt, der verantwortlich für die Verhaftung und Folterung zahlreicher Partisanen gewesen war.

Eine Woge von Protesten breitete sich über Genua aus und erfaßte das ganze Land. Es kam täglich zu blutigen Zusammenstößen zwischen Demonstranten der Linken und der Polizei. Ministerpräsident Tambroni wollte sich als starker Mann profilieren und erteilte den Polizisten die Erlaubnis, auf die Demonstranten zu schießen. Der MSI-Kongreß in Genua mußte abgesagt werden. Ministerpräsident Tambroni trat zurück.

Schmählich gedemütigt, verzog sich die MSI in ihre parlamentarische Nische. Um so aufsässiger wurden die Extremisten innerhalb und außerhalb der Partei, die neofaschistischen Aufrührer, Bombenleger und Gewaltapostel, die sich im Umkreis der MSI gesammelt hatten. Schon 1956 hatte der Rechtsradikale Pino Rauti erst eine Zeitschrift, dann den Schlägertrupp »Ordine Nuovo« (Neue Ordnung) ins Leben gerufen. Das Motto der Organisation, die erst 1971 verboten wurde, lautete: »Wir schlagen keine Fensterscheiben, wir schlagen Köpfe ein.«

Mit dieser Bereitschaft zur Gewalt boten sich rechte Extremisten als Mitwirkende in der düsteren Welt des unterirdischen Gegenstaates an, als Akteure bei der »Strategie der Spannung«, welche die Italiener davon abhalten sollte, aus dem westlichen Lager auszuscheren.

An den meisten der Terroranschläge auf Unschuldige – angefangen beim Bombenanschlag auf die Landwirtschaftsbank in Mailand 1969 über den Anschlag auf eine antifaschistische Gewerkschaftsdemonstration in Brescia 1974 bis hin zum Bombenattentat auf den Bahnhof von Bologna 1980 oder zur Bombe im Schnellzug 904 am 23. Dezember 1984 – waren rechtsextreme Täter beteiligt. Die meisten entgingen einer endgültigen Verurteilung.

So auch der Neapolitaner Massimo Abbatangelo, Jahrgang 1942, der jahrelang MSI-Abgeordneter im römischen Parlament war. Er soll an dem Weihnachtsanschlag auf den Schnellzug 904 beteiligt gewesen sein, den die sizilianische Mafia in Auftrag gegeben hatte. Es ging ihr darum, den drohenden Machtverlust auf der Insel als Folge der Ermittlungen Giovanni Falcones und Paolo Borsellinos mit einer Demonstration von Macht außerhalb ihres Territorium auszugleichen. 1992 wurde Abbatangelo in erster Instanz zu lebenslanger Haft verurteilt. Er soll den Sprengstoff für die Bombe geliefert haben.

Trotz der erstinstanzlichen Verurteilung kandidierte Abbatangelo 1992 wieder für die Deputiertenkammer – und gelangte mit eindrucksvoller Mehrheit durch seine neapolitanischen Wähler erneut ins römische Parlament.

Was sich an faschistoidem Konsensus in Italien zusammenbraute, war deutlich bereits in den Kommunalwahlkämpfen im Frühjahr und im Herbst 1993 auszumachen. In Rom wäre der MSI-Vorsitzende Gianfranco Fini fast Bürgermeister geworden, im zweiten Wahlgang unterlag er knapp dem Grünen Francesco Rutelli. In Neapel aber trat die Enkelin des Duce, Alessandra Mussolini, an, die im Vorjahr mit überraschend hoher Stimmenzahl einen Sitz im Parlament gewonnen hatte.

An einem sonnigen Novembermorgen begleitete ich sie, als sie auf Wählerfang durch den Vomero zog, ein Wohnviertel auf den Hügeln oberhalb Neapels. Alessandra Mussolini, Jahrgang 1962, ist eine üppige Blonde, die gern ihre wohlgeformten Beine vorzeigt und sich in jüngeren Jahren mitunter auch in Pin-up-Posen hatte ablichten lassen. Doch das war jetzt vorbei. Als Bewerberin für das Bürgermeisteramt von Neapel galt es, solide zu wirken.

Züchtig ließ sich die Mussolini von ihrer Mutter, der Schwester der Filmschauspielerin Sophia Loren, begleiten, so als schicke es sich immer noch nicht für eine junge Dame aus gutem Hause, sich allein in der Öffentlichkeit zu bewegen.

Ich hatte bei so einem Rundgang vor allem Beifall von ein paar Nostalgikern erwartet – und die fanden sich auch. Wir gingen in einen Weinladen. Mit zitternden Händen schlug der alte Besitzer sein Kassenbuch auf und entnahm ihm eine abgegriffene Fotokopie: Sie zeigte ein Foto des Duce in der üblichen Siegerpose, umrahmt von allerlei schwülstigen Lobesreimen. »Er war ein großer Mann«, sagte Alessandra gütig. »Und wie wir ihn jetzt brauchen würden«, ergänzte der Alte und riß seinen mageren Arm zum Faschistengruß hoch. Die Kundschaft im Laden applaudierte, daß der Beifall bis auf die lärmende Straße hinaus brandete. Draußen aber drängten sich junge Frauen um Alessandra Mussolini, als gelte es, sie nur zu berühren, um von allerlei Lebensnöten befreit zu werden. Diese Frauen suchten keinen Duce. Sie wollten Hoffnung für ihre Stadt der täglichen Katastrophen. Jedes Jahr im Sommer geht zum Beispiel das Wasser aus. Rostrote Brühe tröpfelt dann aus den Wasserhähnen. 27 Prozent der Erwerbsfähigen in Neapel sind arbeitslos, viele davon seit langen Jahren.

Am Tag vor meiner Ankunft hatten Arbeitslose die Kathedrale besetzt. Der Kardinal rief die Polizei. Die stürmte das Gotteshaus und schlug die Demonstranten zusammen.

Alessandra Mussolini hatte sich viel vorgenommen. Schwer vorstellbar, wie sich eine junge Frau mit einem damals nicht abgeschlossenen Medizinstudium und höchst flüchtigen Berufserfahrungen als Schauspielerin in einem solchen Inferno in der Rolle des Stadtoberhaupts bewähren könnte. Aber die Aufgabe schreckte sie nicht. »Die anderen Kandidaten sind auch nicht viel kompetenter als ich. Nur älter. Und sie stammen aus dem alten Parteienregime«, entgegnete sie mir kühl, als ich sie nach ihren Plänen für die Stadt fragte. »Und wer sagt denn, daß ich die Probleme Neapels allein lösen soll. Ich werde mir einen Stab von guten Beratern zulegen.«

Auch viele der künftigen Wähler stellten sich die Frage nach Kompetenz und Sachkunde der 32jährigen Bürgermeisterkandidatin nicht. Es ging ganz offensichtlich um anderes. Da war zunächst der gute Klang des Namens Mussolini in Neapel, vage, oft verfälschte Erinnerungen an einen paternalistischen Staat zu Zeiten des Duce, der angeblich die Züge hatte pünktlich fahren lassen und sich durch pompöse neue öffentliche Bauten aufs trefflichste selbst dargestellt und sich um die Armen gekümmert hatte.

Doch Alessandra hatte auch Eigenständiges zu bieten. Eine Ausstrahlung von Unverbrauchtheit und Frische umgab sie, die sie zu einem Gegenbild der alten Männer aus der Ersten Republik werden ließ. In ihrem jugendlichen Gesicht mit den gewölbten, sinnlichen Lippen lasen offensichtlich viele Neapolitaner eine Aussicht auf Wunderheilung, eine nicht im Rationalen begründete Hoffnung, daß diese Jungfrau Mussolini den Drachen der allgemeinen gesellschaftlichen Depression besiegen und einen Neuanfang setzen könnte.

Vor den Trümmern von *Tangentopoli* erschien im Jahr 1993 die MSI wie die Inkarnation einer Partei der »sauberen Hände«, als das Abbild einer neuen politischen Moral. Doch im zweiten Wahlgang unterlag die Mussolini ihrem Gegner von der Partei der Demokratischen Linken, Antonio Bassolino. Aber Alessandra sammelte immerhin beachtliche 43 Prozent der Stimmen für ihre Partei ein.

Ähnliche Visionen von Sauberkeit, jugendlicher Energie und Neuanfang hervorzurufen gelang auch dem Vorsitzenden der MSI, Gianfranco Fini, Jahrgang 1952, der in Rom gegen den biederen und wenig sprühenden Grünen Francesco Rutelli angetreten war.

Auch Fini ist kein charismatischer Mann. Seinen Aufstieg zum Parteivorsitzenden verdankt er dem zur rechten Zeit gewählten politischen Mentor, Giorgio Almirante, und seiner Fähigkeit, hinter den Kulissen die Fäden zu seinem Vorteil zu ziehen. Doch die MSI kippte den langweiligen Jungfunktionär im Jahr 1990 überraschend vom Stuhl des Vorsitzenden, weil der 60jährige Pino Rauti, ein alter Kämpfer, der einen radikal erneuerten Faschismus propagierte, mehr Visionen zu bieten schien.

Das blieb jedoch ein Zwischenspiel. Anderthalb Jahre später war Fini wieder im Amt. Inzwischen war nämlich in der sich ändernden politischen Landschaft sein Typ gefragt: der korrekte junge Mann, dem kein rechtes Rabaukentum nachgesagt werden konnte, der Yuppie im Flanellanzug, welcher der MSI ein Image von wohlgepflegter bürgerlicher Normalität verlieh. Im Kommunalwahlkampf von 1993 entpuppte sich Fini im Fernsehen zudem als Kommunikationsgenie. Mit seiner nüchtern-sachlichen Art, sich durch keine noch so aggressive Frage von Reportern aus der Ruhe bringen zu lassen, und mit gekonnter Ironie schaffte es Fini bisweilen, seinen um drei Jahre jüngeren Gegner Rutelli alt aussehen zu lassen: als einen Mann des diskreditierten Parteienregimes, der seine politische Karriere innerhalb des korrupten Systems absolviert hatte – und nicht außerhalb desselben wie Fini.

Für die Gesundung der vom Verkehr, von Abgasen und Kriminalität gepeinigten italienischen Hauptstadt trug Fini einige erstaunliche Pläne vor. Da sollte das historische Zentrum für Autos und Busse wieder geöffnet werden – es gäbe keinen Nachweis, daß Abgase Smog erzeugten, erzählte der MSI-Chef. Dagegen wollte er die wenigen Fahrradwege Roms umgehend abschaffen. Weil sie angeblich Staus bewirkten. Schwarze und Zigeuner sollten aus dem Zentrum verbannt und irgendwo weit draußen an der Peripherie untergebracht werden. Freiwillige Bürgerwehren sollten nächtens die Sicherheit der Römer mehren.

Die Liberalen Roms waren entsetzt. Den Konservativen sprach Fini offenkundig aus dem Herzen. Bei der Stichwahl, in der er gegen Rutelli knapp unterlag, stimmten immerhin 47 Prozent der römischen Wahlberechtigten für den Chef der Neofaschisten.

Genau fünfzig Jahre nach dem erzwungenen Rücktritt Mussolinis hatte sich im Jahr 1993 eine völlig einmalige historische

Chance für die Partei seiner Erben aufgetan.

Der schmähliche Untergang der Parteien der Ersten Republik setzte Ströme von Wählern frei, deren Stimmen früher vom rechten Lager der Christdemokraten aufgefangen worden wären. In Städten wie Neapel, aber auch in Rom waren sich in den politischen Randzonen Christdemokraten und Neofaschisten immer recht nah gewesen. Wichtige Lokalmatadore der römischen DC waren ehemalige *missini*, MSI-Aktivisten.

Da gab es zum Beispiel Vittorio Sbardella, der lange Zeit mächtigste Mann der römischen DC. Er hatte seine politische Laufbahn als Anführer von neofaschistischen Schlägertrupps der MSI begonnen. Wegen seiner skrupellosen Art, seine politische Position zu privatem Vorteil in der Grundstücksspekulation zu nutzen, erwarb er sich als Bonze der Democrazia Cristiana den Beinamen *lo squalo*, »der Hai«. Von den Neofaschisten zur DC war er auch deshalb gewechselt, weil die MSI, damals ausgeschlossen von der politischen Macht, solche Möglichkeiten, sich zu bereichern, nicht bot.

Und eben darin lag nun in der Trümmerlandschaft von *Tangentopoli* die große Chance für Italiens Neofaschisten. Als Partei der sauber gebliebenen Hände bot die MSI einen Weg zu kollektiver Absolution vom Schmutz der korrupten Jahre.

Die Mitgliederzahlen mehrten sich binnen kurzer Zeit von 150000 im Jahr 1991 auf 202000 im Jahr 1993. Den Jugendorganisationen der MSI, die immer ein Rückgrat der Bewegung waren, strömten Scharen von konservativ gestimmten jungen Leuten zu.

Die MSI war gesellschaftsfähig geworden. Und statt, wie von der Partei selbst befürchtet, durch das neue Mehrheitswahlrecht ausgelöscht zu werden, erwies sich die MSI als koalitionsfähig und errang bereits im Jahr 1993 erstaunliche Wahlergebnisse. Bei den Kommunalwahlen im Frühjahr 1993 errang die Partei bereits 14 Bürgermeisterposten, vornehmlich in kleinen und mittleren Städten des Südens.

All diese Erfolge wären ohne *Tangentopoli* kaum denkbar gewesen. Zugleich aber gibt es einen weiteren historischen Zusammenhang, der erklärt, warum Mussolinis Erben derart Konjunktur haben konnten: Fünf Jahrzehnte nach dem Ende des Zweiten Weltkriegs hatte sich nämlich der staatsbegründende Mythos von der Resistenza, der Widerstandsbewegung zwischen 1943 und

1945, verbraucht. Die nationale Heiligenlegende der Ersten Republik war verblaßt, der zufolge sich Italien von der nationalsozialistischen Besatzung und dem Nazimarionettenregime der Republik von Salò durch den heldenhaften Einsatz seiner Partisanen selbst befreit hat.

Die Bedeutung dieses Mythos für das Staatsbewußtsein des modernen Italien kann kaum überbewertet werden. Hunderte von Denkmälern, Zehntausende von Straßennamen und Gedenktafeln erinnern an die Taten der Partisanen oder an die Leiden der Bevölkerung, die der brutalen Repression der Nazideutschen ausgesetzt gewesen war.

»Die Resistenza-Erfahrung hat ein wirklich tiefsitzendes Generationenbewußtsein geschaffen«, erklärte mir der deutsche Historiker Jens Petersen in einem langen Gespräch, »es hat praktisch bis in die Gegenwart gereicht. Aber nun ist der Mythos von der Resistenza brüchig geworden.«

Aus dem Geist des Widerstands war die Verfassung geboren worden, die Parteien des »Verfassungsbogens« – zu dem die MSI eben nicht gehörte – wurden von dem gemeinsamen Wert des Antifaschismus, trotz ihrer politischen Unterschiede, zusammengehalten. Er galt als höchste Tugend der Ersten Republik, ihn umschwebte eine »Aura von Heiligkeit«, die keinen kritischen Blick auf die in Wahrheit begrenzte Beteiligung Italiens am Widerstand erlaubte.

Der britische Historiker Paul Ginsborg schätzt, daß nur etwa 100000 Männer und Frauen aktiv an der Resistenza teilgenommen haben.

Aber selbst wenn man diese Zahl wesentlich höher ansetzt, ist nicht zu übersehen, daß der Widerstand von einer kleinen Minderheit der Bevölkerung getragen wurde. Das schmälert freilich nicht die Bedeutung der Resistenza. Endlich gab es eine Epoche in der italienischen Geschichte, in der die Nation scheinbar ungebrochen auf sich stolz sein konnte.

Zugleich überdeckte jedoch der Kult des Antifaschismus im Nachkriegsitalien einen massiven Verdrängungsprozeß. Die Geschichte des Faschismus, dem schließlich die Mehrheit der Bevölkerung begeistert gefolgt war, blieb unaufgearbeitet. Auch war es lange Zeit nicht erlaubt, von den Untaten und Greueln zu sprechen, welche Partisanen nach dem Krieg an den Feinden von einst, aber auch an unbeteiligten Zivilisten verübt hatten.

Diese Unaufrichtigkeit im Umgang mit der jüngeren Vergangenheit erleichtert es Gianfranco Fini, den Faschismus in seiner Bedeutung auf der einen Seite herunterzuspielen und ihn zugleich aufzuwerten.

Für den Wahlkampf vom Herbst 1993 schuf er die ebenso simple wie wirksame Formel: »Mussolini ist tot, und der Faschismus ist mit ihm zu Grabe getragen worden.« Den Antifaschisten unterstellte er dagegen, sie hätten ein totalitäres System nach dem Vorbild der Sowjetunion in Italien einführen wollen. Auf diese Weise konnte er nun behaupten, er selbst und seine Bewegung seien gegen alle totalitären Systeme, seien sie nun faschistisch oder antifaschistisch. Vergangenheitsbewältigung reduzierte sich in dieser Sicht auf die hehre Aufgabe, Versöhnung zwischen den Todfeinden von einst, den Faschisten und den Antifaschisten, zu stiften.

Bei dem schwierigen Unterfangen, seiner Partei breitere Akzeptanz zu verschaffen, ohne seine eigenen, der Vergangenheit verhafteten Anhänger zu verlieren, erwies sich Gianfranco Fini als Meister des Doppelspiels.

Dem konservativen Bürgertum Italiens, das nach dem Untergang der Democrazia Cristiana eine neue politische Heimat suchte, konnte er versichern: »Das neue Italien braucht Einverständnis über die gemeinsamen Werte, die sind: Freiheit, Demokratie, Solidarität, die Ablehnung jedweder Diktatur und jeder Form von Rassismus und Diskrimination.«

Zugleich aber erklärte er zwei Tage nach der allgemeinen Wahl im März 1994, bei der seine Bewegung zur drittgrößten politischen Kraft in Italien wurde, in einem berühmt gewordenen Interview mit der Turiner Tageszeitung *La Stampa* auf die Frage »Und wenn man Sie heute nach einem Urteil über Mussolini fragen würde?«:

»Ich würde immer noch sagen, daß er der größte Staatsmann des Jahrhunderts war.«

Worauf Alberto Statera, der dieses Interview führt, nachhakt: »Kann Berlusconi ihm gleichkommen?«

Einis Antwort lautet: »Berlusconi wird sich ganz schön ins Zeug legen müssen, um zu beweisen, daß er so wie Mussolini eine wahrhaft historische Figur ist. Er sollte jedoch wissen, daß zwei identische Männer nicht in einem Jahr und nicht einmal in einem Jahrhundert geboren werden.«[5]

Sorry, Mr. Berlusconi. Der Platz des Größten in diesem Jahrhundert ist schon besetzt, und so wird es auch bleiben, gab Fini zu verstehen.

Auch die Brücken zu den radikalen Randgruppen des Neofaschismus, den jugendlichen Rabauken mit geschorenen Köpfen und Ledermontur, brach Fini nicht ab. Als er auf einer Versammlung für die Wahl im März 1994 jugendliche Skinheads mit moderaten Tönen enttäuschte, wußte er sie zu trösten: »Laßt mich lieber nicht zu viel sagen, hier haben sich doch sicher wieder ein paar Journalisten eingeschlichen.«

Flinke Ausreden hält Fini immer parat. Zum 70. Jahrestag des faschistischen Marsches auf Rom im November 1922 hatte eine MSI-Demonstration die Piazza Venezia, an der Mussolini residiert hatte, mit weit über 50000 Menschen gefüllt. *Viva il Duce* wurde geschrien, Tausende von Armen erhoben sich zum Faschistengruß – auch der von Gianfranco Fini. Er habe nur einem Freund zugewinkt, spielte er seine fotografisch dokumentierte Geste herunter.

Das wichtigste Werk der Integration ins politische Mittelfeld aber war der Aufbau der Alleanza Nazionale, einer angeblichen »Sammelorganisation« der Rechten. In der Tat gehörten auch einige wichtige Gründungsmitglieder der Nationalallianz nicht der MSI an, so etwa der rechte Politologe Domenico Fisichella, Kulturminister in der Berlusconi-Regierung.

Doch letztlich blieb die Alleanza Nazionale nichts anderes als eine »leopardisch« neugestaltete Fassade für die im übrigen völlig unveränderte MSI. Die Gründungsversammlung im Januar 1994 war eine Farce. Anders als bei der ehemaligen Kommunistischen Partei, die mehr als ein Jahr heftiger, oft schmerzhafter interner Debatten gebraucht hatte, bevor sie sich als Partito Democratico della Sinistra, Partei der Demokratischen Linken, neu konstituierte, hatte es im Vorfeld der Alleanza-Gründung nichts dergleichen gegeben.

An der Gründungsversammlung im Januar 1994 nahmen keine gewählten Delegierten teil, sondern örtliche MSI-Funktionäre samt ihrem Anhang. Alessandra Mussolini, Symbolfigur der Traditionalisten in der MSI, blieb dem Treffen fern.

»Gianfranco, ein neues Make-up reicht nicht«, mahnte Marco Tarchi, ein Theoretiker der Neuen Rechten, der vor 13 Jahren wegen ideologischer Differenzen mit dem Almirante-Flügel die

MSI verlassen hatte. Die Alleanza Nazionale sei, so Tarchi, eine übereilte Operation. Die MSI hätte 48 Jahre Zeit gehabt, mit ihrer eigenen Vergangenheit abzurechnen, und habe es nicht getan. Das Ganze sehe zu sehr nach Kosmetik aus, welche die Falten überdecken solle.

Ungerührt von dem Bemühen anderer Parteien, für die ersten Wahlen nach dem Zusammenbruch der Ersten Republik neue Kandidaten, unverbrauchte Gesichter zu finden, stellten Finis Leute 95 Prozent der bereits früher gewählten MSI-Abgeordneten wieder auf. Der Rest wurde mit ein paar Monarchisten, zugewanderten Ex-Christdemokraten vom rechten Flügel der untergegangenen Partei und schließlich mit bewährten Funktionären aus dem MSI-Apparat im Lande aufgefüllt.

Doch den wichtigsten Garantieschein für die Aufnahme der MSI in den Kreis der regierungsfähigen Parteien stellte Silvio Berlusconi der aufblühenden Bewegung aus. Er begann mit dem hingeworfenen Satz bei der Eröffnung eines Einkaufszentrums in der Nähe von Bologna im November 1993: »In Rom würde ich Fini wählen.«

Im Januar 1994 schloß der Medienfürst ein offizielles Wahlbündnis mit Finis Alleanza Nazionale, das im Süden unter dem Namen »Polo del Buon Governo« auftrat.

Fünf Ministerposten waren der Lohn für das Entrée, das die Alleanza Nazionale der Bewegung Berlusconis, Forza Italia, im Süden verschafft hatte.

Nur drei dieser fünf gehörten der MSI an – Giuseppe Tatarella, Vizepremier und Postminister, Adriana Poli Bortone, von der Lateinlehrerin zur Landwirtschaftsministerin avanciert, und Altero Matteoli, der neue Umweltminister, vornehmlich bekannt für seine Begeisterung für Schnellstraßen und Atomenergie. Alle drei waren früher einer breiteren Öffentlichkeit kaum durch rabiat rechte Positionen aufgefallen.

Und wenn mir der neue Außenminister Antonio Martino in seinem ersten Interview mit einer ausländischen Zeitung beteuerte, daß in seiner Regierung keine Neofaschisten wären, andernfalls er nicht in dieser Regierung wäre, so mag er das subjektiv für wahr gehalten haben.

Doch je mehr sich die Regierung Berlusconi abmühte, ihre Minister der Alleanza Nazionale als »normale« Rechte zu verkaufen, desto entschiedener betonten jene ihre Identität als Neofaschisten: auch wenn sie darauf bestanden, allenfalls Postfaschisten zu sein.

Kaum war die Regierung des Medienfürsten endlich – sechs Wochen nach der Wahl – gebildet, reichte die Alleanza Nazionale (AN) einen Gesetzentwurf zur Wiedervorlage ein, der das Verbot der faschistischen Partei aufheben sollte.

Das sei der bedauerliche Irrtum einer Sekretärin gewesen, hieß es dann aus der AN-Fraktion.

Wenige Tage später ein neuer Vorstoß aus alter Richtung: eine wiederum aufgewärmte Gesetzesvorlage der MSI, die den Freiwilligen der Republik von Salò eine Pension verschaffen sollte – auch das angeblich ein Versehen.

Einer dieser Freiwilligen, der alte Kämpfer Mirko Tremaglia, außenpolitischer Sprecher der AN, brachte die Regierung Berlusconi schon in Verlegenheit, bevor sie noch gebildet war – er forderte die Wiedereingliederung von Istrien, Dalmatien und der Hafenstadt Flume (heute Rijeka) nach Italien und verlangte, daß Italien den Beitritt Sloweniens in die Europäische Gemeinschaft blockieren sollte. Nur ein persönliches Veto des Staatspräsidenten verhinderte, daß dem notorischen Fürsprecher der *Irredenta* ein Ministersessel eingeräumt wurde.

Aufgebracht forderte Gianfranco Fini in seinem Parteiblatt *Il Secolo d'Italia* daraufhin eine angemessene Kompensation für seinen leer ausgegangenen Parteikameraden. Der avancierte dann auch prompt zum Vorsitzenden des außenpolitischen Ausschusses der Abgeordnetenkammer.

Immer wieder sorgten Männer aus dem rechten Lager für negative Schlagzeilen im Ausland – etwa als der Musikkritiker Pietro Buscaroli, ein langjähriger MSI-Funktionär, in einem Interview mit dem *Corriere della Sera* erklärte, man solle die »beschönigende Bezeichnung *gay* für Homosexuelle aufgeben« und diese statt dessen einfach »warme Brüder« nennen. Die Homosexuellen führten, so Buscaroli, »ein infernalisches Leben«, und wenn es von ihm abhinge, dann würde er sie alle »in Konzentrationslager schicken«.[6]

Die letzten Unklarheiten über die Natur seiner Bewegung beseitigte schließlich Gianfranco Fini selbst. Er wählte dafür historisch bedeutsame Tage. Zu den Feiern des 50. Jahrestages der Befreiung Europas vom Faschismus im Juni 1994 waren US-Präsident Bill Clinton nebst Gattin Hillary auch nach Italien gekommen.

Während der gemeinsamen Pressekonferenz von Clinton und Berlusconi betonte der neue italienische Regierungschef vor der internationalen Presse, es gäbe in Italien weder eine Nostalgie für den Faschismus, noch gehörten seiner Regierung Minister an, die nicht aus tiefster Überzeugung an Demokratie und Freiheit glaubten. Aber am gleichen Tag ließ sich Fini erneut von der Turiner *Stampa* interviewen und schlug dabei ganz andere Töne an.

»Bis 1938, das heißt, bis zur Unterzeichnung der antisemitischen Rassengesetze in Italien, kann man den Faschismus kaum völlig negativ beurteilen«, behauptete Fini. Bis zu dieser Zeit habe der Faschismus in Italien vor allem »sozialen Fortschritt gebracht«. Aber Mussolini war doch schließlich ein Diktator, wurde Fini entgegengehalten. Seine Antwort: »Es gibt Zeiten, in denen die Freiheit nicht zu den wichtigsten Werten einer Gesellschaft gehört.«[7]

Gad Lerner, stellvertretender Chefredakteur der Turiner *Stampa*, kommentierte diese Aussagen so: »Nehmen wir es zur Kenntnis. Das Interview mit Gianfranco Fini schließt ein für allemal aus, daß die italienische Rechte, die zur Regierungskraft geworden ist, ihre faschistischen Wurzeln zu kappen gedenkt.« Und weiter heißt es: »Von heute an werden wir aufhören, Fini über seine Bereitschaft zu befragen, mit der faschistischen Erfahrung, die seine Partei bewahrt, zu brechen. Wir wissen jetzt, daß er es nicht tun will. Genauer: daß er es für schädlich halten würde.«[8]

Gianfranco Fini ist ein überaus schlauer Mann. In den ersten Monaten der Berlusconi-Regierung hielt er sich staatsmännisch zurück, wann immer der Ministerpräsident mit seinem aggressiven Koalitionspartner Umberto Bossi von der Lega Nord in Streit geriet. Das wirkte dann so, als wolle sich Fini im Hintergrund als künftiger Ministerpräsident bereithalten – eine furchterregende Vorstellung für viele Italiener. »Wehret den Anfängen«, riefen einige meiner italienischen Freunde, auch und gerade solche, die den Faschismus aus eigener Erfahrung kannten. Zielstrebig aber steuerte Fini das Image seiner Bewegung ins rechte Mittelfeld der italienischen Politik, in der Hoffnung, daß möglichst viele Italiener die Alleanza Nazionale für die Fortsetzung der untergegangenen Christdemokraten mit anderen Mitteln halten würden, und ihn selbst für einen italienischen Chirac. Das gelang ihm nur teilweise. Zwar profilierte sich Gianfranco Fini in den Jahren 1994 und 95 als der besonnene Mann der Rechtskoalition. Zurückhaltend-elegant gekleidet wie der junge Chef einer Anwaltskanzlei, langsam, bedächtig in der Sprache, in der Tonlage stets tief ansetzend, gelang es ihm im kakophonen Durcheinander der italienischen Politik so etwas wie eine Stimme der Vernunft darzustellen. Fini stieg zeitweilig zum bevorzugten Politiker Italiens auf. Und vor der Wahl im Frühjahr 1996 sah es durchaus so aus, als könnte die Alleanza Nazionale zur stärksten politischen Kraft Italiens werden.

Dem entsprach ein beeindruckender Zuwachs an Mitgliedern. Im Januar 1994, als die Nationale Allianz gegründet wurde, hatte der MSI 200000 Mitglieder eingebracht. Bis Ende 1995 stieg die Zahl der Eingeschriebenen auf 450000. Und während der MSI früher vornehmlich im Süden vertreten war, überzog nunmehr ein Netz von 8741 Parteiniederlassungen das ganze Land.

Zugleich demaskierte sich aber die angeblich völlig gewendete Partei. Während Fini politische Legitimation für sich selbst erstrebte, blühte auf lokaler Ebene wie eh und je die überlieferte Kultur des MSI weiter: neofaschistisch, autoritär, fremdenfeindlich und rassistisch. Immer wieder kam es vor, daß sich MSI-Mitglieder in Rathäusern oder auch im Parlament für ihre Ansichten mit Fäusten einsetzten. Kein Wunder, daß viele Italiener bald der Meinung waren, daß die AN in Wahrheit die alte MSI mit gewandeltem Etikett sei. Im politischen Klima des Landes verspürte der Journalist Giorgio Bocca Anfang 1996 »il fascino sottile del fascismo«.

Zweifellos ist in Italien dennoch keine Neuauflage des Faschismus zu erwarten. Die Geschichte wiederholt sich nicht. Je länger aber die Geburt einer wirklich veränderten Zweiten Republik in Italien auf sich warten läßt, desto stärker wird im Lande die Versuchung, so im Frühjahr 1996 der Chefredakteur der römischen Tageszeitung *La Repubblica*, Eugenio Scalfari, »nach dem starken Mann zu rufen«. Nur Gianfranco Fini, meinte Scalfari, verfüge derzeit über den dazu notwendigen »kräftigen Knüppel«.

Silvio Berlusconi – Der Aufstieg eines Medienzaren

Fluchend, drängelnd, um sich schlagend, wälzte sich ein Pulk von Fotografen durch den Saal des Auslandspressevereins in Rom. Wer ihm im Weg stand, mußte befürchten, überrollt zu werden. Erschreckt sprang ich auf ein massiges Sofa an einer Seitenwand und kletterte von dort auf eine der beiden wuchtigen Armlehnen. Dorthin hatte sich schon eine italienische Kollegin gerettet, die ein wenig zur Seite rückte, um mir Platz zu machen. Die Sicht von oben war hervorragend.

Inmitten des Fotografenknäuels, von seinen eigenen Leibwächtern abgeschirmt gegen Püffe, bewegte sich Silvio Berlusconi voran, mehr geschoben denn mit eigenen Schritten. Er ist ein kompakt gebauter, jedoch schlank wirkender Mann. Überhöhte Absätze gleichen seine relativ kleine Statur von 1,64 Meter aus. Sein Gesicht ist meistens gelblich-braun getönt, offensichtlich nicht von der Sonne. Für seinen Auftritt vor der Auslandspresse – der über die Berlusconi-eigenen Privatsender einen großen Teil der italienischen Öffentlichkeit erreichen würde – hatte er einen jener dunkelgrauen Doppelreiher gewählt, die das dominante Thema seiner Garderobe sind.

Als er endlich seinen Platz am Vorstandstisch eingenommen und sein strahlendes, jungenhaftes Lächeln angeknipst hatte, saß vor uns ein Mann, der jünger wirkte als 57 Jahre und zweifellos mehr Charisma ausstrahlte als die meisten der vielen italienischen Politiker, die ich vor ihm an diesem Tisch erlebt hatte.

Wir durften gespannt sein. Wenige Tage vor dieser Begegnung mit den ausländischen Korrespondenten in Rom am 26. November 1993 hatte der italienische Medienzar bei der Eröffnung eines neuen Einkaufszentrums in der Nahe von Bologna einen Schritt angekündigt, über den schon seit Monaten in Italien spekuliert wurde: seinen Einstieg in die Politik. Wir wußten, der war nicht mehr aufzuhalten. Sensationeller fast wirkte ein Kommentar Berlusconis zur unmittelbar bevorstehenden Wahl des Bürgermeisters von Rom.

Gefragt, wen von den beiden Kandidaten er bevorzugen würde, den Grünen, Francesco Rutelli, oder Gianfranco Fini, den Vorsitzenden des neofaschistischen Movimento Sociale Italiano (MSI), hatte Berlusconi ohne zu zögern geantwortet: Fini.

Berlusconis Parteinahme für den Neofaschisten hatte im In- und Ausland riesige Schlagzeilen produziert. Als »Schwarzer Ritter« war der Medienzar seitdem durch die italienischen Zeitungen galoppiert. Berlusconi gefiel der neue Beiname nicht. Schon gar nicht mochte er allzu hartnäckig nach seinen Beziehungen zu Fini und dessen Partei befragt werden. Daß aber Journalisten sich erdreisteten, weiterzufragen, obwohl der Allgewaltige schon sein Mißfallen an dem Thema zu erkennen gegeben hatte, war er entschieden nicht gewohnt. Seine Stimmung verschlechterte sich rapide. Das Lächeln verlöschte, seine Stimme wurde lauter. Und als ein Kollege dann noch einmal nachhakte und fragte, ob Berlusconi die mögliche Reaktion des Auslands auf seine Pro-Fini-Stellungnahme bedacht hatte, da brüllte der Tycoon auf uns ein, als gelte es, aufsässige Angestellte seiner Fininvest-Holding fertigzumachen. Zur Untermalung trommelte er mit beiden Fäusten auf den Tisch.

»Schämt euch«, schrie er. »Das ist eine Schande. Mir Sympathien für die Neofaschisten zu unterstellen! Das ist Stalinismus, einen mit Lügen fertigzumachen. Unter euch sind einfach zu viele, die ihr Hirn bei den Kommunisten abgegeben haben.«

»Das klingt nach dem Anfang einer großen Freundschaft«, murmelte ein dänischer Kollege neben mir. In der Tat hat Berlusconi seitdem alle negativen Stimmen über Italien im Kreis seiner europäischen Verbündeten auf die Berichterstattung der Auslandskorrespondenten in Rom zurückgeführt. Wir seien Kommunisten, die aus der kommunistischen Presse abschrieben, behauptete er.

Wie sich der Wind in Italien drehen würde, war also bereits auf dieser historischen Pressekonferenz im November 1993 zu bemerken. Auch Berlusconis Bekundung seines Plans, in die Politik einzusteigen, atmete einen Geist von fast künstlicher antikommunistischer Militanz, die sehr an die finstersten Zeiten des Kalten Krieges erinnerte, obwohl der längst vorbei war.

Es gelte, Italien vor dem drohenden Sieg der Linken zu retten, verkündete nämlich der Mega-Unternehmer. Diese sei noch immer einer Vergangenheit verbunden, »welche die Geschichte verworfen hat, weil sie der Menschheit nichts anderes als Terror und Tod gebracht« habe. Die Linken wollten die »uneingeschränkte Herrschaft des Staates«, eine »Diktatur des Dirigismus«, das »Ende des freien Marktes«.

»Gleich sagt er, daß die Kommunisten immer noch Babys fressen«, flüsterte mir meine italienische Kollegin zu.

»Glauben Sie mir«, versicherte derweil Berlusconi, fest in die Kameras blickend, wobei er sich offensichtlich mehr an sein Fernsehvolk als an uns im Pressesaal wendete, »noch hoffe ich, nicht eingreifen zu müssen. Es ist das letzte, das ich mir wünsche. Aber wenn sich die Kräfte im politischen Mittelfeld weiterhin nicht dazu entschließen können, die Linke effektiv zu bekämpfen, dann ist es meine Pflicht, dem Land meine Erfahrungen als Unternehmer zur Verfügung zu stellen, die sich in vielen Jahren des Einsatzes herausgebildet haben.«

Die Vorsehung wurde um ihren Ruf gebeten. Silvio Berlusconi war gut vorbereitet. Viele Italiener nahmen es mit Beklemmung wahr. Kontrollierte dieser Mensch nicht schon genug in Italien? Schließlich war dieser Berlusconi kein simpler Millionär wie der Texaner Ross Perot, der 1992 versucht hatte, unter Einsatz seiner unermeßlichen Dollarbestände die amerikanische Präsidentschaft zu erobern. Alle Einflußmöglichkeiten, die Perot sich kaufen mußte, gehörten Berlusconi ja bereits.

Die drei wichtigsten Privatsender Italiens sind sein, dazu die größte Kinokette des Landes, Cinema 5, Musik- und Videoproduktionsgesellschaften und der Werbekonzern Publitalia, der seine eigenen Sender – und die anderer Fernsehanstalten – mit Spots versorgt. Berlusconis Programme erreichen 96 Prozent aller italienischen Familien.

Auch einen wichtigen Teil der Printmedien machte sich Berlusconi untertan, als er 1991 die Kontrolle über den Mondadori-Konzern errang – dem größten Medienkonglomerat Europas nach Bertelsmann. Und damit die italienischen Konsumenten ihre durch die Werbung geweckten Wünsche auch umgehend erfüllen konnten, gliederte Berlusconi seinem Imperium auch Kaufhäuser und Supermarktketten ein, in denen es zu relativ günstigem Preis zu erwerben gibt, was seine Sender und seine Zeitschriften anpreisen.

Berlusconi herrscht über den italienischen Nationalsport, Fußball, seitdem er den AC Milan erwarb, der – mit nie versiegenden Strömen von Geld bedacht – seit etlichen Jahren pünktlich die italienische Meisterschaft gewinnt. Rugby-, Hockey- und Volleyballmannschaften gehören dem Magnaten und neuerdings auch die Organisation des wichtigsten Radrennens Italiens, des »Giro d'Italia«. Ganze Satellitenstädte hat der Bauunternehmer Berlusconi errichtet und kostbare Küstenstreifen Sardiniens mit Appartementburgen zubetoniert. Und wer immer noch nicht genug von Berlusconi hat, kann sich obendrein für alle Wechselfälle des Schicksals von ihm versichern lassen.

Sein Imperium ist in der Fininvest-Holding zusammengeschlossen, die sich in mehr als 300 Gesellschaften aufgliedert. Nach eigenen Angaben beschäftigt Berlusconi 40000 Angestellte, nach der Zählung von Wirtschaftsinstituten eher 25000 – immer noch genug.

Zahlreiche Beinamen schmeicheln seiner Allgewalt. *Sua Emittenza* wird er nach dem Vorbild von Kirchenfürsten – den Eminenzen – genannt. *Il Cavaliere* heißt er nach dem »Ritter der Arbeit«, zu dem er gemeinsam mit anderen Granden der italienischen Wirtschaft bereits in jugendlichem Alter geschlagen wurde. Treffend ist auch der Name *Il biscione* für sein Medienreich, entlehnt dem Wappenzeichen des Mailänder Fürstengeschlechts Sforza. In Herrscherpose läßt sich Berlusconi am liebsten vor seiner 1974 erworbenen Renaissancevilla in Arcore, in der Nähe von Mailand, ablichten – mit den fest verschränkten Armen des Eroberers, der sich vor seiner Kriegsbeute fotografieren läßt.

Doch um die Ursprünge von Berlusconis unermeßlicher Macht und seines Reichtums zirkulieren seit Jahren beunruhigende Fragen und Hypothesen. Gegen Autoren, die über Kontakte mit einigen recht dubiosen Gestalten in seiner Laufbahn geschrieben haben, hat Berlusconi geklagt. Doch meist vergebens.

Ungeklärt ist zum Beispiel die Frage, wo die Millionen und Abermillionen herkamen, die der Unternehmer brauchte, um aus dem Nichts ganze Wohnviertel oder »Girasole«, das größte Einkaufszentrum Europas, hochzuziehen.

Berlusconi stammt aus einer Familie des Mittelstands. Der Vater hatte sich vom einfachen Angestellten einer Mailänder Privatbank, der Banca Rasini, zum Prokuristen hochgearbeitet. Das kleine verschwiegene Institut steht inzwischen im Verdacht der Geldwäscherei. Luigi Berlusconi war ein pingeliger Mann, der sich von seinen Angestellten den Stummel des verbrauchten Bleistifts zurückgeben ließ, bevor er einen neuen herausrückte, Heftklammern vom Fußboden aufsammelte und dafür sorgte, daß nicht unnötig Licht eingeschaltet wurde. Das Fortkommen seiner beiden Söhne – des 1936 geborenen Silvio und des um 13 Jahre jüngeren Paolo – lag ihm sehr am Herzen. Unter großen finanziellen Opfern schickte er die beiden auf das renommierte und strenge Internat der Salesianer in Mailand.

Sein Jurastudium finanzierte Silvio mit allerlei Jobs, von denen Spuren in seine Zukunft weisen. Die Überredungskunst nutzte ihm als Staubsaugervertreter. Er tingelte als Sänger in einer Band auf Kreuzfahrten die italienischen Küste entlang. Dabei begleitete ihn auf dem Klavier sein Jugendfreund, Fedele Confalonieri, der später sein engster Mitarbeiter wurde und heute Präsident von Fininvest ist.

In diesen frühen sechziger Jahren, als Berlusconi anfing, seine große Karriere aufzubauen, erlebte Italien das große Wirtschaftswunder der Nachkriegszeit. Unbehindert von gesetzlichen Vorschriften boomte die Bauindustrie wie vormals die Goldgräberei im Wilden Westen. Berlusconi, ein einfallsreicher, wendiger und unermüdlicher Mensch, erkannte seine Chance. Sofort nach dem Studium, das er mit 25 Jahren mit einer Diplomarbeit über rechtliche Aspekte der Werbung abschloß, realisierte Berlusconi sein erstes Bauprojekt, ein Wohnhaus am Stadtrand von Mailand. Nur zwei Jahre später zog der 27jährige ein Wohnviertel für 4000 Einwohner im Norden Mailands hoch. Er war noch nicht mal dreißig, als er bereits für wenig Geld das Gelände für eine ganze Satellitenstadt für 10000 Einwohner kaufte.

»Milano 2« hieß das Projekt. Berlusconi verwirklichte es im Lauf der siebziger Jahre. Dabei orientierte er sich an skandinavischen Modellen. Die Autostraßen wurden wie Flüsse um einige Meter unter die Ebene der Bauten gelegt. Über Brücken konnten sich Fahrradfahrer und Fußgänger bewegen, ohne jemals einem Auto zu begegnen. Die 2500 großzügig geschnittenen und teuren Eigentumswohnungen von »Milano 2« verteilte Berlusconi über weitläufiges Grün; zwischen Parkanlagen, Tennisplätzen, vielen Geschäften, Kinos, Schwimmbädern konnten die Bewohner ein behagliches Leben führen, in dem die Realität der siebziger Jahre mit ihren Straßenkämpfen, Streiks, den Jugendrevolten oder dem Linksterrorismus ausgesperrt blieb. »Milano 2« war ein komfortables Ghetto für Reiche.

Der Jungtycoon besaß noch keine nennenswerten eigenen Mittel. Eine geheimnisvolle »Aktiengesellschaft für Residenzzentren« in Lugano (die unter einem sehr ähnlichen Namen schon die Wohnsiedlung Brugherio finanziert hatte) stellte ihm unbegrenzt Mittel zur Verfügung. Wer sich hinter diesen Schweizer Geldgebern und dem labyrinthischen Gefüge ihrer untereinander verflochtenen Gesellschaften verbarg, war damals wie heute kaum auszumachen.

Zwei italienische Journalisten, Giovanni Ruggeri und Mario Guarino[1], gingen der Sache auf den Grund und veröffentlichten 1987 erstmals das Buch *Berlusconi. Inchiesta sul Signor TV.* Dieser fühlte sich nicht gerade geschmeichelt. Er versuchte zunächst das Erscheinen des Buches zu verhindern. So bot Fedele Confalonieri, der inzwischen die rechte Hand Berlusconis geworden war, durch einen Mittelsmann den Autoren für die Rechte an dem Buch einen Blankoscheck an, den die Journalisten selbst ausfüllen sollten. Sie lehnten ab.

Was sie herausgefunden hatten, faßten die Autoren 1987 in einem Interview mit der Mailänder Tageszeitung *La Notte* so zusammen: »Unser Buch bringt unangenehme Sachen (über Berlusconi, A. d. R.) ans Licht: Konkurse, Schattengesellschaften, die Mafia der weißen Kragen, Ciancimino, Calvi, Gelli.«[2]

Zur Erläuterung: Die »Mafia der weißen Kragen« wäscht mit ihren Finanzgeschäften Geld aus den schmutzigen Geschäften des organisierten Verbrechens. Vito Ciancimino, Exbürgermeister von Palermo, ist ein (inzwischen verurteilter) sizilianischer Grundstücksspekulant und Mafioso aus Corleone. Calvi war ein zweifelhafter Finanzier, der in den siebziger Jahren die Banco Ambrosiano zur größten Privatbank Italiens ausbaute und dann in den Ruin führte, in engem Kontakt mit dem Mafia-Bankier Michele Sindona und dem schillernden Großmeister der verbotenen Freimaurer-Geheimloge Propaganda 2 (P2), Licio Gelli. Calvi wurde 1982 unter der Blackfriars-Brücke in London erhängt aufgefunden – sein angeblicher Freitod gilt inzwischen als Mord der Mafia.

Nach den Recherchen von Ruggeri und Guarino hatte sich also der Aufstieg Berlusconis im Umfeld solcher finsteren Geschäftemacher abgespielt. Gegen die oben zitierte Zusammenfassung ihres Buches hat Berlusconi die Autoren verklagt. Er verlor in allen drei Instanzen.

Vielleicht ohne zu wissen, mit wem er es zu tun hatte, beschäftigte Berlusconi zudem zwischen 1975 und 1980 einen höchst anrüchigen Palermer namens Vittorio Mangano als Leibwächter und Stallmeister in seiner Villa in Arcore. In einem nachträglich aufsehenerregenden Interview erzählte der Mafia-Fahnder Paolo Borsellino im Mai 1992 einem französischen Fernsehteam, daß Mangano der Mafia angehöre, und zwar der Familie des berüchtigten »Kassenwarts von Cosa Nostra«, Pippo Calò. Der Mafioso, so Borsellino, »wohnt seit langem in Mailand, von wo aus er den Drogenhandel der palermischen Cosa-Nostra-Familien leitet«.

Keinesfalls so harmlos, wie Berlusconi es immer darstellt, waren seine Beziehungen zur Freimaurer-Geheimloge P2, die Italiens staatliche Strukturen von innen unterwandern wollte – und dabei ziemlich weit gekommen war.

Der Name Berlusconi fand sich auf der 1981 beschlagnahmten Mitgliederliste des verschwörerischen Männerklubs. Doch bei seiner Ladung vor die Parlamentarische Kommission zur Untersuchung der P2 am 26. Oktober 1982 versuchte Berlusconi seine Beziehungen zu der Geheimloge herunterzuspielen. So behauptete er unter anderem, er sei zwar 1978 auf Einladung Licio Gellis Mitglied geworden, habe jedoch nie Beiträge gezahlt und auch keinerlei Kontakte zu anderen Mitgliedern gehabt.

Das widersprach dem Wissen und den Dokumenten der Kommission derart kraß, daß sie gegen Berlusconi Anzeige erstattete. Das Gericht von Verona verurteilte den Unternehmer wegen Falschaussage, das Urteil wurde 1990 von einem Berufungsgericht bestätigt und zugleich annulliert – durch eine gnädige Amnestie.

Seit den frühen achtziger Jahren konnte sich Silvio Berlusconi zudem auf mächtige politische Protektion verlassen. Einer seiner engsten Freunde, Trauzeuge bei seiner Verehelichung mit seiner zweiten Frau, Veronica Lario, hieß Bettino Craxi. Und während der Sozialistenchef die politische Macht in Rom eroberte und 1984 Ministerpräsident wurde, vollzog sich fast parallel und gleichzeitig Berlusconis Aufstieg zum »König des Äthers«.

Das gelang vor allem deshalb, weil in diesem luftigen Reich noch keinerlei Gesetze walteten. Anders als zum Beispiel in der Bundesrepublik, wo vor der Zulassung des Privatfernsehens ein engmaschiges Mediengesetz geschaffen wurde, erging in Italien bereits 1976 ein Spruch des Verfassungsgerichtes, welcher das Monopol der staatlichen Fernsehanstalt RAI aufhob und das Kommerzfernsehen zuließ. Nur durften die Privatsender nicht landesweit und live senden.

In einem Eroberungsfeldzug ohnegleichen kaufte sich Berlusconi, der 1979 Canale 5 gegründet hatte, die wichtigsten Privatstationen, Rete Quattro und Italia Uno, dazu. Von der RAI warb er die größten Stars der Unterhaltungsbranche ab – für Unsummen, die das Preisgefüge der Branche durcheinanderbrachten. Die TV-Diva Raffaella Carrà gewann er schließlich, indem er ihr außer einem unwiderstehlichen Vertrag 1000 Rosen schickte. Das Verbot der landesweiten Ausstrahlung umging Berlusconi, indem er seinen Sendern im ganzen Land Videokassetten zustellte. Die strahlten sie zwar nicht landesweit, jedoch gleichzeitig aus. Mit den beiden Serienhits *Dallas* und *Dynasty* aus der Welt der amerikanischen Reichen schuf er sich ein ergebenes und gleichsam abhängiges Stammpublikum.

Weil das Verfahren der gleichzeitigen Ausstrahlung gleichwohl ein illegaler Trick blieb, wurden 1984 auf richterlichen Beschluß die Berlusconi-Sender stillgelegt – worauf sich wilder Zuschauerprotest erhob, der bis nach Rom schallte. Und als Berlusconi drei Tage nach der »Verdunkelung« seiner Sender zu seinem Freund Craxi, dem damaligen Ministerpräsidenten, nach Rom reiste, zögerte dieser nicht lange: Er erließ umgehend ein Dekret, das die richterlichen Beschlüsse einfach aufhob.

Zum Dank für erhaltenen Politikerschutz verkündete Berlusconis Alter ego, Fedele Confalonieri, 1991 die Leitlinien für die Nachrichten auf den Kanälen seines Herrn:

»Unsere Information wird mit der Welt identisch sein, die in Männern wie Andreotti, Craxi und Forlani die Anerkennung der Freiheit sieht.«

Der Bund dieser drei Politiker – nach den Initialen ihrer Nachnamen »CAF« genannt – gilt heute als Inbegriff der korrupten Schmiergeldrepublik *Tangentopoli.* Doch dann kam die Revolution der Richter, Craxi verlor seine Macht.

Und fast parallel mit dem Sturz von Berlusconis wichtigstem politischen Mentor begann der wirtschaftliche Niedergang von Fininvest. Die Gewinne der Holding fielen im Jahr 1992 von über 190 Billionen Lire auf etwa ein Zehntel davon. Das Verhältnis zwischen Schulden und Wert des Unternehmens verschlechterte sich drastisch. »Mediobanca«, eines der wichtigsten italienischen Finanzinstitute, berechnete die Schulden von Fininvest im Jahr 1992 auf 4,5 Trillionen Lire gegen einen Wert der Holding von insgesamt 1,35 Trillionen Lire – ein Zahlenverhältnis, das von in-

und ausländischen Finanzexperten als bedrohlich angesehen wird. Kein Wunder, daß viele Kommentatoren Berlusconis Einstieg in die Politik auch als einen Versuch sahen, nach dem Verlust seines großen Schutzherrn Craxi nun selbst an die Schalthebel der Macht zu gelangen.

Bereits seit dem Frühsommer des Jahres 1993 hatte er in Mailand eine beachtliche politische Maschinerie aufgebaut, die seinen Start vorbereitete und nach Methoden moderner Marktstrategien eine Bewegung ins Leben rief, die Berlusconi kaum zwölf Monate später in das Amt des Regierungschefs tragen sollte.

Die Königsmacher walteten in einer ehemaligen pharmazeutischen Fabrik in der Via Isonzo 25, nahe der renommierten Mailänder Wirtschaftsuniversität »Bocconi«. Zu ihnen zählte ein Trupp von Denkern, der sich in einer Gesellschaft mit dem noblen Namen »Auf der Suche nach einer weisen Regierung« zusammengeschlossen hatten. Präsident des Vereins war der (heutige Senator) Professor Giuliano Urbani, damals 56, ein Politikwissenschaftler, der bei dem Heros der italienischen Linken, Norberto Bobbio, promoviert hatte, inzwischen aber stramm konservativ denkt und lehrt. Urbani hat weitgehend die ideologischen Grundlagen der Berlusconi-Bewegung geschaffen.

Als Weiser der Wirtschaft wirkte in der Via Isonzo der Ökonomieprofessor und spätere Außenminister Berlusconis, Antonio Martino, Jahrgang 1941, dessen Vater Gaetano auch schon Außenminister gewesen war. Martino ist Anhänger der monetaristischen Lehren von Milton Friedman und ein überzeugter Wirtschaftsliberaler.

Ein Mann dagegen, auf den Berlusconi gebaut hatte, verweigerte sich ihm: Indro Montanelli, 85, Chefredakteur des Berlusconi gehörenden *Giornale*, ein brillanter Konservativer, der Nestor des italienischen Journalismus.

In einem Interview, das am Tag nach der historischen Wahl vom 27./28. März 1994 stattfand, erzählte Montanelli meinem *Spiegel*-Kollegen Romain Leick und mir, wie es zu diesem Bruch gekommen war.

»Berlusconi war für mich 15 Jahre lang der ideale Verleger, der mir stets freie Hand ließ und nie in die Redaktionsgeschäfte eingriff. Er war ein Freund des damaligen Sozialistenchefs Bettino Craxi, ich war dessen erbitterter Gegner. Als er mir Anfang Januar (1994) seinen Entschluß mitteilte, in die politische Arena zu steigen, sagte ich ihm sofort, daß ich ihm auf diesem Weg nicht folgen würde. Er hat außerdem etwas äußerst Illoyales getan. Er berief ohne mein Wissen zum ersten Mal eine Redaktionsversammlung ein und erklärte den Journalisten: Ich weiß, daß ihr euch über eure niedrigen Gehälter beklagt. Ihr könnt mehr verdienen, wenn ihr bereit seid, mir zu folgen und die Linie des Blattes zu ändern.« Manche *Giornale*-Journalisten ließen sich ködern. Ihr Chefredakteur nicht.

Worauf mein Kollege und ich anmerkten: »Das war ja wohl der unverhohlene Bestechungsversuch eines Mannes, der als Kämpfer gegen die Korruption anzutreten vorgibt.«

Und Montanelli erwiderte: »... eine unglaubliche Würdelosigkeit, die zur Folge hatte, daß ich das Blatt verließ und ein großer Teil der Redaktion mit mir ging, um eine neue Zeitung, *La Voce* zu gründen.«[3]

Berlusconi hat den Verlust von Montanelli weggesteckt – bei seinem Griff nach der politischen Macht suchte er keine Leute, die ihm zu widersprechen wagten. Und fast ebenso wichtig wie die ergebenen Mitarbeiter war für ihn eine ganz besondere Maschine: ein gigantischer Rechner. Dieser warf täglich und stündlich die Umfrageergebnisse aus, deren Aussagen das geplante Politprodukt gestalten würden. Herr und Meister des elektronischen Orakels war Gianni Pilo (später Parlamentsmitglied für Forza Italia), ein Meinungsforscher, der seit etlichen Jahren im Sold von Fininvest stand und sich lange und gründlich damit beschäftigt hatte, die Popularität Berlusconis im italienischen Volk in täglichen Fieberkurven zu überwachen. Die Zahlen seiner Fininvest-Firma Diakron wurden von den etablierten Meinungsforschern nicht recht ernst genommen, oft waren sie auch spektakulär falsch.

Doch in jenem Frühsommer 1993 waren Gianni Pilo und sein Rechner noch damit beschäftigt, die Stimmung im Volk zu erkunden. Dabei benutzte Pilo das Marketing-Verfahren von *focus groups*. Es stammt aus den USA und hatte Bill Clinton geholfen, George Bush zu besiegen. In acht solcher Gruppen, die über ganz Italien verteilt waren und einem repräsentativen Querschnitt der Bevölkerung entsprachen, ließen sich die Abgesandten Pilos genau erklären, wie sich die Wähler ihre Politiker wünschten und was sie sich von ihnen erhofften.

Und so konnte es später immer wieder geschehen, daß Berlusconi seinen Zuhörern genau das erzählte, was sie selber glaubten und wollten und daher schon immer am liebsten hörten.

Freilich war auch ohne Computerhochrechnungen leicht zu erkennen, daß nach dem Sturz von *Tangentopoli* das Vertrauen der Italiener in die Politiker auf Null gesunken war. Die alte politische Klasse war unerwünscht und hatte keine Chancen mehr. Die wichtigste Aufgabe einer hoffnungsvollen Bewegung war es also, neue Leute zu finden, die bereit wären zu kandidieren.

Kein Problem für einen Mega-Konzernherrn wie Silvio Berlusconi. Er hatte eine zukunftsweisende Struktur geschaffen: die Unternehmens-Partei, die auf alle Kennzeichen einer Partei verzichtet – vor allem auf das Parteivolk. Statt dessen konnte Berlusconi auf bewährte Mitarbeiter zurückgreifen, in diesem Fall die Männer seiner Werbefirma Publitalia, die ja ohnehin immer im ganzen Land unterwegs waren, um Kunden für die Fininvest-Reklame zu finden.

Dieses gut funktionierende Netz mußte jetzt nur nach anderem fischen – nach potentiellen Kandidaten für die noch nicht geborene Bewegung. Es war eine nun im Wortsinn »klientelistische« Operation: sich der entstehenden Berlusconi-Bewegung zur Verfügung zu stellen, hieß, mit einem politischen Posten rechnen zu können. Freunde, Verwandte, Untergebene und Bekannte halfen gern dabei mit. Nach dem Zusammenbruch der Parteien zeichnete sich immerhin hier ab, wer der neue Padrone in Rom sein würde. Und das war geradezu eine rettende Verheißung für viele, die nach dem Feldzug der Richter ihre politischen Schutzherren verloren hatten.

Nun galt es noch, eine Bewegung zu schaffen – nicht zu verwechseln mit dem diskreditierten Modell einer Partei. Die hätte mit ihrem lahmfüßigen, zeitraubenden Prozeß der Willensbildung von unten nach oben ja auch nur gestört. Die Willensbildung besorgte in diesem neuen Politprodukt nur einer – Silvio Berlusconi. Der hatte sich auch ausgedacht, wie seine Bewegung heißen sollte: Forza Italia (»Vorwärts, Italien«), entlehnt von den anfeuernden Rufen der Fußballfans für die Nationalmannschaft. Auch die Strategie der Bewegung war dem Konzernherrn längst klar: Sie sollte all die hoffnungsvollen Neuanfänger zusammenschmieden und zugleich in das bestehende kapillare Netz von Beziehungen zwischen den örtlichen Würdenträgern einfügen – ohne die von oben gelenkte Gestaltung des neuen Politprodukts zu sehr zu stören.

Die Lösung bot das Modell des Fan-Klubs. Wiederum erwies sich das Netz der Publitalia-Agenten als nützlich, die wußten, wen sie anzusprechen hatten, wenn es galt, potentielle Klub-Gründer zu finden. Alles weitere war einfach. Nur fünf Begeisterte würden ausreichen, um einen Forza-Italia-Klub zu gründen.

Die Insignien ihrer neuen Würde mußten die Klubmitglieder käuflich in Mailand erwerben: Präsident durfte sich nennen, wer in der Via Isonzo den sogenannten Präsidenten-Koffer gekauft hatte – ein schmucker Attaché-Case aus dunkelgrünem Leinen, mit weiß-roten Zierstreifen und dem Forza-Italia-Zeichen versehen. Drinnen steckten allerlei gemeinschaftsstiftende Utensilien, alle in den patriotischen Farben und mit dem Zeichen der Bewegung: eine Uhr, ein Schlips, ein Stehwimpel für den Schreibtisch, ein feines Set aus Kugelschreiber und Füller, viele Aufkleber und noch mehr Wimpel, alles zu haben für den nicht zimperlichen Preis von 500000 Lire (rund 500 DM).

Das historische Vorbild lieferte eine Institution, die sich seit 2000 Jahren gut auf die Verbreitung von Macht und ihre zentrale Kontrolle versteht: die katholische Kirche und ihre Praxis der Simonie, des Ämterkaufs, durch die sie sich im späten Mittelalter ihre Verwurzelung in der weltlichen Macht gesichert hatte.

Die Klubs »Forza Italia« vervielfachten sich schließlich in wenigen Wochen in einem Tempo, das niemand erwartet hatte. Die Gründungskampagne hatte im November 1993 begonnen. Anfang Februar 1994, als der Medienmogul sein Programm auf einer ersten Großveranstaltung in Rom vorstellte, gab es bereits an die 5000 Klubs, über ganz Italien verteilt. Berlusconi hatte eine politische Marktlücke entdeckt sowie ein geradezu sehnsüchtiges Publikum, das sie zu füllen wünschte.

Fast zwei Jahre lang hatten die Italiener einen dramatischen Umsturz aller gewohnten Verhältnisse erlebt, der in früher Euphorie als »friedliche Revolution« bezeichnet worden war.

Immer deutlicher wurde im Lauf der Monate freilich, daß diesem Umsturz ohne Bajonette, der Schlagzeilen in aller Welt machte, ein zukunftsweisendes Projekt und vor allem überzeugende Führergestalten fehlten. Die *progressisti*, die Koalition der Linken, geführt von dem uncharismatischen PDS-Vorsitzenden Achille Occhetto, beeindruckten nicht. Auch sie hatten reichlich

Schmiergelder eingesteckt, doch sie waren nicht in dem Maß wie die bisherigen Regierungsparteien mit dem Schlamm von *Tangentopoli* bedeckt. Aber gerade das geriet ihnen nun zum Nachteil: Weil sie anders als etwa die Christdemokraten sich weder neubegründen noch einen radikalen Führungswechsel an der Spitze vollziehen mußten, war es einfach, sie in der gegnerischen Propaganda als »alt« hinzustellen, geradezu als Verkörperung des untergegangenen Systems. Der ehemals christdemokratische Reformpolitiker Mario Segni dagegen, der die Volksentscheide über die Wahlrechtsreform durchgezogen hatte, fuhr einen irritierenden Schleuderkurs zwischen dem linken und dem gemäßigten Lager. Er enttäuschte als Führungsgestalt. Das politische Zentrum Italiens blieb ohne Führung.

Und so kam die Stunde Silvio Berlusconis. Was er bot, war vor allem Optimismus, nationales Wohlgefühl für die Bürger eines schwer traumatisierten Landes. Zugleich weckte er in seinen Landsleuten tief verwurzelte opportunistische Instinkte, den dringenden Wunsch, den Zug nicht zu verpassen, in dem der Sieger durchs Land rollen würde. Wie Balsam legten sich die berauschend schönen Bilder des Werbespots für Forza Italia, der seit Anfang Januar schier unablässig von Berlusconis Sendern ausgestrahlt wurde, auf die wunden Seelen. Die Kamera flog über italienische Herrlichkeiten wie den Dom von Mailand, den ovalen Marktplatz von Lucca, den Gipfel des Monte Bianco, über die weiten Reisfelder der Lombardei oder den Dom von Florenz. In breiter Reihe marschierten der Kamera optimistisch lachende Menschen entgegen, auch eine Familie wurde gezeigt, natürlich traut um den Fernseher versammelt. Die meisten Bilder stammten aus vielfach gesendeten Werbespots von Publitalia.

»Vorwärts, erheben wir uns,
Die Zukunft ist uns offen – treten wir ein.
Deine Hände vereint mit den meinen,
Eine Energie, die uns hilft,
uns wieder größer zu fühlen.«

In ähnlich aufbauender Einfachpoesie ging es in mehreren Strophen weiter. Die Musik war ein Ohrwurm. In Bussen, auf der Straße, beim Warten vorm Postschalter konnte man im Januar 1994 immer wieder auf Menschen treffen, die die Melodie

»Forza Italia« vor sich hin summten.

Berlusconis Programm versprach dem Volk nichts anderes als ein »neues italienisches Wunder«. Auch das war dringend gefragt in einer Zeit, in der sich Italien von aller Welt immer wegen seiner schwindelerregenden Staatsschulden getadelt und disqualifiziert sah; in einer Zeit, in der fast täglich Enthüllungen aus Neapel, Rom, Palermo und anderen Städten die Allianz zwischen Verbrechern der Mafia, Politikern und Teilen der Justiz offenbarten; in einem Land, in dem die Unzulänglichkeiten der öffentlichen Strukturen – von den Krankenhäusern über die Schulen bis zur Post und zur Bahn – das tägliche Leben vieler Italiener fast unerträglich schwierig gestalteten.

Herrlichen Zeiten würde Italien unter Silvio Berlusconi entgegengehen. Das Land, welches er den Bürgern versprach, sollte »gerecht und barmherzig gegenüber den Schwächeren sein, wohlhabend, heiter und effizient«. Die Steuern sollten gesenkt, die Renten erhöht, die Kriminalität besiegt werden. Doch das tollkühnste Versprechen darunter war: Innerhalb nur eines Jahres wollte Silvio Berlusconi eine Million Arbeitsplätze schaffen, mit einem Verfahren, das nichts war als Bauernfängerei. Berlusconi wollte die vielfachen bürokratischen und steuertechnischen Hindernisse beseitigen, die Arbeitgeber bisher davon abhielten, neue Arbeitskräfte einzustellen. Jeder vierte von vier Millionen Unternehmern in Italien, so die optimistische Prognose der Forza-Italia-Leute, würde unter den neuen, einfacheren Bedingungen einem Arbeitslosen den ersehnten Job geben.

Ob das realistisch sein konnte, mochte stark zu bezweifeln sein. Doch unter den Armen Italiens, vor allem im ausgebluteten Süden des Landes, erweckten die gesammelten Wunschträume des Medienfürsten fast messianische Erwartungen.

In Catania, der sizilianischen Hafenstadt, war ich während des Wahlkampfes im Frühjahr 1994 unter anderem mit einem Sozialarbeiter unterwegs, der sich um die Bewohner der trostlosen Stadtrandsiedlung Librina kümmerte. Am Straßenrand entdeckten wir zwei etwa 18-, 19jährige Jugendliche, die ein Autowrack demontierten.

Ich fragte die beiden, was sie von Berlusconi hielten, und war überrascht von den Gewißheiten, die sie zu verkünden hatten. Berlusconi werde noch mehrere Filialen seiner Kaufhauskette »Standa« in Catania eröffnen und so Hunderte von Arbeitsplätzen schaffen. Jedem Helfer von Forza Italia sei überdies nach gewonnener Wahl ein Posten bei Fininvest sicher. Soviel hatte Berlusconi nun wieder nicht versprochen. Aber in Catania liefen die wildesten Gerüchte um.

»Auf solchen Unsinn werdet Ihr doch nicht hereinfallen«, mahnte der Sozialarbeiter. »Berlusconi verspricht uns wenigstens irgend etwas«, sagte trotzig einer der beiden Jungen, »die anderen haben überhaupt nichts für uns zu bieten.«

In vielen sizilianischen Städten gedieh Forza Italia im Humus des alten Establishments. Fast unvermeidlich wurde es daher, daß auf diese Weise auch die seit jeher mit den Mächtigen der Stadt verbundene Mafia Interesse an der neuen Bewegung fand.

Mit dem ihr eigenen Instinkt für die Wechselströmungen von Macht hatten die Bosse mit dem Parteienregime der Craxi und Andreotti gebrochen, bevor es die Richter zu Fall gebracht hatten; jetzt erfaßten sie schnell, woher der Wind wehte. Die flatternde Fahne, das Symbol von Forza Italia, zeigte es ihnen an. Wenn etwa im Mafianest Altofonte bei Palermo der Organisator eines Forza-Italia-Klubs mit dem Bruder eines stadtbekannten Mafioso durch die Gegend schlenderte, so galt das in Sizilien als bedeutungsvolle Geste: Nach alter Tradition signalisiert so ein Spaziergang der Bevölkerung, wen sie nach dem Wunsch von Cosa Nostra unterstützen soll.

Aber solche Verbindungen, die schnell publik wurden, störten die Wähler offensichtlich nicht. Berlusconi und Forza Italia wirkten frisch und neu – ganz egal, wie eng in Wahrheit der Medienfürst mit dem alten Regime auch in seinen finsteren Regionen verbunden war.

»Das interessiert mich alles nicht«, erklärte mir Ivan, der Besitzer der Bar, in der ich meinen morgendlichen Espresso trinke. »Berlusconi wird den festgefahrenen Karren aus dem Dreck ziehen. Ganz egal, wie er seinen Reichtum erworben hat.«

Von Taxifahrern hörte ich immer wieder: »Uns geht es schlechter, seitdem die Richter die korrupten Politiker ausgeschaltet haben. Wir wollen sie nicht zurückhaben. Aber wir brauchen einen Neuanfang. Und zwar mit einem, der was vom Geschäft versteht: Berlusconi.«

Ein Malermeister, der groß im Geschäft war, als römische Politiker sich auf Kosten des Staates ihre Privatwohnungen renovieren ließen, sagte mir verzweifelt, er habe monatelang nichts verdient. Natürlich würde er Berlusconi wählen. Mit einer Million neuer Arbeitsplätze im Lande – der Mann war völlig davon überzeugt, daß Berlusconi sein Versprechen einlösen würde – hätten am Ende auch die Malermeister wieder mehr zu tun.

Lorena, eine Boutiquebesitzerin aus altem römischen Adel, erklärte mir unverblümt, bei den Kommunalwahlen für den Neofaschisten Gianfranco Fini gestimmt zu haben. Jetzt werde sie Berlusconi wählen: »Ein Mann, der den beschmutzten Namen Italiens wieder in aller Welt erstrahlen lassen wird.«

Luciano wiederum, ein Nachbar, der sein Leben lang links gewählt hatte, bekannte mir, er werde dieses Mal für den *cavaliere* stimmen. »Wenn die Linke gewinnt, macht die Wirtschaft nicht mit. Und außerdem stecken die Kommunisten doch selbst bis zum Hals im Sumpf von *Tangentopoli.*«

Die Zustimmung für das Projekt Berlusconis zog sich durch alle Gruppierungen des Volkes, obwohl die Aktivisten und die wahrhaft Begeisterten eher zur aufstrebenden Mittelschicht gehörten. Das war auf Wahlveranstaltungen von Forza Italia sichtbar. Modisch gekleidete, sorgfältig geschminkte jüngere Frauen, die reichlich Schmuck trugen, bestimmten das Bild, während ihre männlichen Pendants locker die Kaschmir-Pullis über die Schulter gelegt hatten. Wie Zikadenklang stieg aus den dichtgefüllten Reihen das Zirpen von Funktelefonen auf. Das waren keinesfalls Leute, die früher im Abseits standen. Sie hatten zum Establishment gehört und nun das sinkende Schiff verlassen. Forza Italia, so hofften sie, würde nunmehr für den Fortbestand ihres Wohllebens sorgen wie die Regierungsparteien von einst.

Zugleich hatte sich Berlusconi strategisch schlau verbündet. Im Norden hatte er sich mit Umberto Bossis Regionalbewegung Lega Nord zum »Polo delle Libertà« (Bündnis der Freiheiten) zusammengeschlossen. Im Süden dagegen gründete er mit Gianfranco Finis neofaschistischer Nationalallianz den »Polo del Buon Governo« (Bündnis der Guten Regierung). Die Programme der beiden Partner waren unvereinbar wie Feuer und Wasser –, das der Lega Nord zielte auf die Zerstückelung Italiens, das der Nationalallianz propagierte den starken Einheitsstaat. Aber danach fragte Berlusconi nicht. Es galt, im Süden und im Norden Stimmen einzusammeln, die er ohne seine Bündnispartner nicht bekommen würde. Diese wiederum profitierten ebenso. Silvio Berlusconi hatte die beiden politischen Außenseiter für viele Mittelschichtwähler hoffähig gemacht, die der grundsätzlichen Systemkritik sowohl der Lega Nord als auch der MSI zustimmten, jedoch die Gesellschaft fürchteten, in die sie so hätten geraten können. Berlusconi galt ihnen als verläßlicher Bürge für die Bonität dieser politischen Gruppen. Vor allem aber ließ Berlusconi sie teilhaben an seiner unerschöpflichen Medienmacht, die sowohl der Lega als auch der MSI zuvor so gut wie verschlossen gewesen war.

Als nach den beiden Wahltagen am 27. und 28. März 1994 die Stimmen gezählt wurden, hatte Forza Italia aus dem Stand 20,1 Prozent der Stimmen in der Deputiertenkammer gewonnen, die Nationalallianz erhielt beachtliche 13,5 Prozent der Stimmen, während die Lega Nord mit nur 8,4 Prozent durch das neue Mehrheitswahlrecht zur stärksten Fraktion wurde. Insgesamt hatten Berlusconi und seine Verbündeten eine reichliche, absolute Mehrheit im Parlament eingefahren. Im Senat sah es nicht ganz so günstig aus. Das Bündnis des Medienmagnaten blieb knapp unter der absoluten Mehrheit. Aus dem Nichts war Berlusconi mit seinen ungleichen Vasallen innerhalb von drei Monaten zur Regierungsmacht aufgestiegen – ein Erfolg, wie er innerhalb der westlichen Welt ohne Beispiel war. Berlusconi schien ein wahrer Wundermann zu sein, auserkoren, Italien aus aller Misere in eine neue, glänzende Zukunft zu führen.

Am Morgen des 11. Mai 1994 wirkte die Miene des Staatspräsidenten Oscar Luigi Scalfaro düster. Silvio Berlusconi dagegen strahlte. Nach sechs Wochen mühevoller Verhandlungen, die in ihrer byzantinischen Logik, ihren »Bedenkpausen«, ihren dramatischen Wendungen und Verweigerungen vielen vorhergegangenen Regierungsbildungen glichen, hatte der von Scalfaro ernannte Regierungschef endlich seine Mannschaft zusammengestellt. Der »Mann der Vorsehung«, wie einst Mussolini.

Berlusconi wiederum blickte auf seine Mannschaft mit dem Stolz eines Trainers, der meint, ein unschlagbares Team zusammengestellt zu haben. Über dieses Urteil mochte man, auch und gerade in Italien, geteilter Meinung sein. Niemals zuvor hatte jedenfalls in den Nachkriegsjahrzehnten eine italienische Regierung weltweit so viel Aufsehen erregt wie diese Equipe von Berlusconi-Ministern, zu denen fünf Mitglieder der postfaschistischen Alleanza Nazionale gehörten.

Ich habe nie daran geglaubt, daß mit diesen Weihen für Gianfranco Finis Partei das Gespenst Mussolinis seinem Grab entsteigen und Italien in eine neue Ära des Faschismus treiben würde. Aber mit umlaufenden Sehnsüchten nach einem starken Mann, den Berlusconi zu verkörpern schien, sah es anfänglich so aus, als könnte sich Italien auf einen bedenklichen Weg begeben.

Genauso bemerkenswert war freilich, daß dieser neue Mensch in der italienischen Politik, Silvio Berlusconi, der aus dem Stand gestartet war und Italien mit seinem Kunst- und Kommerzprodukt Forza Italia überrollt hatte, dann doch wieder jene einzigartige Mischung von Kräften an die Macht gebracht hatte, in der ganz nach der Tradition des italienischen Transformismus das neue System mit dem alten verschmolz. Berlusconi brach nicht mit der Vergangenheit, sondern er sorgte nach bewährter Sitte für die Vereinnahmung der einstigen Machtzentren in sein eigenes Kräftefeld. »Alles verändern, damit alles bleibt, wie es ist«, hatte es in Tomasi di Lampedusas berühmtem Roman geheißen.

Denn als Berlusconi endlich seine Mannschaft »der Wende« vorstellte, war auch das Regime der Dauerherrscher von einst, jener Andreottis und Craxis, wieder mit von der Partie – so als sei dieses nicht eben schmählich untergegangen. Es war die Stunde der Leoparden.

Sechs Ministerposten unter 24 hatte Berlusconi nämlich an Männer verteilt, die den Machthabern von ehedem so nahegestanden waren, daß sie früher als deren Sprachrohr gegolten hatten. Nahezu alle *correnti*, Strömungen, der einstigen Democrazia Cristiana waren vertreten. Andreottis treuester Gefolgsmann in Rom zum Beispiel, Publio Fiori, der sich aus dem sinkenden Schiff der DC zur Alleanza Nazionale gerettet hatte, war mit dem Posten des Verkehrsministers bedacht worden. Clemente Mastella, neuer Arbeitsminister, war die rechte Hand des süditalienischen DC-Potentaten und einstigen Ministerpräsidenten Ciriaco De Mita gewesen und vertrat nun die mit Berlusconi verbündete Zwergpartei Union des Zentrums im Kabinett. Francesco D'Onofrio, neuer Erziehungsminister, war in den goldenen Zeiten der DC gleichsam der Stellvertreter des ehemaligen christdemokratischen Staatspräsidenten Francesco Cossiga im Parlament. Cossiga hatte noch einen zweiten Mann in die Mannschaft Berlusconis entsandt: seinen einstigen Kabinettschef im Quirinal, Sergio Berlinguer, der Cossiga stets als diskreter Schatten gefolgt war. Der Rechtsanwalt Alfredo Biondi schließlich, ein führender

Ex-Liberaler und Intimus des ehemaligen Liberalenchefs Renato Altissimo, war mit dem Posten des Justizministers betraut worden. Der Minister für Parlamentsbeziehungen, Giuliano Ferrara, wiederum, ein Zweieinhalb-Zentner-Mensch mit wirrem Bart und wilden Locken auf dem Kopf, hatte seinen Ruhm als Fernsehmoderator erworben und galt noch immer als der treueste Barde des ehemaligen Sozialistenchefs Bettino Craxi. Und als wenig später Berlusconi den einstigen »Bauchredner Craxis« zum Regierungssprecher bestellte, konnte es keinen Zweifel mehr daran geben, wem sich der Medienzar weiterhin verpflichtet fühlte.

Vor allem aber schien es, als betrachte Berlusconi sein hohes Amt als eine neue Methode, die Geschicke seines Mega-Konzerns mit denen der Regierung zu verschmelzen. Zahlreiche hohe Fininvest-Manager bekamen wichtige Posten in der Regierung.

So wechselte Gianni Letta, rechte Hand Berlusconis bei Fininvest, lediglich den Namen seines Amts, aber nicht seine Funktion. Berlusconi ernannte ihn zum Staatssekretär in der Kanzlei des Ministerpräsidenten und gab ihm so den mächtigsten Job, der im Palazzo Chigi zu vergeben ist.

Zum Justizminister wollte Berlusconi einen seiner engsten Freunde und Mitarbeiter bestellen: Cesare Previti. Er war bisher ein mächtiger Anwalt in Rom und vertrat die Interessen von Fininvest in der italienischen Hauptstadt. Jahrelang war er ein führendes Mitglied der MSI und hatte sich noch kurz vor seiner Ernennung in einem Interview gerühmt, daß sein Vater »ein großer Faschist« gewesen sei. Da Previti aber in den Wochen der Regierungsbildung derart Bedenkliches über die Justiz und über die angeblich zweifelhafte Rolle der Mafia-Kronzeugen von sich gegeben hatte, erhob sich ein Empörungssturm gegen diese geplante Ernennung. Previti mußte sich mit dem Amt des Verteidigungsministers zufriedengeben. Auch Giuliano Ferrara, Minister für Parlamentsbeziehungen, war ein Fininvest-Angestellter, desgleichen Berlusconis persönlicher Sprecher, Antonio Tajani; Beraterposten bei Berlusconi hatten Minister Martino (Außenamt) und Giuliano Urbani (Öffentliche Verwaltung), die beide zu den intellektuellen Vätern von Forza Italia gehören.

Hätte Berlusconi sein feierliches Versprechen, private und öffentliche Interessen in seinem Regierungsamt nicht zu mischen, auch nur eine Spur ernst gemeint, dann hätte er natürlich peinlich vermieden, auch nur einen einzigen Fininvest-Mann in seine Regierung aufzunehmen. Was er dabei nicht ahnte, war, daß aus dem nicht vollzogenen Bruch mit der Welt, aus der er kam, die Saat seines Niedergangs aufgehen würde.

Der ließ nicht lange auf sich warten. Bald war zu erkennen, daß Italien unter Silvio Berlusconi keine neue Richtung eingeschlagen hatte. Wohl veränderte sich das Land, aber nur von rechts nach rechts.

Entsprechend sahen gleich die ersten Amtshandlungen Berlusconis verdächtig nach Restauration aus. Mit dem Schlachtruf: »Jetzt befehlen wir« (ora commandiamo noi), gleichsam im Handstreich, besetzten seine Mannen aus der Rechtskoalition die wichtigsten Posten in der staatlichen Rundfunk- und Fernsehanstalt. Für jeden, der wie ich gewohnt war, morgens die mit Publikumsdebatte verbundene Presseschau »Prima Pagina« zu hören, kam es wie ein Schock, in dieser traditionell eher linken Radiosendung nun regelmäßig Prominente von Rechts wie das AN-Mitglied Gustavo Selva zu vernehmen.

Um die beängstigend leeren Kassen des Staates aufzufüllen, besann sich Berlusconi auf die in der Vergangenheit gründlich diskreditierte Methode des Condono, der Amnestie für Steuersünden: letztlich eine Kapitulation des Staates vor der Illegalität. Statt der gesalzenen Strafen für Steuerhinterziehung werden nämlich sehr viel kleinere Bußen verhängt, in der Hoffnung, daß die Bürger den Condono wählen, um sich von ihrem schlechten Gewissen freizukaufen. Auch einen neuen Condono für Bausünden verkündete die Regierung Berlusconi umgehend, was schon deshalb einen mißlichen Beigeschmack hatte, weil offenkundig auch und ganz besonders der Großbauunternehmer Berlusconi davon profitierte.

Zwei Monate nach seiner Amtseinführung, am 14. Juli 1994, erließ Berlusconi zudem ein skandalöses Dekret, das Korruptionsverdächtigte von der Untersuchungshaft ausnehmen sollte. Kaum ein Zufall war es, daß just in diesen Julitagen des Jahres 1994 der jüngere Bruder Berlusconis, Paolo, wegen Schmiergeldzahlungen an die Finanzpolizei festgenommen wurde. Eine Krisensitzung in Arcore, an der neben den Rechtsanwälten des jüngeren Berlusconi und dem Chef von Fininvest, Fedele Confalonieri, auch der Verteidigungsminister Previti teilnahm, signalisierte, daß dem neuen italienischen Ministerpräsidenten offenkundig einfach die Fähigkeit abging, zwischen privatem und öffentlichem Interesse zu unterscheiden. Was folgte, war mehr als eine Niederlage: Es war der Zusammenbruch von Berlusconis Regierungsmethode. Der Mogul hatte sich in seiner Entscheidung für das Dekret sicher gewähnt,weil seine Meinungsforscher in täglichen Erhebungen angeblich den Puls des Volkes fühlten. Doch die Demoskopen hatten es versäumt, gerade in dieser wichtigen Frage zu sondieren und auszuforschen, wie die Italiener ein Dekret aufnehmen würden, das wie ein Freibrief für Korruption verstanden werden würde. Unter Buhrufen der Nation mußte es zurückgenommen werden.

Auch die Wirtschaft verlor schnell ihren Glauben an den Wundermann. Der hatte es versäumt, gleich in den ersten Amtsmonaten, als die Begeisterung im Land für ihn noch hohe Wellen schlug, die besonders schwierigen Probleme anzugreifen: die Staatsverschuldung und das Haushaltsdefizit. Statt in der Gunst der Stunde umgehend die schmerzhaftesten Schnitte, nämlich bei den Pensionen und im Gesundheitswesen vorzunehmen, begnügte sich Berlusconi im Entwurf seines Haushaltsgesetzes mit kosmetischen Operationen. Trotz günstiger wirtschaftlicher Rahmenbedingungen geriet die Lira in einen Abwärtsstrudel, der zwar die Exporte erleichterte, den Zinssatz für die Staatsanleihen aber nach oben trieb. Auch die eine Million neuer Arbeitsplätze, die Berlusconi versprochen hatte, wollten sich nicht einstellen. Statt dessen war die Arbeitslosigkeit in Italien Ende 1994 auf zwölf Prozent gestiegen – gegenüber 11,3 Prozent im Jahr davor. Gegen Berlusconis Haushaltsgesetz protestierten in Rom 1,5 Millionen Menschen – soviele Demonstranten hatten die Gewerkschaften noch nie zuvor mobilisieren können.

Und schließlich wurde der Cavaliere auch von rechtlichen Problemen eingeholt, die seit langem über seinem Haupt schwebten. Am 22. November überreichte ihm ein Kurier aus Mailand die Aufforderung, sich einer Befragung durch die Staatsanwaltschaft zu stellen – es ging um den Verdacht, Berlusconi habe davon gewußt, daß auch die Fininvest-Manager die Finanzpolizei bestochen hatten. Daß das *Mani pulite*-Team diesen Brief provokativ ausgerechnet an dem Tag überreichen ließ, an dem Berlusconi in Neapel den Vorsitz über eine internationale Konferenz zum Thema organisiertes Verbrechen führte, zeigte freilich, daß auch unter den Staatsanwälten ein gewisser Realitätsverlust eingesetzt hatte.

Und nach nur sieben Monaten ging die Herrschaft Berlusconis bereits zu Ende: seine letztlich unvereinbare Regierungskoalition brach auseinander, als Umberto Bossi ihm am 22. Dezember 95 endlich die Gefolgschaft aufkündigte. Eine Mischung von politischer Unerfahrenheit und Verblendung, von rücksichtslosem unternehmerischem Draufgängertum und fataler Selbstüberschätzung hatte den Cavaliere zu Fall gebracht. Kennzeichnend war, daß er sich für unangreifbar durch die Justiz hielt: Schließlich sei er durch einen Wahlsieg ins Amt gekommen; die Volksvertreter (und indirekt er selbst) aber seien »Gesalbte des Herrn«.

Nachfolger wurde Berlusconis ehemaliger Schatzminister Lamberto Dini, der versprach, nach der Lösung weniger, konkreter Aufgaben, etwa der Reform der Pensionen, zurückzutreten. Wenige glaubten damals an ein Comeback des Medienmoguls. Berlusconi tat auch alles, um ihn zu verhindern. Auf allen ihm verfügbaren Kanälen führte der Cavaliere in der Folgezeit larmoyant Klage über den »ribaltone« – den »Umsturz«, der ihn unrechtmäßig zu Fall gebracht habe. Italien sei ein »Polizeistaat« behauptete er, in dem die Richter mit »stalinistischen Methoden« Unschuldige wie ihn verfolgten. Manchmal klang der einstige Strahlemann richtig hysterisch.

Selbst in seiner eigenen Partei regte sich Unmut. »Man kann nicht pausenlos im Fernsehen auftreten, um den Italienern weiszumachen, daß ihr Land in Gefahr sei, den Kommunisten in die Hände zu fallen«, erklärte mir ein enger Mitarbeiter Berlusconis, »dafür geht es den meisten von ihnen einfach zu gut.«

Schließlich wurde sogar ein französischer Medienexperte engagiert, der dem Herrscher über das italienische Privat-TV beibringen sollte, wie man mit dem Medium Fernsehen umzugehen hat. Der Mann aus Frankreich riet Berlusconi zu entschieden reduzierter Fernsehpräsenz.

Gleichzeitig aber konnte Berlusconi im Sommer 1995 noch einmal demonstrieren, was quasi unbeschränkte Verfügung über Fernsehzeit im politischen Kampf bedeutet. Für die Kommunal- und Regionalwahlen des Jahres 1995 hatten die politischen Gegner des Berlusconi-Lagers Regeln durchgesetzt, welche die Wahlwerbung drastisch einschränkten und zugleich eine gewisse »par condicio« – Gleichheit der Wettbewerbsbedingungen im Medienbereich – etablierten. Die Folge war, daß Linke bzw. Links-Mitte-Gruppierungen in diesen regionalen und kommunalen Wahlgängen eindeutig gewannen.

Doch die große Volksabstimmung über das Fernsehen im Juni 1995 wurde zu einem Triumph für Silvio Berlusconi. Hier durften die Regeln der par condicio nicht angewendet werden. In einem emotionsgeladenen Werbefeldzug stilisierte er die ungelöste Frage der Medienkonzentration in Italien zu einem endzeitlichen Konflikt zwischen Freiheit und Zwang. Fast sämtliche seiner Stars machten in ihren Sendungen unverhüllt Propaganda gegen die Referendums-Vorschläge, einem Privatmann nur noch einen einzigen Sender zu lassen oder Spielfilme nicht weiterhin von Werbung zerstückeln zu lassen.

Mit hoher Mehrheit wurden am 11. Juni 1995 alle Referendums-Vorschläge, welche private Fernsehmacht einschränken wollten, von den Italienern zurückgewiesen.

Erstaunlich, daß im Links-Mitte-Lager, das nach dem Abfall der Lega eine schwache Minderheit im Abgeordneten-Haus hatte, nicht umgehend Konsequenzen gezogen wurden. Die Frage der »par condicio« im Wahlkampf blieb nur vorläufig und unbefriedigend gelöst. Das sollte sich rächen.

Epilog: Veränderung auf italienisch

Über dem Ende liegt Dämmerlicht. Die letzte Szene einer Shakespeareschen Tragödie könnte so ausgeleuchtet sein. Und während sich das Auge auf das Halbdunkel einstellt, das nach dem Untergang der Ersten Republik auf der politischen Bühne Italiens herrscht, werden Tote, immer mehr Tote sichtbar, auch Sterbende.

Andreottis berühmtester Aphorismus, daß Macht nur den verschleiße, der sie nicht habe, ist zu einem unheimlichen Fluch geworden, der sich jetzt stets erneut seine Opfer holt. Macht, so zeigt sich jetzt, kann auch töten – nämlich dann, wenn sie plötzlich abhanden kommt. Im Feldzug der Justiz gegen *Tangentopoli*, die italienische Schmiergeldrepublik, starb als erster, an einem Herzinfarkt, der Finanzchef der Sozialistischen Partei, Vincenzo Balsamo. Etliche Korruptionsverdächtigte nahmen sich das Leben: 18 waren es bis Ende 1994, eine Zahl, welche freilich auch einen Schatten auf das Walten der Richter legt.

Von einem, der angeblich Hand an sich legte, weil er die Schmach seines tiefen Falles nicht aushalten konnte, weiß man inzwischen, daß er ermordet wurde. Auch der Tod des Wirtschaftsgranden Raul Gardini, der sich an dem Tag erschoß, an dem er in den Mailänder Kerker San Vittore hätte eingeliefert werden sollen, ist dagegen nicht mehr von Zweifeln überschattet. Andere der Akteure von *Tangentopoli* verschwanden einfach von der Bildfläche. Giovanni Goria, der jüngste Regierungschef, den Italien jemals hatte, der unter schwerem Korruptionsverdacht stand, starb im Alter von 51 Jahren an Krebs. Den DC-Abgeordneten Franco Evangelisti, der jahrzehntelang die rechte Hand von Giulio Andreotti war, tötete ein Blutgerinnsel im Gehirn. Vittorio Sbardella, einer der mächtigsten DC-Potentaten von Rom, der Hai genannt, ging, bis zur Unkenntlichkeit abgemagert, an einem Karzinom zugrunde. Ein Herzinfarkt raffte den Obersten Polizeichef Italiens, Vincenzo Parisi, dahin, eine keineswegs vollständige Liste.

Und schließlich holte der Tod einen Politiker ein, der nichts mit den Korrupten von *Tangentopoli* zu schaffen gehabt hatte und gleichwohl auch an der Kränkung starb, die der Verlust von Macht ihm zugefügt hatte: Giovanni Spadolini, der erste nichtchristdemokratische Ministerpräsident Italiens und viele Jahre lang ein Senatspräsident von makelloser Würde, starb in der ersten Augustwoche im Jahr des Umbruchs, 1994, an einem wenige Monate zuvor entdeckten Magenkrebs. Er war nur 68 Jahre alt geworden. Spadolini, der, so schrieb die Tageszeitung *La Repubblica*, »alle Tugenden der Ersten Republik und kaum eins ihrer Laster«[1] verkörpert hatte, wußte um die politische Komponente seiner Krankheit.

Nach dem Wahlsieg von Silvio Berlusconi und seiner Verbündeten hatte Giovanni Spadolini noch einmal für das Amt des Senatspräsidenten kandidiert. Er verlor um nur eine Stimme. Verbittert kommentierte der Abgewiesene, daß die neue Regierungsmehrheit dabei sei, sich auf dem Weg der parteipolitischen Usurpation zu etablieren – und das sei, weil es im Namen des Neuen geschehe, sogar noch schlimmer als die Exzesse der Partitokraten aus der untergegangenen Ersten Republik. »Meine Krankheit heißt Italien«, bekannte der sterbende Politiker einem Freund, »ich fürchte, daß das Land auseinanderfallen könnte. Daß ich in dieser politisch so entscheidenden Phase in der Geschichte meines Landes keinen Beitrag mehr leisten darf, bekümmert mich aufs tiefste.«

In einer fast literarischen Schilderung des Begräbnisses von Spadolini führt der Journalist Giovanni Russo all die Zelebritäten auf, die an der Totenfeier für den toten Senatspräsidenten in der römischen Kirche Santa Maria sopra Minerva teilnahmen: Da erschien »ein abgemagerter Andreotti, eine Schulter höher als die andere; Gianni Agnelli wie ein Edelmann des 17. Jahrhunderts, der ehemalige DC-Ministerpräsident Ciriaco De Mita schlich sich herein, der zurückgetretene Staatspräsident Francesco Cossiga mit schlauer Miene.« Und plötzlich wurde dem Journalisten Russo klar, daß er an der »Beerdigung der Ersten Republik« teilgenommen hatte.[2]

Aber die Geburt der Zweiten Republik ließ auf sich warten. Und manchmal sah es so aus, als habe sich Italien in den folgenden Jahren immer nur im Kreis bewegt, als sei wirklich alles verändert worden, damit sich in Wahrheit nichts ändere.

Das große Thema der Korruption, das mit der Aktion *Mani pulite* der Mailänder Ermittler auf die politische Tagesordnung gesetzt worden war, verblaßte und verschwand. Im Parlament ist keine grundlegende Debatte über das Thema geführt worden, kein wirksames Gesetz ist entworfen, keine institutionellen Kontrollen sind eingeführt worden. Auf der anderen Seite blockierten zahllose Verfahren, welche gegen Schmiergeldzahler und -empfänger eingeleitet worden waren, den Justizapparat. Zwar war es klar, daß keine Generalamnestie für Korruptionsvergehen eingeführt werden konnte. Doch die Debatte, in welcher Weise ein Schlußstrich unter *Tangentopoli* gesetzt werden könnte, flammte dann und wann auf, bis sie gänzlich verstummte. Die alltägliche Korruption dagegen blühte weiter und blieb weitgehend unbestraft – die »falschen Invaliden« etwa, die mit getürkten ärztlichen Gutachten bevorzugt bei der Post eingestellt worden waren, behielten ihren Job. Exotische, neue Formen von Bestechlichkeit kamen ans Licht – etwa der Umstand, daß Angehörige der italienischen Botschaft in Nigeria für je 3000 Dollar Zigtausende von Visen an junge Frauen verkauft hatten, die sich in Italien dann ihr Leben als Prostituierte verdienen mußten. Unternehmer zahlten weiter Schmiergeld. Sogar der einstige »König von Neapel«, der ehemalige DC-Potentat, gegen den vielfach wegen Korruption und Verbindungen zur Camorra ermittelt wird, Paolo Cirino Pomicino, suchte ungeniert wieder bei Firmenchefs um »Anleihen« nach, welche diese nie zurückbekommen würden: Cirino Pomicino wurde wieder gefürchtet.

Zugleich blieben grundlegende Probleme der Justiz ungelöst. Nachdem Staatsanwälte seit 1992 die herrschende Politikerklasse abserviert hatten, war das Verhältnis zwischen Legislative, Exekutive und Justiz aus den Fugen geraten. Aus der Partitokratie wurde zeitweilig eine Republik der Richter. Und die zeigte manche gefährliche Tendenz. Erkennbar war zum Biespiel, daß zwischen der Bereitschaft von Korruptionsverdächtigen, auszusagen, und ihrer Verweildauer im Gefängnis ein fataler Zusammenhang bestand. Immer wieder setzte sich das Mailänder Ermittlerteam auch dem Verdacht aus, mit seinen Aktionen Politik machen zu wollen – etwa, als der wahrscheinlich wirklich korrupte oberste Ermittlungsrichter von Rom, Squillante, den Berlusconis Chefanwalt Previti regelmäßig bestochen haben soll, just auf dem Höhepunkt des Wahlkampfes 1996 verhaftet wurde.

Aber schon wirtschaftlich zeichneten sich unter dem Nachfolger Berlusconis im Palazzo Chigi, dem international geschulten Bankfachmann Lamberto Dini, der in der Regierung des Cavaliere Schatzminister gewesen war, positive Tendenzen ab. Der schwache – allmählich zu schwache – Lira-Kurs löste einen Exportboom aus. Die befürchtete Inflation dagegen stellte sich nicht ein. Das höhere Steueraufkommen minderte das Haushaltsdefizit und bewirkte, daß die Staatsschulden zum ersten Mal nicht anstiegen. Sie stabilisierten sich bei 125 Prozent des Bruttosozialprodukts – immer noch astronomisch, immer noch mehr als doppelt so viel, als nach den Kriterien erlaubt war, die der Maastricht-Vertrag für den Beitritt zur Europäischen Währungsunion gesetzt hatte. Gleichwohl konnte Italien im Kreis seiner europäischen Partner jetzt zumindest darauf hinweisen, daß eine Entwicklung begonnen hatte, die in die richtige Richtung wies. Lamberto Dini war es auch gelungen, eine – wenn auch minimale – Rentenreform durchzusetzen. Immerhin wurden Italiener dadurch an den Gedanken gewöhnt, daß die »Baby-Pension« – Ruhestand nach 20 Jahren im öffentlichen Dienst – für immer in die Vergangenheit gerückt war.

Die politischen Entwicklungen verliefen nicht so gradlinig – aber sie führten am Ende dann doch zu einer historischen Wende.

Nach dem Zusammenbruch von *Tangentopoli* war endgültig klargeworden, daß grundlegende institutionelle Reformen fällig waren. Als wichtigstes Ziel hätten diese dafür zu sorgen, die Voraussetzung für den notwendigen Wechsel in der Ausübung der Regierungsmacht zwischen zwei politischen Lagern zu schaffen. Und dafür bot sich eine fast mechanistische Lösung an: die Änderung des Wahlrechts.

Das unbegrenzte Verhältniswahlrecht, das die zersplitterte Parteienlandschaft in Italien geschaffen hatte, sollte durch das Mehrheitswahlrecht nach britischem oder französischem Muster ersetzt werden. Das würde, so hoffte man, klare Verhältnisse schaffen, ein bipolares System, in dem sich Opposition und Regierungspartei friedlich in der Ausübung der Macht abwechseln könnten.

Aber das widersprach in vieler Hinsicht italienischen Denkmustern und Traditionen, denen Konfrontation, deutliche Abgrenzungen, schematisches Auseinanderdividieren zutiefst fremd, fast anstößig sind. Die im Sommer 1993 entworfene Wahlrechtsreform spiegelte diesen Konflikt wider. Das Mehrheitswahlrecht wurde eingeführt, aber mit einem Korrektiv durch das alte Proportionalsystem, nach dem weiterhin 25 Prozent der Abgeordneten und Senatoren gewählt werden sollten. Die Folge war, daß über diesen Proportionalbereich die Zahl der vielen Parteien nicht nur erhalten blieb, sondern weiter wuchs. Über die Frage, welchen der sich herausbildenden größeren Blöcke sich die kleineren Parteien anschließen sollten, kam es zu erneuten Spaltungen. Zur neuen Wahl im April 1996, der dritten in vier Jahren, stellten sich daher 33 statt der früheren 14 Parteien dem Wettbewerb, und die Gefahr, daß ein Patt zwischen gleich großen politischen Kräften entstehen könnte, war groß.

Gleichwohl unterschied sich dieser Wahlkampf von allen vorangegangenen. Der Wahlkampf vom Frühjahr 1994, der Silvio Berlusconi an die Macht gebracht hatte, war mir als ein einziges Medienspektakel in Erinnerung, als fast unheimlich virtuelles Ereignis, bei dem Werbebilder die Realität ersetzten und mir viele Italiener wie hypnotisiert erschienen. Berlusconis Sieg war – auch in der Rückschau – gleichsam unvermeidlich.

Zwei Jahre später jedoch hatte sich die politische Landschaft Italiens geändert. Sehr viel langsamer, als alle erwartet hatten, und sicher nicht mit dem Elan einer noch so friedlichen Revolution. Doch allmählich, kaum spürbar zunächst, richteten sich die Italiener mit ihren neuen politischen Möglichkeiten ein, und zwar so, daß diese ihren eigenen, inneren Bedürfnissen entsprechen konnten. Zwischen rechts und links, zwischen den beiden großen Blöcken, entstand wieder so etwas wie ein Zentrum, in jenem Bereich, den fast fünf Jahrzehnte lang die Christdemokraten besetzt gehalten hatten. Aber die Einheitspartei der Katholiken war mit *Tangentopoli* untergegangen. Entscheidend war nun, daß es Platz für moderat Gesinnte in beiden politischen Blöcken gab, so daß sich die Christdemokraten endlich auseinanderdividieren konnten – im Sinn einer Alternanz.

Das Lager der Rechten hatte Berlusconi durch die Anerkennung Finis für die konservativ gestimmten bürgerlichen Schichten in Italien gesellschaftsfähig gemacht. Er selbst war es dann freilich jedoch, der eben diesen Kreisen Verlegenheit bereitete. Berlusconis schrill-aggressive Töne gegenüber politischen Gegnern führten gerade in gemäßigten Kreisen zu beunruhigenden Fragen über seine demokratische Substanz; die sich häufenden Korruptionsverfahren gegen ihn wiederum ließen Zweifel an Berlusconis ethischer Integrität aufkommen. Immerhin: er hatte ein definierbares Rechts-Mitte-Lager geschaffen.

Auf der linken Seite wiederum wuchs das Bündnis der Ölbaums zusammen, das für die progressiver Gestimmten wählbar war, zumal es sich mit Personen bevölkerte, die Vertrauenswürdigkeit ausstrahlten.

Der Gründer des Ölbaums, Romano Prodi, der Wirtschaftsprofessor aus Bologna, zweimaliger Präsident der staatlichen Holding Iri (die er in den achtziger Jahren saniert hatte), war ein erdverbundener Linkskatholik, ein Freizeitradler und offenkundig auch ein Genießer der berüchtigt deftigen Küche seiner Stadt.

Daß er sich bereit erklärte, ein Links-Mitte-Bündnis anzuführen, in dem die ex-kommunistischen Linksdemokraten eine entscheidende Rolle spielen würden, nahm in den Augen vieler bürgerlicher Italiener der Vorstellung, links zu wählen, den Schrecken. Die Ex-Kommunisten wiederum vertrauten ohne viel Aufhebens die Führung ihres Lagers einem Mann an, der früher den Christdemokraten nahestand. Hier waren ideologische Grenzen gefallen, die vor ein paar Jahren noch als unantastbar galten.

Und schließlich gesellte sich noch Lamberto Dini zu den Truppen des Ölbaums, ein Mann, dem keine linken Sympathien nachgewiesen werden konnten. Dini hatte in seiner einjährigen Techniker-Regierung Italien neue internationale Glaubwürdigkeit verschafft. Und das zählte auch bei solchen Wählern, die sich vormals kaum in der Nähe von Kommunisten, Ex- oder nicht, gezeigt hätten.

Als der Ölbaum dann am 21. April 1996 tatsächlich die Wahlen gewann, war das in vieler Hinsicht ein historischer Sieg. Nach dem Triumph der Rechten 1994 kam zwei Jahre später eine links gefärbte Regierung ans Ruder, der erste reguläre Regierungswechsel in der neuzeitlichen Geschichte Italiens. Es war freilich nicht »die Linke« schlechthin, die da an die Macht kam, sondern eine geläuterte Bewegung, eine, die den Marsch durch die Institutionen hinter sich gebracht hatte, eine Linke, so schrieb der Philosoph Noberto Bobbie am Tag nach der Wahl, die erkannt hatte, daß sie die Mehrheit nur erreicht hatte, weil sie in die Mitte gerückt war. Berlinguers historischer Kompromiß war verwirklicht worden.

Noch sind – dieser Text entsteht am Dienstag nach der Wahl – mehr Schwierigkeiten als Auswege zu erkennen. Mit den Altkommunisten von der *Rifondazione*, mit der der Ölbaum ein Wahlbündnis eingegangen war, hat sich die Regierung Prodi einen problematischen Mitspieler im Parlament eingehandelt. Italien war immer noch mit gigantischen Problemen konfrontiert, die eigentlich das Vermögen jeder noch so kompetenten Regierung übersteigen mußten, von den Staatsschulden zum Elend im Mezzogiorno bis zur organisierten Kriminalität. Doch immerhin zeichnete sich nunmehr wenigstens der Ansatz einer Antwort auf die Schicksalsfrage »Quo vadis, Italia?« ab: das Land hatte einen ersten Schritt in Richtung auf die demokratische Normalität unternommen.

Zwischen vielen Telefonaten in diesen aufregenden Tagen fiel es mir ein, in Palma di Montechiaro anzurufen, der kleinen sizilianischen Stadt, in der die Geschichte dieses Buches 1992 begonnen hatte. Gleich in der Telefonzentrale erfuhr ich: das Rechtslager hatte in der Stadt massiv gewonnen. Also alles beim alten in Palma di Montechiaro? Keineswegs. Ich fragte nach dem Bürgermeister. Und siehe da, er hieß Rosario Gallo. Es war jener junge Linksdemokrat, der mich damals, völlig zufällig, zusammen mit dem Fotografen Franco Zecchin durch die Kleinstadt begleitet hatte. Seit acht Monaten regierte, wenn auch unter großen Schwierigkeiten, in Palma di Montechiaro eine Links-Mitte-Koalition, und es sah so aus, als könnte auch hier allmählich die Stunde der Leoparden zu Ende gehen.

Anhang

Anmerkungen

Erkundung der Landschaft

1 Tomasi di Lampedusa, Giuseppe: *Der Leopard*, München 1984 (Piper), S. 33.
2 Panebianco, Angelo: *Democrazia sommersa*, in: Carocci, Giampiero (Hrsg.): *Il Trasformismo – dall' Unità ad oggi*, Milano 1992 (Unicopli), S. 150.
3 *Der Spiegel*, 19. 7. 1993.
4 Cazzola, Franco: *l'Italia del pizzo*, Torino 1992 (Einaudi), S. 11.
5 Romano, Sergio: *L'Italia scappata di mano*, Milano 1993 (Longanesi & C.), S. 15.
6 Tullio-Altan, Carlo: *La nostra Italia*, Mailand 1986 (Feltrinelli), S. 61.
7 Cafagna, Luciano: *La grande slavina*, Venezia 1993 (Marsilio), S. 13.
8 Di Pietro, Antonio: »La tangente post-moderna«, in: *Società Civile*, Nr. 6, 1991.

Mario Chiesa – Eine beispielhafte Karriere

1 Lepre, Aurelio: *Storia della Prima Repubblica*, Bologna 1993 (Il Mulino), S. 336.
2 Andreoli, Marcella: *Andavamo in Piazza Duomo*, Milano 1993 (Sperling & Kupfer), S. 4.
3 Andreoli, Marcella: *Andavamo in Piazza Duomo*, S. 138.
4 Ebenda, S. 42.
5 Zampini, Adriano: *Io corrutore*, Napoli 1993 (Pironti), S. 94.
6 Andreoli, Marcella: *Andavamo in Piazza Duomo*, S. 38.
7 Ebenda, S. 59.
8 Ebenda, S. 61 f.
9 Carlucci, Antonio: *Tangentomani*, Milano 1992 (Baldini & Castoldi), S. 31.
10 Ebenda, S. 31.
11 Cucchiarelli, Paolo/Regis, Ferdinando: *Mani pulite & bocche aperte*, Milano 1993 (Mondadori), S. 16.

Mani pulite – Der Feldzug gegen die Korruption

1 Mongini, Roberto: *Gli impuniti*, Milano 1992 (Sperling & Kupfer), S. 12.
2 Romano, Sergio, in: *Rivista dei Libri*, September 1993.
3 Saverio Borrelli, Francesco, in: *Micromega*, 3/93, S. 198.

4 *Civiltà Cattolica*, Heft 3408/1992, S. 602.
5 Turani, Giuseppe, in: *Corriere della Sera*, 20. 2. 1992.
6 Cucchiarelli, Paolo/Regis, Ferdinando: *Manipulite & bocche aperte*, S. 221.
7 Ebenda, S. 244.
8 Mongini, Roberto: *Gli impuniti*, S. 106 ff.

Antonio Di Pietro – Revolution in der Justiz

1 Moncalvo, Gigi: *Di Pietro, Il giudice terremoto, l'uomo della speranza*, Milano 1992 (Paoline), S. 13.
2 Nascimbendi, Enrico/Pampanora, Andrea: *Le mani pulite*, Milano 1992 (Mondadori), S. 70.
3 Ebenda, S. 54.
4 Ebenda, S. 70.
5 *La Stampa*, 23. 4. 1994.
6 Zitiert nach Andrea Pampanora: *Distruggete Antonio Di Pietro. Cronaca di un complotto*, 1995, S. 124.

Der Gegenstaat – Logen, Mafia und CIA

1 Provvisionato, Sandro: *Misteri d'Italia*, Roma-Bari 1993 (Laterza), S. 99.

Italienischer Bürgersinn – Ein Exkurs

1 Putnam, Robert D.: *Making Democracy Work*, Princeton 1993 (Princeton University Press), S. 127.
2 Dieses Detail ist meiner Freundin Christiane Kohl gewidmet.
3 Zit. n. Tullio-Altan, Carlo: La *nostra Italia*, S. 22.
4 Di Pagolo Morelli, Giovanni, zit. n. Tullio-Altan, Carlo: *La nostra Italia*, S. 22.
5 Alberti, Leon Battista: *Trattato della famiglia*, zit. n. Tullio-Altan, Carlo: a.a.O., S. 22.
6 Ebenda, S. 23.
7 Guerri, Giordano Bruno: *Gli Italiani sotto la Chiesa*, Milano 1992 (Mondadori).
8 Ebenda, S. 211.
9 Ebenda, S. 203.
10 Ebenda.
11 McCarthy, Patrick: *The Crisis of the Italian State*, New York 1995 (St. Martin's Press).

Giulio Andreotti – Mit dem Segen des Vatikans

1 Franco, Massimo: *Andreotti visto da vicino*, Milano 1989 (Mondadori), S. 5.
2 Ebenda, S. 29.
3 Ebenda, S. 34.
4 Ebenda, S. 47.
5 Ebenda, S. 195.
6 Turone, Sergio: *Politica ladra*, zit. n. ebenda, S. 200.
7 *New York Times Magazine*, 16. 9. 1993.
8 Ebenda.
9 Provvisionato, Sandro: *Misteri d'Italia*, S. 178.

Eine unzerstörbare Freundschaft: Mafia und Politik

1 Lucentini, Umberto: *Paolo Borsellino. ll valore di una vita*, Milano 1994 (Mondadori), S. 290f.
2 Sciascia, Leonardo: *La Sicilia come Metafora*, Milano 1984 (Mondadori), S. 27.
3 Ebenda, S. 31.
4 Tullio-Altan, Carlo: *La nostra Italia*, S. 71.
5 Lucentini, Umberto: *Paolo Borsellino. Il valore di una vita*, S. 73.
6 Falcone, Giovanni/Padovani, Marcelle: *Cose di Cosa Nostra*, Milano 1991 (Rizzoli), S. 67.
7 Orlando, Leoluca: *Palermo*, Milano 1990 (Mondadori), S. 22.

Lega Nord – Der Aufstand aus dem Norden

1 Diamanti, Ilvo: *La Lega*, Roma 1993 (Donezelli), S. 3.
2 Bocca, Giorgio: *L'Espresso*, 22. 2. 1994.
3 *Civiltà Cattolica*, Nr. 4/1992.

Neofaschismus – Der Phönix aus der Asche

1 *New York Times*, 12. 5. 1994.
2 *Daily Telegraph*, 13. 5. 1994.
3 Piero Ignazi: *Il polo escluso*, Bologna 1989 (Il Mulino), S. 106.
4 Ebenda, S. 210.

Silvio Berlusconi – Der Aufstieg eines Medienzaren

1 Ruggeri, Giovanni/Guarino, Mario: *Berlusconi. Inchiesta sul Signor TV*, Milano 1994 (Kaos Edizioni)
2 *La notte*, 20. 3. 1987.
3 *Der Spiegel*, 4. 4. 1994.

Epilog: Veränderung auf italienisch

1 *La Repubblica*, 5. 8. 1994.
2 Russo, Giovanni: *Perché la Sinistra ha eletto Berlusconi*, Milano 1995 (Sperling & Kupfer), S. 116ff.

Bibliographie

Andreoli, Marcella: *Andavamo in Piazza Duomo*, Milano 1993 (Sperling & Kupfer)

Arlacchi, Pino: *Addio Cosa Nostra*, Milano 1994 (Rizzoli)

Ders.: *Gli uomini del disonore*, Milano 1992 (Mondadori)

Ders.: *La mafia imprenditrice*, Bologna 1983 (Il Mulino)

Bechis, Franco: *Onorevole l'arresto!*, Roma 1994 (Newton Compton Editori)

Bertolini, Sergio/Soncini, Massimo: *Umberto Bossi – I suoi uomini, le sue donne*, Milano 1992 (Edizioni So. G. Edi.)

Biscione, Francesco: *Il memoriale di Aldo Moro rinvenuto in via Monte Nevoso a Milano*, Roma 1993 (Coletti)

Bocca, Giorgio, *Metropolis*, Milano 1993 (Mondadori)

Bossi, Umberto/Vimercati, Daniele: *Vento dal nord*, Milano 1992 (Sperling & Kupfer)

Braun, Michael: *Italiens politische Zukunft*, Frankfurt/M. 1994 (Fischer)

Cafagna, Luciano: *La grande slavina*, Venezia 1993 (Marsilio)

Carlucci, Antonio: *Tangentomani*, Milano 1992 (Baldini & Castoldi)

Carocci, Giampiero (Hrsg.): *Il Trasformismo – dall'Unità ad oggi*, Milano 1992 (Unicopli)

Cavagnaro/Novelli/Paloscia/Pellegrini/Turi: *Il crollo del Regime e l'Otto settembre Avvenimenti*, Roma 1994 (Beilage zu *Avvenimenti*)

Cazzola, Franco: *L'Italia del pizzo*, Torino 1992 (Einaudi)

Ders.: *Della corruzione*, Bologna 1988 (Il Mulino)

Ciconte, Enzo: *'Ndrangheta – dall'Unita ad oggi*, Roma-Bari 1992 (Laterza)

Cinquegrani, Andrea, u. a.: *'O Ministro. La Pomicino-story*, Napoli 1991 (Publiprint)

Cipriani, Antonio/Cipriani, Gianni: *Sovranità limitata*, Roma 1991 (Associate)

Cucchiarelli, Paolo/Regis, Ferdinando: *Mani pulite & bocche aperte*, Milano 1993 (Mondadori)

Dalla Chiesa, Nando: *Der Palazzo und die Mafia*, Köln 1985 (Förtner und Kroemer)

Ders.: *La Nuova Resistenza*, Milano 1993 (Baldini & Castaldi)

De Angeli, Floriano: *Berlusconi 1*, Gropello C. 1993 (Biblioteca e Centro Documentazione di Mafia Connection)

De Luna, Giovanni, *La Lega – Figli di un benessere minore*, Scandicci 1994 (La Nuova Italia Editrice)

Di Pietro, Antonio: *La tangente post-moderna*, in: *Società Civile*, Nr. 6/1991

Diamanti, Ilvo: *La Lega*, Roma 1993 (Donizelli)

Falcone, Giovanni/Padovani, Marcelle: *Cose di Cosa Nostra*, Milano 1991 (Rizzoli)
Franco, Massimo: *Andreotti visto da vicino*, Milano 1989 (Mondadori)
Fritzsche, Peter: *Die politische Kultur Italiens*, Frankfurt/M.; New York 1987 (Campus)
Gatti, Claudio/Hammer, Gail: *Il quinto scenario – I missili di Ustica*, Milano 1994 (Rizzoli)
Guerri, Giordano Bruno: *Gli Italiani sotto la Chiesa*, Milano 1992 (Mondadori)
Igel, Regine: *Berlusconi – Eine italienische Karriere*, Rastatt 1990 (Moewig)
Ignazi, Piero: *Il polo escluso*, Bologna 1989 (Il Mulino)
La Licata, Francesco: *Storia di Giovanni Falcone*, Milano 1993 (Rizzoli)
La Palombara, Joseph: *Democracy Italian Style*, New Haven und London 1987 (Yale University Press)
Lepre, Aurelio: *Storia della prima Repubblica*, Bologna 1993 (Il Mulino)
Licandro, Agatino/Varano, Aldo: *La città dolente*, Torino 1993 (Einaudi)
Lill, Rudolf: *Geschichte Italiens in der Neuzeit*, Darmstadt 1988 (Wissenschaftliche Buchgesellschaft)
Lucentini, Umberto con Agnese, Lucia, Manfredi e Fiametta Borsellino: *Paolo Borsellino. Il valore di una vita*, Milano 1994 (Mondadori)
Lupo, Salvatore: *Storia della mafia*, Roma 1993 (Donzelli)
Stajano, Corrado (Hrsg.): *Mafia – L'atto d' accusa dei giudici di Palermo*, Roma 1986 (Riuniti)
McCarthy, Patrick: *The Crisis of the Italian State*, New York 1995 (St. Martin's Press)
Meridiana – *Rivista di storia e scienze sociali*, Nr. 16/1993 – *Questione settentrionale*, Roma 1993 (Donizelli)
Moncalvo, Gigi: *Di Pietro. Il giudice terremoto, l'uomo della speranza*, Milano 1992 (Paoline)
Mongini, Roberto: *Gli impuniti*, Milano 1992 (Sperling & Kupfer)
Müller, Peter: *Die Mafia in der Politik*, München 1990 (C. H. Beck)
Nascimbendi, Enrico/Pampanora, Andrea: *Le mani pulite*, Milano 1992 (Mondadori)
Orfei, Ruggero: *Andreotti*, Milano 1975 (Feltrinelli)
Orlando, Leoluca: *Palermo*, Milano 1990 (Mondadori)
Procacci, Giuliano: *Geschichte Italiens und der Italiener*, München 1983 (C. H. Beck)
Provvisionato, Sandro: *Misteri d'Italia*, Roma-Bari 1993 (Laterza)
Putnam, Robert D.: *Making Democracy Work*, Princeton 1993 (Princeton University Press)
Raith, Werner: *Parasiten und Padrone*, Frankfurt/M. 1992 (Fischer)
Rizzi, Fabrizio: *I giudici di Milano*, Quart 1993 (Musumeci)

Rocuzzo, Antonio: *Gli uomini della giustitia nell'Italia che cambia*, Bari 1993 (Laterza)
Romano, Sergio: *L'Italia scappata di mano*, Milano 1993 (Longanesi & C.)
Ruggeri, Giovanni/Guarino, Mario: *Berlusconi – Inchiesta sul Signor TV*, Milano 1994 (Kaos Edizioni)
Rusconi, Gian Enrico: *Se cessiamo di essere una nazione*, Bologna 1993 (Il Mulino)
Russo, Giovanni: *I nipotini di Lombroso*, Milano 1992 (Sperling & Kupfer)
Russo, Giovanni: *Perché la Sinistra ha eletto Berlusconi*, Milano 1995 (Sperling & Kupfer)
Sciascia, Leonardo: *La Sicilia come metafora*, Milano 1984 (Mondadori)
Tomasi di Lampedusa, Giuseppe: *Der Leopard*, München 1984 (Piper)
Tullio-Altan, Carlo: *La nostra Italia*, Milano 1986 (Feltrinelli)
Turnaturi, Gabriella: *Associati per amore*, Milano 1986 (Feltrinelli)
Turone, Sergio: *Politica ladra*, Bari 1992 (Laterza)
Visentini, Toni: *Die Lega – Italien in Scherben*, Bozen 1993 (Edition Raetia)
Wieser, Theodor/Spotts, Frederic: *Der Fall Italien*, München 1988 (dtv)
Willan, Philip: *I Burattinai*, Napoli 1993 (Pironti)
Zampini, Adriano: *Io corruttore*, Napoli 1993 (Pironti)

Register

Zeittafel

Die Jahre des Umbruchs

1992

17. Februar:	Verhaftung Mario Chiesas, des Direktors der Altersheimstiftung Pio Albergo Trivulzio, in flagranti bei der Annahme von Schmiergeld ertappt. Beginn der Aktion »Saubere Hände« *(Mani pulite)* der Mailänder Staatsanwaltschaft.
12. März:	Ermordung des sizilianischen Christdemokraten Salvo Lima durch die Mafia. Lima galt als Kontaktmann von Cosa Nostra in Sizilien, sein Kontaktmann in Rom war Giulio Andreotti.
5. und 6. April:	Parlamentswahlen, bei denen die Christdemokraten und die Sozialisten eine vernichtende Niederlage erleiden. Aufstieg der Lega Nord.
23. Mai:	Ermordung des berühmten Anti-Mafia-Kämpfers Giovanni Falcone, dessen Frau und dreier Männer seiner Eskorte durch einen Sprengstoff-Anschlag der Mafia in der Nähe von Palermo.
25. Mai:	Oscar Luigi Scalfaro, ein als integer geltender Christdemokrat, wird nach dem Rücktritt Francesco Cossigas im April neuer italienischer Staatspräsident.
4. Juli:	Giulio Amato, Sozialist, bildet die letzte Regierung der alten Ordnung, bestehend aus Christdemokraten, Sozialisten, Sozialdemokraten und Liberalen.
19. Juli:	Ermordung des Anti-Mafia-Kämpfers Paolo Borsellino und seiner Eskorte durch eine Autobombe von Cosa Nostra in Palermo.
6. September:	Verhaftung des Cosa-Nostra-Bosses Giuseppe Madonia, der nach Salvatore Riina als Nummer zwei der Verbrecherorganisation gilt.
13.-17. September:	Kursverfall der Lira. Die italienische Währung ist nicht mehr Teil des europäischen Währungs-Systems.

12. Oktober: Nach dem Rücktritt des Parteivorsitzenden Arnaldo Forlani, der als Repräsentant der alten Ordnung gilt, wird Mino Martinazzoli Chef der italienischen Christdemokraten.

29. Oktober: Italien ratifiziert den Vertrag von Maastricht.

13.-14. Dezember: Kommunalwahlen in 55 Städten und Gemeinden. Starke Verluste der Regierungsparteien, weiterer Aufstieg der Lega Nord.

15. Dezember: Erster staatsanwaltschaftlicher Ermittlungsbescheid für Bettino Craxi, den Vorsitzenden der Sozialistischen Partei. In vierzig Punkten werden ihm unter anderem Korruption, Erpressung, Bestechung und Vergehen gegen das Gesetz zur Parteienfinanzierung vorgeworfen.

1993

15. Januar: Verhaftung von Salvatore (»Totò«) Riina, oberster Boß von Cosa Nostra in Palermo.

10. Februar: Rücktritt des Justizministers Claudio Martelli (PSI) wegen möglicher Beteiligung am betrügerischen Bankrott der Banco Ambrosiano und anderer Vergehen.

11. Februar: Bettino Craxi tritt von seinem Posten als Vorsitzender der italienischen Sozialisten zurück. Sein Nachfolger wird der Gewerkschaftsführer Giorgio Benvenuto.

19. Februar: Rücktritt des Gesundheitsministers Francesco De Lorenzo, Liberaler, wegen Verdacht der passiven Bestechung durch die Pharmaindustrie.

5.-16. März: Politischer Aufruhr in Rom wegen eines geplanten »Schwamm-drüber-Dekrets« der Regierung Amato, das eine politische Lösung für Schmiergeldvergehen anstrebte. Nach heftiger Opposition in Parlament und Öffentlichkeit muß das Dekret aufgehoben werden.

27. März: Die Staatsanwaltschaft von Palermo stellt den Antrag beim Senat, die Immunität Giulio Andreottis wegen vermuteter Verbindungen zur sizilianischen Mafia aufzuheben.

29. März:	Mario Segni, bekanntester Reformer der Christdemokraten, verläßt die Partei, die er nach der Nachricht über den Fall Andreotti als unreformierbar bezeichnet.
18./19. April:	Volksabstimmung, die den Weg zur Einführung des Mehrheitswahlrechts ebnet.
28. April:	Nach dem Rücktritt Giulio Amatos wird der Notenbankchef Carlo Azeglio Ciampi Ministerpräsident. Er führt eine Regierung von Technikern und Professoren an, deren parteipolitische Bindungen als nebensächlich gelten.
4. Mai:	Moody's, eine amerikanische Agentur, welche die Kreditwürdigkeit von Staaten bewertet, deklassifiziert Italien wegen seiner überbordenden Staatsschulden – zum dritten Mal im Lauf von zwei Jahren.
14. Mai:	Autobombe in der römischen Via Fauro. Das Attentat, das dem TV-Showmaster Maurizio Costanzo gilt, ist ein Werk der Mafia. Costanzo entkommt unverletzt.
27. Mai:	Autobombe in Florenz, in der unmittelbaren Nähe der Uffizien, wiederum ein Anschlag der Mafia. Fünf Menschen werden getötet, zahlreiche Kunstwerke in den Uffizien schwer beschädigt.
6.-20. Juni:	Kommunalwahlen für 10 Millionen Wähler, Vormarsch neuer Kräfte und Gruppierungen. In Mailand wird ein Mann der Lega Nord Bürgermeister, in Turin und in Catania gewinnen Linkskoalitionen.
20. Juli:	Selbstmord von Gabriele Cagliari. Der ehemalige Präsident der staatlichen Energieholding ENI war wegen Korruptionsverdacht seit vier Monaten im Mailänder Gefängnis inhaftiert gewesen.
23. Juli:	Raul Gardini, ehemaliger Chef des Ferruzzi-Konzerns, erschießt sich in seiner Mailänder Wohnung wegen seiner Rolle im Enimont-Schmiergeldskandal.

23.-26. Juli: Ende der Christdemokratischen Partei, Wiedergeburt unter dem Vorkriegsnamen »Partito Popolare«.

27. Juli: Eine Bombe in Mailand tötet fünf Menschen, zwei weitere in Rom richten schwere Schäden an zwei bekannten Kirchen an.

4. August: Das Parlament beschließt das neue Wahlgesetz. 75 Prozent der Abgeordneten in der Kammer und 75 Prozent der Senatoren werden nach dem Mehrheitswahlrecht neu gewählt, der Rest nach dem alten Verhältniswahlrecht.

28. August: Verhaftung des Ministerialrates Duilio Poggiolini, der als »König Midas« von *Tangentopoli* gilt. In seinen Wohnungen finden sich Gold, Schmuck, alte Münzen, Gemälde von unermeßlichem Wert, »Geschenke« der Pharmaindustrie.

28. Oktober: Beginn des Prozesses gegen Sergio Cusani, den ehemaligen Finanzberater Raul Gardinis. Er soll das größte Schmiergeld von *Tangentopoli* im Wert von umgerechnet 150 Milliarden Mark an die Parteien weitergeleitet haben.

28. November: Skandal um den Geheimdienst SISDE fliegt auf. Die Führungsspitze der italienischen 007 hat Staatsgelder in Höhe von vielen Milliarden Lire veruntreut.

5. Dezember: Zweiter Wahlgang in wichtigen Kommunen wie Neapel und Rom. Linke Kandidaten gewinnen, aber ihre neofaschistischen Gegner erhalten in der Stichwahl überraschend viele Stimmen.

1994

26. Januar: Mittels einer Videokassette, die über fast sämtliche Fernsehstationen Italiens ausgestrahlt wird, gibt Silvio Berlusconi bekannt, daß er sich mit seiner neugegründeten politischen Bewegung Forza Italia an den Parlamentswahlen beteiligen wird.

24. Januar: Gründung der rechten Nationalallianz, die sich

zu überwiegender Mehrheit aus Mitgliedern der (weiterbestehenden) neofaschistischen MSI zusammensetzt.

6. Februar: Erste öffentliche Veranstaltung von Forza Italia im römischen Kongreßpalast Paleur.

11. Februar: Wahlbündnisse Berlusconis mit Umberto Bossis Lega Nord – Polo della Libertà, später auch mit Gianfranco Finis Nationalallianz – Polo del Buon Governo.

27./28. März: Parlamentswahlen. Die Rechtskoalition aus Forza Italia, Lega Nord und Nationalallianz gewinnt insgesamt 42,9 Prozent der Stimmen.

11. Mai: Vereidigung der Regierung Berlusconi. Die Beteiligung von fünf Ministern der neofaschistischen Nationalallianz wird weltweit, besonders aber von Italiens Bündnispartnern in der Europäischen Gemeinschaft, scharf kritisiert.

12. Juni: Europawahlen. Mit 30,9 Prozent der Stimmen wird Silvio Berlusconis Sieg in den Parlamentswahlen bestätigt.

15. Juli: Das Biondi-Dekret verschärft die Voraussetzungen für die Untersuchungshaft, wobei vor allem Korruptionsverdächtige von ihr ausgenommen werden. Heftige Proteste in der Bevölkerung erzwingen die Rücknahme des Dekrets.

4. August: Tod des ehemaligen Senatspräsidenten Giovanni Spadolini, 68. Er stirbt an Magenkrebs, bekannte aber einem Freund: »Meine Krankheit heißt Italien.«

13. August: Zusammenkunft Bossi–Berlusconi, um den Dauerstreit zu beenden. Der Waffenstillstand wird nicht lange halten.

23. September: Berlusconi trifft sich mit Führern der italienischen Industrie in der römischen Villa Agnellis zum Abendessen. Die Industriellen drängen auf ein hartes Haushaltsgesetz.

14. Oktober: Nach Streichungen bei den Renten Generalstreik in Italien. An Demonstrationen in ganz Italien nehmen rund 3 Millionen Menschen teil.

22\. November: Silvio Berlusconi, der in Neapel einer internationalen Konferenz zur Bekämpfung der organisierten Kriminalität vorsitzt, erhält einen Ermittlungsbescheid von der Staatsanwaltschaft Mailand.

6\. Dezember: Antonio Di Pietro tritt von seinem Amt als Staatsanwalt und führendes Mitglied des *Mani pulite*-Teams zurück.

22\. Dezember: Silvio Berlusconi tritt vor der Abstimmung über einen von seinem Ex-Bundesgenossen Umberto Bossi eingereichten Mißtrauensantrag zurück.

1995

7\. Januar: Scalfaro beauftragt den internationalen Finanzfachmann Lamberto Dini, der in der Berlusconi-Regierung Finanzminister war, mit der Regierungsbildung.

25\. Januar: Auf einem Kongreß in dem Kurort Fiuggi in der Nähe von Rom wird die neofaschistische *Msi* aufgelöst und als Nationale Allianz wiederbegründet.

2\. Februar: Romani Prodi, Wirtschaftsprofessor aus Bologna und Ex-Präsident der staatlichen Holding Iri, stellt sich als Kandidat für die Führung des Links-Mitte-Lagers zur Verfügung.

5\. Februar: Tausende von Gläubigen pilgern nach Civitavecchia, wo eine Gipsmadonna aus dem ex-jugoslawischen Medjugorie blutige Tränen geweint haben soll.

2\. März: Anklageerhebung gegen Giulio Andreotti wegen politischer Unterstützung der Mafia.

17\. März: Mit einem Kurs von 1274 Lire gegen eine Mark erreicht die Lira ein historisches Tief.

24\. April: Kommunalwahlen für 43 Millionen Wähler. Die Links-Mitte-Koalition gewinnt in neun, die Rechts-Mitte-Koalition in sechs Regionen.

11\. Mai: Frontalattacke des Justizministers Filippo Mancuse gegen das *Mani pulite*-Team, dem er vielfachen Amtsmißbrauch vorwirft.

11. Juni: Volksabstimmung über das Fernsehen und andere Fragen. Die Wähler stimmen dafür, daß Berlusconi seine drei Fininvest-Kanäle behalten darf. Dagegen soll die Zahl der Werbespots in Spielfilmen begrenzt werden.

8. Juli: Der Parteikongreß der Linksdemokraten erhebt den Linkskatholiken Romano Prodi zum Führer des Links-Mitte-Lagers.

20. Juli: Gegen Giulio Andreotti, den ehemaligen Senator Claudio Vitalone und die Mafia-Bosse Gaetano Badalamenti und Pippo Calò wird Anklage im Zusammenhang mit der Ermordung des Journalisten Mino Pecorelli erhoben.

4. August: Endgültiges Ja des Parlaments zu Lamberto Dinis Rentenreform.

26. September: Im Hochsicherheitsgefängnis von Palermo beginnt der Prozeß gegen Giulio Andreotti wegen Begünstigung der Mafia.

4. Oktober: Anklageerhebung gegen Silvio und Paolo Berlusconi wegen mutmaßlicher Bestechung der Finanzpolizei.

6. Oktober: Der Ex-Haushaltsminister Paolo Cirino Pomicino wird in Neapel wegen Korruptionsvergehen verhaftet.

22. Oktober: Politische Krise um Justizminister Mancuso, der sich durch immer schärfere Angriffe gegen das Mailänder Ermittlerteam *Mani pulite* in der Regierung isoliert hatte.

26. Oktober: Die Deputiertenkammer lehnt einen Mißtrauensantrag gegen Lamberto Dini ab.

1. November: Bestechungsskandal in den italienischen Streitkräften. Ermittlungen gegen 1100 Armeeangehörige. Das Innenministerium gibt bekannt, daß 15000 Italiener unberechtigterweise Invalidenrenten beziehen.

1. Dezember: An einer Kundgebung der Nationalen Allianz in Rom nehmen 150000 Personen teil.

11. Dezember: Giovanni Agnelli, 74, kündigt seinen Rücktritt als Vorstandsvorsitzender von Fiat an. Sein Nachfolger soll der oberste Manager von Fiat, Cesare Romiti, 73, werden.

20. Dezember: Antrag auf Anklageerhebung der Staatsanwaltschaft Brescia gegen Antonio Di Pietro, dem Erpressung, Bestechung und Begünstigung in mehreren Fällen vorgeworfen wird.

30. Dezember: Lamberto Dini reicht bei Staatspräsident Scalfaro seinen Rücktritt ein, der die Entscheidung jedoch dem Parlament überläßt.

1996

12. Januar: Rücktritt von Lamberto Dini.

2. Februar: Staatspräsident Scalfaro beauftragt Antonio Maccanico, einen bewährten, unbelasteten Politiker aus vielen Dekaden der Ersten Republik, mit der Regierungsbildung.

15. Februar: Maccanico gibt den Auftrag wegen unüberbrückbarer Differenzen zwischen Freiheitspol und Ölbaum zurück.

17. Februar: Scalfaro löst das Parlament auf, Wahltermin 21. April 1996. Der Rechts-Mitte-Koalition »Polo per le Libertà« (Pol der Freiheiten), bestehend aus Forza Italia, Alleanza Nationale, den Ex-Christdemokraten vom CCD und CDU steht Romano Prodis »Ulivo« (Ölbaum) gegenüber: zu ihm gehören die PDS, zahlreiche »Büsche« und Gruppierungen der Mitte wie Dinis »Rinnovamento Italiano« oder Maccanicos Unione Democratica.

30. März: Der letzte von drei Anträgen auf Anklageerhebung gegen Antonio Di Pietro wird von dem zuständigen Richter bei der Staatsanwaltschaft Brescia zurückgewiesen.

21. April: In einem Wahlbündnis mit den Neukommunisten von »Rifondazione Communista« gewinnt der Ölbaum die Wahlen. Das Regieren wird schwierig werden.

Die Stunde der Leoparden
Italien:
Leben, Landschaft, Geschichte

Elizabeth von Arnim
Verzauberter April

Roman
st 2601. 274 Seiten

Vier ernsthafte englische Damen brechen aus ihrem Alltagsleben aus und mieten sich in einem mittelalterlichen Castello am italienischen Mittelmeer ein. Dort entdecken sie Italien – und, ganz beiläufig, auch sich selbst.

Gesualdo Bufalino
Klare Verhältnisse

Roman
Aus dem Italienischen von Hans Raimund
st 2602. 172 Seiten

An einem heißen Tag im August wird ein berühmter Verleger von einer herabstürzenden Aischylosbüste tödlich getroffen. War es ein Mord? In Briefen, die er zurückgelassen hat, beschuldigt er nacheinander seine Ehefrau, seinen Kompagnon und schließlich den Geliebten seiner Frau, liefert Indizien und Motive. Aber der Verblichene hat nicht mit seiner ihm ergebenen, eigensinnigen Sekretärin gerechnet …

Gianni Celati
Landauswärts

Aus dem Italienischen von Marianne Schneider
st 2603. 173 Seiten

Vier poetische Reisetagebücher führen durch die Gegend des Podeltas, die zahlreichen Arme des großen Flusses entlang bis zum Meer. Der erste Bericht erzählt von einer Fußreise durch das Land um Cremona in den ersten Tagen nach der Explosion des Kernkraftwerks von Tschernobyl.
Der zweite handelt von einer Erkundung der Dämme des Po. Der dritte enthält eine Besichtigung des trockengelegten Sumpfgebietes bei Ferrara. Der vierte spricht von einer abenteuerlichen Reise zu den Mündungen des Po, von der Suche nach den Grenzen des Festlands, dem äußersten Horizont, der Schwelle zu etwas anderem.

Vincenzo Consolo
Das Lächeln des unbekannten Matrosen

Aus dem Italienischen von Arianna Giachi
st 2604. 168 Seiten

Vincenzo Consolo schildert in seinem historischen Roman das Sizilien des Jahres 1860, als Garibaldis Truppen die Insel eroberten und befreiten – und die Armen doch wieder das Nachsehen hatten. »Mit dem bedeutenden Roman *Das Lächeln des unbekannten Matrosen*«, schrieb Michael Krüger, »gelingt es Vincenzo Consolo auf überzeugende Weise, das ramponierte Genre des historischen Romans zu aktualisieren. Sein Szenario Siziliens enthält alle Elemente eines spannenden Romans – Intrige, Kampf, Liebe, Landschaft, die Auseinandersetzung zwischen Adel, Bürgertum und Volk.«

Gabriele d'Annunzio
Der Kamerad mit den wimpernlosen Augen

Aus dem Italienischen von Karin Fleischanderl
Mit einem Nachwort von Katharina Maier-Troxler
st 2605. 160 Seiten

Januar 1990: Gabriele d'Annunzio arbeitet an seinem venezianischen Roman *Feuer.* Da erhält er überraschend Besuch von einem ehemaligen Schulfreund, dem Kameraden, der – wie Napoleon – Augen ohne Wimpern hatte. Die Begegnung läßt die gemeinsame Schulzeit in Prato Revue passieren. Dieser Entwicklungsroman gibt Aufschluß über das Werden eines der berühmtesten Dichter Italiens.

Natalia Ginzburg
Caro Michele

Der Roman einer Familie
Aus dem Italienischen von Arianna Giachi
Mit einem Nachwort von Katharina Maier-Troxler
st 2606. 194 Seiten

›Caro Michele‹ beginnen die meisten der Briefe, aus denen das Buch besteht, geschrieben von der Mutter, der Schwester, dem Freund und von Mara, die ein Kind hat, dessen Vater Michele sein könnte. Michele löst in ihnen allen das Gefühl der Zuneigung aus. Doch die Zuneigung zu jenem vor sich selbst flüchtenden Michele beruht auf Selbsttäuschung. »Natalia Ginzburgs beredtestes Buch tut unerbittlich und illusionslos dar, wie wenig Beredsamkeit vermag, wenn sie nichts im Sinn hat als sich selber und Beschwichtigung des schlechten Gewissens.« *Frankfurter Allgemeine Zeitung*

Hermann Hesse
Italien

Schilderungen, Tagebücher, Gedichte, Aufsätze,
Buchbesprechungen und Erzählungen
Herausgegeben und mit einem Nachwort versehen
von Volker Michels
st 2607. 526 Seiten

»Alle freiwilligen Reisen meines Lebens waren nach Süden gerichtet«, schrieb Hermann Hesse einmal. Nach Italien ist er besonders gern gereist. »Man holt sich da«, schrieb er 1904, »eine Frische und Freiheit und zugleich einen inneren Besitz an Freude und Schönheit, der alles aufwiegt.« Sein Italienbuch ist ein alternativer Führer durch die Landschaften, Städte und die Kunstgeschichte Italiens.

Wolfgang Koeppen
Ich bin gern in Venedig warum

st 2608. 70 Seiten

»Wie oft ich komme, mit der Eisenbahn über den Damm, durch die gleißende Lagune, im Zug Paris–Venedig, München–Venedig, zu Schiff, von der Adria, von den Tempeln, von den Säulen ... Venedig lockt, fängt ein, verführt mit seinem Licht, seiner Wasserluft, der Geisterluft ... Der Reisende wird aus der Bahn geworfen. Er ist an Land gesprungen, des Abenteuers gewiß.« Wolfgang Koeppens Erinnerungen an Venedig »entschlüsseln sehr schnell ihren Zauber, der Koeppens Texten immer eigen war«. *Andreas Müller, Darmstädter Echo*

Guido Morselli
Liebe einer Tochter

Roman
Aus dem Italienischen von Arianna Giachi
st 2609. 300 Seiten

Guido Morselli, einer der bedeutendsten italienischen Romanciers des 20. Jahrhunderts, erzählt von einer verhängnisvollen Liebe einer Tochter zu ihrem Vater.

Valeska v. Roques
Die Stunde der Leoparden

Italien im Umbruch
st 2610. ca. 310 Seiten

»An einem heißen sizilianischen Morgen im Sommer 1992 steht der Lastwagenfahrer Giuseppe Balducci auf der staubüberwehten Straße vor seinem Haus und schwört Rache.« So beginnt Valeska v. Roques' brillanter Bericht über die Wandlungen und Verwandlungen im Italien der 90er Jahre. Mit einer »Mischung aus kluger Analyse und farbiger Reportage, wobei vor allem die Hauptdarsteller der italienischen Polit-Szene kritisch und zugleich einfühlsam portraitiert werden« (Die Zeit), berichtet die Spiegel-Korrespondentin Valeska v. Roques aus dem neuen Italien: ein Blick hinter die Kulissen von Mafia und Korruption, Neofaschismus und Separatismus. Ein Krimi und zudem eine Empfehlung für alle, die Italien nur von der Ferienseite sehen.

Salvatore Satta
Der Tag des Gerichts

Roman
Aus dem Italienischen von Joachim A. Frank
st 2611. 306 Seiten

Der Tag des Gerichts, Sattas Hommage an seine Heimat, erzählt die Geschichte der Sanna Carboni, einer in Nuoro auf Sardinien ansässigen alten, wohlhabenden Familie – und zugleich die Geschichte von ganz Nuoro, angefangen bei den Honoratioren und den reichen und bleichen Frauen bis hin zu den Hirten und Banditen und Müßiggängern, den Priestern, Vagabunden und Prostituierten.

Alberto Savinio
Stadt, ich lausche deinem Herzen

Aus dem Italienischen von Karin Fleischanderl
st 2612. 400 Seiten

Alberto Savinio beschreibt die Stadt, in der er zu Hause ist. Die Straßenzüge von Mailand sieht er als Korridore und ihre Palazzi als Zimmer einer großen Wohnung, darin die Lebenden und die Toten aus und ein gehen. »Dies ist ein Buch, in dem der Leser untergehen kann, ein wildes Buch, ein üppiges, ein manieristisches, ein überbordendes, ein chaotisches, ein herrliches, ein verwirrendes Buch.«

Wolfgang Hädecke, Stuttgarter Zeitung